杨 钊◎著

文化视野下的
重庆聚奎书院研究

项目策划：高庆梅
责任编辑：高庆梅
责任校对：张　露
封面设计：墨创文化
责任印制：王　炜

图书在版编目（CIP）数据

文化视野下的重庆聚奎书院研究／杨钊著．— 成都：四川大学出版社，2020.12
ISBN 978-7-5690-4080-7

Ⅰ．①文… Ⅱ．①杨… Ⅲ．①书院－研究－重庆－清后期 Ⅳ．① G649.299.719

中国版本图书馆CIP数据核字（2021）第001138号

书名	文化视野下的重庆聚奎书院研究
著　者	杨　钊
出　版	四川大学出版社
地　址	成都市一环路南一段24号（610065）
发　行	四川大学出版社
书　号	ISBN 978-7-5690-4080-7
印前制作	四川胜翔数码印务设计有限公司
印　刷	成都金龙印务有限责任公司
成品尺寸	170mm×240mm
印　张	16.5
字　数	247千字
版　次	2021年5月第1版
印　次	2021年5月第1次印刷
定　价	68.00元

版权所有　◆　侵权必究

◆ 读者邮购本书，请与本社发行科联系。
　电话：(028)85408408/(028)85401670/(028)86408023　邮政编码：610065
◆ 本社图书如有印装质量问题，请寄回出版社调换。
◆ 网址：http://press.scu.edu.cn

四川大学出版社
微信公众号

资助出版

2013年度重庆市社会科学规划项目"文化视野下的重庆聚奎书院研究"（2013YBWX089）

重庆市"十三五"重点建设学科——社会学

重庆文理学院重点建设学科——中国语言文学

重庆文理学院2019年度学术专著出版资助项目

目 录

绪 论……………………………………………………………（1）

第一章 聚奎书院的教育实践……………………………………（7）
  第一节 聚奎书院发展的背景…………………………………（7）
  第二节 阅读·写作·教育：吴芳吉研究的三个维度………（28）
  第三节 巴蜀学者叶广度《中国庭园概观》的学术价值……（47）

第二章 聚奎书院的学术活动…………………………………（60）
  第一节 抗战时期卢前避地白沙的文学书写…………………（61）
  第二节 吴芳吉对杜甫的批评…………………………………（82）
  第三节 吴芳吉对金和的文学批评……………………………（95）
  第四节 陈伯澜、吴宓、吴芳吉对丘逢甲的文学批评………（111）
  第五节 吴芳吉与学侣刘咸炘交游考…………………………（128）
  第六节 吴芳吉对近代湖湘文人的批评………………………（139）

第三章 聚奎书院的藏书………………………………………（156）
  第一节 吴芳吉藏书的文献价值………………………………（158）
  第二节 吴芳吉对《剑南诗钞》的点评………………………（172）
  第三节 吴芳吉藏书叙录………………………………………（182）

后 记………………………………………………………………（254）

绪　论

中国的教育体制存在官学、私学和书院三大教育系统。书院是我国封建社会具有悠久历史传统，且质量较高、影响较大的一种办学形式，为培育人才、进行教化、传播文化、繁荣学术、收藏典籍做出了很大的贡献。

明清巴蜀书院特别兴盛，著述创制，轶于汉唐，创建书院的主要目的是为国选材、风化乡里。四川江津白沙镇古为"殷富""琅环"之地①，是山水形胜、人文荟萃之地。聚奎书院位于白沙镇黑石山顶，校内林木葱蔚，风景清幽，藏修息游，无所不可。自同治九年（1870）起，书院历经义塾、书院、学堂、学校，历史悠久，精神贯一而不懈，盛誉隆盛，人文蔚起。书院如今已建成140多年，不但人才辈出，而且其建筑大部分得以保留，是盛极一时的巴蜀书院中建筑、藏书等保存较为完整的清代书院，其办学历史是中国近现代普通教育史的一个缩影。

一、研究现状述评

（一）四川书院的研究

对中国书院的研究，早在20世纪20年代胡适就有《书院制度史》的演讲，曹松叶有《宋元明清书院概况》论文。进入20世纪80年代，关于书院的研究出现高潮。出现如邓洪波著《中国书院史》、陈谷嘉和邓洪波著《中国书院制度研究》、陈谷嘉和邓洪波主编《中国书院史资料》等成果。② 他们或研

---

① 程德灿：《聚奎书院记》。《聚奎校史》，1998年，内部印刷，第262页。1988年《聚奎校史》中录有关于聚奎书院发展的碑刻，惜乎个别文字有误，今碑刻或残或佚，因其反映聚奎书院的发展历史，故本书行文中有所引用，文字一因《聚奎校史》，不擅作改动。
② 邓洪波：《中国书院史》，东方出版中心，2004年版；陈谷嘉、邓洪波：《中国书院制度研究》，浙江教育出版社，1997年版；陈谷嘉、邓洪波主编：《中国书院史资料》，浙江教育出版社，1998年版。

究中国书院的历史演变，或做专题研究，或搜集资料。

对四川书院研究的全面深入者当为胡昭曦的《四川书院史》[①]及其系列论文。《四川书院史》是首次系统研究历史上四川地区书院的学术专著，纵向将四川书院的发展分为兴起与形成制度（宋）、衰落与缓慢恢复（元）、发展（明）、普遍发展与改制（清）四个阶段，从大量的方志等文献资料中勾画每个时期书院的总体发展趋势；横向对不同历史时期书院的教学、管理、藏书、活动等进行微观细致的考辨。该书论述涉及古代文学、史学、哲学、语言学、文献学、经学等各个方面，思路清晰，考辨翔实，论述精微。王纲的《清代四川书院略论》[②]则重点对清代四川书院的经济来源，山长的选拔任用，书院创办的目的，课规制度，书院对四川政治、经济、文化、教育以及科技等方面所做出的贡献等进行考辨。对四川书院个案分析集中在对四川近现代教育极有影响的锦江书院和尊经书院。如刘平中《锦江书院山长考》[③]以翔实的文献资料对锦江书院历代山长的任职次第及时间、履历仕宦、思想意识、教育成果等加以述评。李晓宇《尊经书院与近代蜀学的兴起》[④]重点分析王闿运就任尊经书院山长后，对整饬书院规制、开启蜀学宗风所做的贡献。何一民《试论尊经书院与四川士林风气的变化》[⑤]，既叙列尊经书院的建立较之于旧式书院在学习内容、学风、山长的不同，又重点分析尊经书院对四川士林风气的整肃，以及书院对蜀学的振兴、人才的培养和文化的传播等所产生的影响。

（二）重庆书院、聚奎书院的研究

张阔《重庆书院的古代发展及其近代改制研究》[⑥]在研究思路上上承胡昭曦的《四川书院史》，按照时间线索勾画古代重庆书院的发展史，对每一时期的论述各有侧重，如对清代重庆书院的发展研究主要是概述书院的发展情况、书院的活动和管理，但未曾涉及聚奎书院的研究。吴洪成《宋代重庆地区历代书院的变革》[⑦]认为，宋代重庆的北岩书院、濂溪书院充分体现出中国内陆地

---

① 胡昭曦：《四川书院史》，四川大学出版社，2006年版。
② 王纲：《清代四川书院略论》，《清史研究》1991年第1期。
③ 刘平中：《锦江书院山长考》，四川大学2007年硕士论文。
④ 李晓宇：《尊经书院与近代蜀学的兴起》，《湖南大学学报》（社会科学版）2008第5期。
⑤ 何一民：《试论尊经书院与四川士林风气的变化》，《四川师范大学学报》（社会科学版）1991第1期。
⑥ 张阔：《重庆书院的古代发展及其近代改制研究》，河北大学2007年硕士论文。
⑦ 吴洪成：《宋代重庆地区历代书院的变革》，《教育史研究》2006年第1期。

区书院办学及组织管理的一般状况及原则，而程颐、周敦颐等理学家在重庆书院讲学，培育人才，传播理学，推动了川东地区文化学术的发展。王婷《重庆宝树传芳书院装饰艺术研究》①属于个案研究，对重庆宝树传芳书院装饰图案题材和内容进行分析，探究其装饰艺术的文化内涵，对重庆地方书院装饰的造型风格特征、结构构造进行了详细分析归纳，并总结出清代书院装饰的特征以及宝树传芳书院独特的装饰艺术。

对重庆江津聚奎书院的研究，现有的成果多集中在对其建筑特点的分析。如邱扬《重庆近代教育建筑研究》②将聚奎书院作为能够展示重庆本土建筑特点的近代教育建筑典型加以分析，分析内容包括建筑空间特色、教育建筑结构、建筑装修纹饰特色。彭丽莉《巴蜀书院建筑特色研究》③亦将聚奎书院作为能够体现巴蜀书院特色的典型加以分析，其研究内容包括巴蜀书院建筑选址及外部空间环境、书院的建筑空间形态、书院的园林艺术、书院建筑的装饰装修艺术等。

（三）吴芳吉研究

民国诗人吴芳吉是聚奎书院教育精神传承的典范，他以丰富的创作成果和理论论述，展开了对新诗创作的探索。关于吴芳吉的研究，学界主要侧重于三个方面：一是对其作品的搜集与整理。较早有吴芳吉自选本和民国《吴白屋先生遗书》，当代有《吴芳吉集》《吴芳吉全集》《吴芳吉全集笺注》。④前修未密，后续转精，他们相继对吴芳吉的作品进行辑佚、增补、注释，以更为全面的资料彰显吴芳吉创作的成就。二是吴芳吉生平研究。有施幼贻《吴芳吉评传》、黎汉基《社会失范与道德实践：吴宓与吴芳吉》、王峰《吴芳吉年谱》⑤，

---

① 王婷：《重庆宝树传芳书院装饰艺术研究》，重庆师范大学2016年硕士论文。
② 邱扬：《重庆近代教育建筑研究》，重庆大学2006年硕士论文。
③ 彭丽莉：《巴蜀书院建筑特色研究》，重庆大学2006硕士论文。
④ 吴芳吉编：《白屋吴生诗稿》，1929年成都美利利印刷公司铅印本；周光午编：《吴白屋先生遗书》，1934年长沙木刻本；贺远明、吴汉骧、李坤栋选编：《吴芳吉集》，巴蜀书社，1994年版；吴芳吉著，傅宏星校：《吴芳吉全集》，华东师范大学出版社，2014年版；王忠德、刘国铭主编：《吴芳吉全集笺注》，重庆出版社，2015年版。《吴芳吉全集》和《吴芳吉全集笺注》是在《吴芳吉集》的基础上踵事增华，两本书所辑佚的吴芳吉书信和诗文各有详略，故本书后文注释吴芳吉诗歌出处时，分别标明出处。又，关于对吴芳吉著述进行研究的单篇文章有彭敏的《写史即正学——吴芳吉的文学史路径》，《中国图书评论》2012年第7期。程魏的《吴芳吉的人生"漂流瓶"》，《中国图书评论》2012年第7期，他们分别对吴芳吉《国立西北大学专修科文学史讲稿》和《蜀道日记》进行辑佚和评析。
⑤ 施幼贻：《吴芳吉评传》，重庆出版社，1988年版；黎汉基：《社会失范与道德实践：吴宓与吴芳吉》，巴蜀书社，2006年版；王峰：《吴芳吉年谱》，中国社会科学出版社，2016年版。

其中《吴芳吉年谱》资料极为翔实，对吴芳吉的履历和创作活动做了详细的考证。《社会失范与道德实践：吴宓与吴芳吉》论述精密，对吴芳吉的思想阐释深刻。三是对吴芳吉创作成就的研究。这些研究既有单篇文章的个案研究，如卢永和《胡怀琛与吴芳吉：超越新旧诗之争的第三种声音》、梁雪松等《郭沫若与吴芳吉的"诗友"交》、王峰《吴芳吉教育思想的儒学渊源》等。文章分别对吴芳吉与郭沫若的交游、吴芳吉对新诗的探索、吴芳吉文学教育的儒学基础做了分析。① 又有硕士论文较为全面的评析吴芳吉的文学成就，如于峰《中国现代诗学建构中的吴芳吉文艺思想研究》、赖佳《吴芳吉的现代诗歌》、廖城平《儒家诗学在现代的接续——以吴芳吉为研究个案》等。② 分别对吴芳吉创作的艺术特点、思想文化背景及对新诗发展的影响进行了分析。

基于以上的综述，我们认为，学界对重庆聚奎书院的研究主要集中在对其近代教育建筑的特点分析上，还未曾对书院教学（包括学术研究）、藏书和祭祀等进行研究。关于聚奎书院的教育发展史、书院教育精神的传承研究还比较薄弱。胡昭曦等人对四川书院发展史的研究和个案分析给我们提供了研究聚奎书院的研究范式和学理思路，故本书重点从教育学、文学、历史学等角度对聚奎书院展开研究。

笔者新近整理了吴芳吉藏书，特别是其中有大量的读书札记和古籍圈点，有助于我们深入研究吴芳吉的创作和教育成就，有助于深入分析近代巴蜀学术的发展，有助于深入探讨巴蜀文化与湖湘文化的交融，这亦是本书的研究价值之所在。

二、研究的意义、基本思路和方法及主要内容

（一）研究的意义

从教育学、文学、历史学等角度对聚奎书院展开研究，有助于对聚奎书院进行深入研究，有助于深入分析近现代重庆教育的传承。

---

① 卢永和：《胡怀琛与吴芳吉：超越新旧诗之争的第三种声音》，《社会科学辑刊》2014年第5期；梁雪松、雨辰：《郭沫若与吴芳吉的"诗友"交》，《鲁迅研究月刊》2013年第10期；王峰：《吴芳吉教育思想的儒学渊源》，《重庆大学学报》（社会科学版）2017年第6期。

② 于峰：《中国现代诗学建构中的吴芳吉文艺思想研究》，山东师范大学2012年硕士论文；赖佳：《吴芳吉的现代诗歌》，四川大学2006年硕士论文；廖城平：《儒家诗学在现代的接续——以吴芳吉为研究个案》，华东师范大学2007年硕士论文。

对聚奎书院进行多视域的研究，特别是研究书院的教育发展历史、书院与现代文学创作、书院的学术活动等，有助于分析巴蜀学术的发展，且对当下巴渝文化的研究与建设有促进意义。

（二）研究的基本思路和方法

本书以历史唯物主义和辩证法为指导，对研究资料进行详尽的搜集与整理，包括方志典籍和馆藏文献资料，在严谨考辨、细致分析的基础上，史论结合，深入剖析，采用文献法、比较法、计量分析、个案分析等多种研究方法进行综合研究。

基于重庆书院的发展沿革，本书把聚奎书院作为独立的主体进行个案研究，搜集了大量的方志和馆藏文献资料，对聚奎书院的教育历史做出微观文化阐释，以彰显重庆近现代教育的特点和巴渝文化的地域特征。

（三）研究的主要内容

1. 聚奎书院的教育实践

本书第一章聚焦聚奎书院的教育实践。主要进行三个专题研究：首先是聚奎书院发展的背景考论。聚奎的辉煌发展基于三个方面的因素："精神贯一而不懈"，对传统书院教育精神的传承与发扬；"富者输其财"，地方乡绅的急公好义；"贤者施其教"，山长和教员的开明和变革。[1] 其次是个案研究，从阅读、写作、教育三个维度研究吴芳吉的教育学术活动：对忧国忧民"史诗"的阅读和传承；对西方文学的阅读和借鉴；指导学生品味文学著述和儒学经典。最后从三个维度探讨民国时期巴蜀学者叶广度《中国庭园概观》的学术价值：基于近代救亡图存的思想，强调庭园设计具有审美和实用的双重目的；基于传统文化的濡染，以优美的文笔揭示中国庭园审美的特质；基于深厚的学术修养，开展现代庭园学的研究和建设。叶广度和吴芳吉是聚奎书院的教师和教育工作管理者，而吴芳吉既是聚奎书院培养的学生，又是民国著名诗人，对两个人的学术和教育思想的研究，可以彰显聚奎书院的教育实践成效。

2. 聚奎书院的学术活动

书院的职能之一，是汇聚文化，教育明贤，开展学术活动，以广造就，育

---

[1] 吴芳吉著，傅宏星编校：《吴芳吉全集》，华东师范大学出版社，2014年版，第515页。

贤匡时，繁荣地方文化。本书第二章进行六个专题研究。首先分析抗战时期避地江津白沙古镇的卢前的文学创作，其内容包括："绸缪岁月"的人生嗟叹，"新交旧友"的友谊慰藉，"遍野书声"的文化教育实践。并且，其避地白沙的文学创作具有较高的史料价值，是重庆大后方文化的重要组成部分。其次再分五个专题专门研究吴芳吉的学术活动。通过这些专题研究，彰显传统书院教育精神的影响和传承，以及书院学术活动的繁荣。

3. 聚奎书院的藏书

藏书是书院的重要功能之一，书院的藏书事业是中国传统文化、中国教育史、中国图书馆史的重要组成部分。聚奎书院自建立以来，历代管理者都非常重视图书资料的购买和管理、收藏和使用，现存的书籍中，主要有三类具有一定的文献价值：大型古代典籍，如《古今图书集成》《四部备要》《四库全书珍本》《万有文库》；民国教材，体现出民国时期的国家意志和社会文明发展的程度，从中亦可窥见此期学校教育特别是课程论的特点；吴芳吉藏书，其中有吴芳吉本人和其子女大量的圈点和评注，这部分最具文献价值，有助于我们研究民国时期的学术发展和巴渝文化特点。故本书第三章在概述聚奎书院藏书的基础上，重点研究吴芳吉藏书的文献价值，进行三个专题研究。首先是吴芳吉藏书的文献价值，重点介绍吴芳吉收藏的地方文化典籍、儒家修身养性典籍、佛教典籍的文献价值。其次是个案研究，研究吴芳吉对《剑南诗钞》的点评，包括其圈点缘由和对陆游诗歌思想内容和艺术特点的点评。最后是吴芳吉藏书分析，是对吴芳吉藏书的全面整理，包括每本古籍的分类、版本、作者和书籍内容，重点对吴芳吉的读书札记进行整理。由是可见聚奎书院藏书的丰富，为其教育和学术活动提供充足的物资保障。

第一章　聚奎书院的教育实践

四川江津白沙镇古为"殷富""琅环"之地,是山水形胜、人文荟萃之地。聚奎书院位于白沙镇黑石山顶。校内林木葱蔚,风景清幽,藏修息游,无所不可。自同治九年(1870)起,书院历经义塾、书院、学堂、学校,历史悠久,精神贯一而不懈,人文蔚起,校舍巍峨,规模宏大,四境青年,纷然来归。吴芳吉《还黑石山作》云:"我爱聚奎好,山水殊灵怪。晨夕欣往还,中藏两世界。上界鸟翱翔,下界石矮骏。何以联两欢?花木娇百态。枕石荫花间,听鸟鸣林外。石意浑多姿,鸟迹旋无碍。地幽松子落,坐久白云在。何须栩栩成地仙,且聆叶叶含天籁。"① 如今,建校已140多年,不但人才辈出,而且书院建筑大部分得以保留,是清盛极一时的巴蜀书院中比较完整地保留书院建制、且具有较高历史文物价值的学校,其办学史是中国近现代普通教育史的一个缩影。

本章开展三个专题研究:聚奎书院发展的背景;阅读·写作·教育:吴芳吉研究三个维度;巴蜀学者叶广度《中国庭园概观》的学术价值。

第一节　聚奎书院发展的背景

吴芳吉《聚奎校名释文》曰:"邓公石泉、程公倬云、刘公熙亭、国公子达、陈公辉山,既相黑石山势之奇,宜为讲学育才之地。开辟荆榛,肇建黉宇,富者输其财,贤者施其教,人文蔚起,旷代所稀,有如德星之相聚也,故曰'聚奎'云云。"②

周光午《聚奎六十周年纪念特刊发刊辞》曰:"惟以神圣事业,端资群力;

---

① 吴芳吉著,傅宏星编校:《吴芳吉全集》,华东师范大学出版社,2014年版,第238页。
② 吴芳吉著,傅宏星编校:《吴芳吉全集》,华东师范大学出版社,2014年版,第515页。

发皇光大，尤赖邦贤。"①溯源历史，聚奎的辉煌，一是从私塾到书院再到学校，聚奎作为教育之地，能趋时而动，"精神贯一而不懈"②，将传统书院教育精神发扬光大。二是"富者输其财"，地方乡绅急公好义，有办学兴教的"坚卓精神"③，有造乡邦。特别是白沙以邓清㴠为首的"双桂堂"邓氏望族，几代人相继在教学和经济上给予书院大力支持，"与聚奎关系深矣"④。三是"贤者施其教"，有很多学识、品德俱佳的山长（校长）和教员，他们踵武前贤，绍美前修，致使后起独秀的聚奎书院，翰苑腾声，德行所风，士气以振，人尽廉立。

一、"精神贯一而不懈"：传统书院教育精神的传承与发扬

聚奎自清光绪六年（1880）成立书院，至光绪三十一年（1905）改为初等小学，翌年添办高小，民国十九年（1930），复增设初级中学，"相嬗递变，繁衍炽昌"⑤。

同治九年（1870），白沙义塾由团总张元富命名为"聚奎"，"聚奎"得名于五星聚奎，贤人荟萃。对此吴芳吉《聚奎校名释文》有详尽的考释，并申其意曰："聚奎之义，为右文也，为昌学也，为尚友也，为合群也，为互助也，为公益也，为创造也，为亲亲长长，继继承承以永世也。是以五十年来，道用公开，人尽私淑，或孝子之用心，或门人之绍志，或朋友之义合，或乡党之情亲。纵冒艰虞，无取失坠者，感先正之高风，步前修之胜迹，咸望文以知义，能循名而责实也。"⑥聚奎书院存续140多年，学校名称、办学方式和教育观念随时代而改变，传统书院的教育精神得以发扬光大。

---

① 《聚奎六十周年纪念刊》，1940年石印本，第17—18页。
② 《聚奎六十周年纪念刊》，1940年石印本，第20页。
③ 《聚奎六十周年纪念刊》，1940年石印本，第26页。
④ 吴芳吉著，傅宏星编校：《吴芳吉全集》，华东师范大学出版社，2014年版，第531页。
⑤ 《聚奎六十周年纪念刊》，1940年石印本，第16页。
⑥ 吴芳吉著，傅宏星编校：《吴芳吉全集》，华东师范大学出版社，2014年版，第515页。

（一）孕育时期①：从私塾到书院

白沙自古为繁华富庶之地，程德灿《聚奎书院记》曰："侯其祎而，都人士赞襄之力；如斯举者，良有司经画之功。"② 官府与民间合力，建学兴教，移风易俗，人文荟萃。

白沙于同治九年（1870）建立义塾，至同治十三年（1874）筹建聚奎书院，义塾举办五年。义塾先为寺院，白沙团总张元富尝与乡绅邓清涟出游，相其处，谓寺旁隙地幽敞，宜作读书之所，且马鞍双峰当前，形似毛笔，兴学文风必盛，归而为之提倡，成立聚奎义塾。此间乡党齐心协力，改善办学条件。"义塾既成，复谋广之。爰有程瑞章、刘熙亭等二十余人，醵资为六种会。会终，集三千六百金。同治十二年九月，聚奎义塾首事刘齐均、邓清涟白邑宰，以三百金遣去道者，并赎其田马家垮、二郎石、白瓦房三处，岁可得谷三十石，钱十余钏，为义塾膏火。"③

光绪六年（1880）书院建成，至光绪三十一年（1905）改名"聚奎学堂"，书院举办二十五年。"历二十五年间，游泮者岁恒十计。邓鹤鸣、黄瀚、胡知行、涂熙雯、程文焕等其选也。"④ 前后任斋长者有举人程绥仁、程德灿、李萌南、邓鹤翔等；考中举人者有邓鹤鸣、黄翰、涂熙雯等，其中邓鹤翔为拔贡；此间毕业的邓鹤丹具有维新思想，又曾留学东京弘文师范；民主革命志士卞小吾⑤于1904至1905年在此求学，创办《重庆日报》、"东方文学堂""女工讲习所"等，宣传民主革命思想，开展救亡革命活动。

聚奎书院所具有的传统书院教育精神，一直被聚奎学校所承袭。对此，程

---

① 吴芳吉1928年所作的《聚奎学校沿革志》，将聚奎学校发展史概括为五个阶段：孕育时期、创办时期、发皇时期、纷扰时期、底定时期。1940年，时值聚奎六十周年校庆，校长周光午踵武吴芳吉作《江津私立聚奎学校发展史略》一文，将聚奎学校历史总结为七个阶段：孕育时期、创办时期、发皇时期、波动时期、复兴时期、推广时期、艰屯时期。二文前后相继，从中可见1880—1940年聚奎六十的发展历史。
② 《聚奎校史》，1988年，第262页。
③ 吴芳吉著，傅宏星编校：《吴芳吉全集》，华东师范大学出版社，2014年版，第500页。
④ 吴芳吉著，傅宏星编校：《吴芳吉全集》，华东师范大学出版社，2014年版，第501页。
⑤ 卞潇（1874—1908）：名章垿，字小吾。其在重庆的救亡革命活动包括：（一）创办报纸揭露清廷的腐败无能，宣传革命思想，唤起民众；（二）开办学堂，大力提倡新文化，吸取欧美和日本等国先进的科学知识，以启迪民智；（三）鉴于洋货充斥市场，利权外溢，实为造成国弱民贫的一个重大原因，因而提倡振兴实业，兴办工厂，以抵制外货，挽回权利，纾解民困。关于卞小吾生平资料，可参1998年《聚奎校史》第303—306页。

憬《聚奎学校六十周年纪念献辞》①中有精彩的论述。聚奎校名之本义取北宋五子同起、占验聚奎之义,但纵观聚奎发展历史,作者认为其名之意更多的是表现"传统之书院教育精神",察其学风及所陶育之士,可以知之。书院的创设在于明道经世,"集自拨尘俗之儒生,相与讲明实学,敦冶人品,经延道术不绝如缕之一线"。流风所及,聚奎书院有"沉潜淳厚"之学风,适朝政腐败,国运艰难,故师生虽相率"崇尊实学,顾更关怀国事"。如辛亥之役,白沙竟先江津、重庆、成都而首揭义旗,策动者即聚奎师生。

聚奎书院历经五年辛苦建成,现存文献特别记载此间书院筹建的艰辛和发轫之难,可见时人对教育的重视和奉献。对此,书院第二任山长程德灿《聚奎书院记》有详细的记载:

> 圣门通经七十子,弦歌特重武城。汉家循吏十八人,冠冕首推文党。诚以植桑劝织,不若移风易俗之为难也。拔薤锄强,不若建学兴贤之更急也。是以辛卯入蜀,即宴学堂。鲍德之官,先修黉舍。吾津几水书院而外,复有育才、华峰两书院之设,甚盛事也。唯白沙一镇,地属陬区,人多殷富。其乡合名廉让,此境即是琅环。则有张君华煊于宝峰寺之侧,鞭礅岩以拓基,庀桶亲而作栋。窗开四壁,厦置千间,时则邑侯国公始录吾津年也。即而桐乡再共莅,花县重来。刀布相遗,益部之循声自古;丹青并染,鄱阳之藻采如新。旧尹清风,两番化雨,亲操量,纸尾书名,别具神斤。竹头木屑计鸠工之伊始,迄燕贺之落成,中间盖越数年焉。且天诗书,元气也,学校,良模也。善作九贵善成也,图终难于图始也。侯喜其江山入胜,赋孙绰以垂声;槐柳成行,慕公超而作市。于是,洞开东阁,联吉曜以生辉;高捷南宫,卜文昌之入座。嘉名肇锡,榜曰聚奎。②

在书院创办发展中,赞翼筹谋者有名宦国璋,其功不可没。杭阿坦·国璋(1839—1900),字子达,镶白旗蒙古京旗赓良佐领下监生。国璋为官清廉,刚正不阿,体恤民情,历任隆昌县、荣县、华阳县、江津县、巴县、内江县、宜宾县知县、重庆府江北理民同知、涪州知州。光绪年间,曾三任江津知县。国

---

① 《聚奎六十周年纪念刊》,1940年石印本,第21—25页。程憬(1902—1950),字仰之,安徽绩溪人,清华学校国学研究院首批学生。毕业后始终坚持学术研究,长期在中央大学任教,所涉领域宽泛,多以唯物主义为指导思想,对中国古代史、思想史进行了卓有成效的探索,并尝试以西方神话为范本建构中国古代的神话体系,著有《中国古代神话研究》。

② 《聚奎校史》,1998年,第262页。程德灿(1875—1906),字春台。乙亥恩科举人,1887年,继静山为聚奎书院第二任山长。

璋为官特别重视教育，任职江津期间，为聚奎书院的建设殚精竭虑。① 国璋于1880年撰写《募建聚奎书院后序》，文章开篇从范成大关于"大峨古迹"的叙述，论及巴蜀为人文荟萃之地，劝江津乡贤捐资助学：

> 夫聚奎书院之设，大峨之灵泉也。人材待造，瑶草琼枝望滋培也。各公议捐，未竣群仙之往事也。充蠹役之产，山精之犯律也。璋不敢拟于谪仙，然分一叶于浓阴，汲长江之一勺，是所望于诸公。②

国璋1881年撰写的《聚奎书院序》，既论及自己为官好会文，又叙述书院建设的曲折，更表达了与乡贤共襄盛举、建设书院的愿望：

> 余不敏，少好会文，及壮，官蜀，每莅一邑，常扶旧书敝簏以游。公余，与邑之都人士谈，汲汲如书生切磋事。己卯初夏，再莅蜀东江津，轻煖已过，暑炎将炊。具清酒淆核，偕二三文士，夜谈暑左心舟亭外。炉香月澹，见奎星十六累累贯珠，《汉书·天文志》以为文明之象。昔陈氏二方，荀氏八龙，夜会颖里，太史奏五星聚奎焉。余仰而观，俯而叹曰："此自古文人聚会之乐，余与诸君远而不如古，而适乐其也。邦人之安得共乐其乐，相与刀砻玉错。以为国家用。"考于《循吏传》中，文翁少好学，起学官于成都，至今巴蜀文雅，文翁之化也。虽不能至，然心向往之。往岁客邑之白沙，闻里人旧置义塾，规模初具，徒以经费不充，淹寝至今，余乃规地乘基，因利顺情，欲兴百废，以斯文为倡，于是有输田者，有输金者，不数月葳之。敦请名宿，慎选经事。颜曰"聚奎书院"，以志余平日嗜文爱士之癖衷，将以颖里江津也。③

（二）发展时期：从学堂到学校

光绪三十一年（1905）书院改名为"聚奎学堂"，邓鹤翔任首任堂长；民国元年，改聚奎学校，邓鹤翔任首任校长；1950年1月聚奎、新本合并，称"奎新中学"。学堂举办约八年，学校举办三十八年。

1915年聚奎改校名为"江津县立聚奎小学校"，改私立为县属，其间争议

---

① 据1998年《聚奎校史》记载，20世纪20年代，黑石山的川主庙，曾被命名为"遗爱祠"，内设创办聚奎的张元富、邓石泉、国璋三人的牌位。纪念国璋的牌位上书："邑贤侯杭阿坦讳国璋大老爷香位。"上山道上，有一块巨石，上刻"今之文翁"，亦是赞扬国璋热心教育之功绩，惜乎今俱不存。
② 《聚奎校史》，1998年，第258页。
③ 《聚奎校史》，1998年，第259页。

纷扰不断。1925年3月省视学黄理澄到校，调查处理几年来争端，7月决定改校名为"江津县聚奎小学校"，改县立为私立，成立校友会筹备处；9月校董会成立，邓鹤丹任董事主任，制订了一系列的学校振兴计划。

在辛亥革命前后，聚奎的学校教育与社会维新活动相结合。

1940年国立编译馆馆长陈可忠撰写《聚奎学校六十周年纪念》一文，高度评价聚奎学校在民国年间与时俱进的革命义举。该文曰：

> 逊清末季，国父孙公，倡导革命，于是堂长邓鹤翔，默持风会，鼓吹大义，师生惕励，慨然先天下之忧。及武昌起义，聚奎师生，首揭义帜，为全川倡。其受国父民族主义之感召也如此。……入其校，见其勇猛精进，彬彬有礼。课余之暇，复亲执农事。耕者，担者，锄者，皆乐为之而不倦。殆指导有方，实以致之。①

在辛亥革命前夕，萧湘等反清知识分子执教聚奎，教学局面大有改观。学校购置大量革命书报，如《民报》《新民丛报》《重庆日报》等，宣扬反清革命和西方思想，学校成为辛亥革命江津起义的据点。②

聚奎在大变革中顺应时代的发展，与时俱进，教学成就斐然。"江津聚奎校创始曩哲，嘉惠来学，若金在熔，莘莘蒸蒸，冠冕巴士。"③ 学校教学成绩受到政府和社会各界的好评。《四川巡按使公署饬》（第497号，1914年9月）认为，光绪中叶，四川办学如日方升，学子莘莘，几如荼火，但时风所趋，教者学者均注意于中等以上各校，而小学教育状况堪忧："生徒凌杂，教授纷纭。城校尚具规模，村塾依然旧态。……各属公立初小学校，办理完善者，恒不数觏。私立更不足言。"究其原因，或经费不敷，或见闻不广，或教师腐陋愚玩，而东西各国教育发展证明，人才有盛，当由初小教育肇基，为国民教育之普及，"特就各省视学查报该区办有成绩公私立各小学校，分别成绩，酌给奖金。虽为数无多，亦可籍此引起办学之兴趣"。所奖励的小学有五所，县立聚奎两等小学列首位，评曰"管教合法，成效昭著"，奖励金额300元。④

现存1909年三篇聚奎学生习作，从中可见当时学校对维新运动的支持，亦可见聚奎趋时而动教育改革的成效。

---

① 《聚奎六十周年纪念刊》，1940年石印本，第20页。
② 关于辛亥革命前后聚奎学校的改革，后文有论述，兹不赘述。
③ 《聚奎校史》，1998年，第346页。
④ 《聚奎六十周年纪念刊》，1940年石印本，第44—47页。

年仅15岁的萧世份的《自由辞》，是在近代变革图强的历史背景下，对"自由"的哲理思辨，可见维新运动之效：

> 自由者，自治也。能自治，能自由；不自治，不自由。夫自治既近于约束，既约束安所得自由哉！不知自者己也，由者从也。谓自己所经从之事，咸归于理也。未有逆理而能自由者。故凡自由者，循理之自由也，己非逆理之自由。己既自由于理，人又安得而干涉之。若不能自治而欲自由者，未有不为人干涉者也。何也！盖不能自治，恒为人所指目，则必时时干涉，既时时为人干涉，则所谓自由安在乎？故自知者，自由本也。欲自由者，必固其本，方能保自由也。嗟乎！世人不自治而欲自由者，适成为中国新世界、新学界之自由而已矣！①

14岁的曹钟涛的《论玄武门之变》，是对历史事件的辨析和思考：

> 吾尝读史至唐，见玄武门之变，未尝不怪高祖不知时势也。
>
> 隋之末年，群雄蜂起，分山裂河，皆为战场。高祖赖世民之力以有天下，尺土寸地，莫非其力。是唐之得天下，世民之功也。且民心所归，天意所向，亦世民也。高祖不立世民而立建成，是抑有功，逆天意，悖民心也，乌在其能知时势也？
>
> 夫隋之天下不为不富也，不为不强也，而炀帝徒乐一时，以致亡国败家，高祖未之见耶。太子建成当天下初定，泽不足以恩四海，威不足以震九州。以外言则有突厥、高丽，以内言则有梁师都据朔方，居然三国鼎立，六国合从之势。中原一鹿，尚不知死于谁手。建成、元吉乃游猎无度，荒亡不归。是以世民经营之业，概付建成、元吉倾覆。乌在其能知时势也？
>
> 且世民之勋望日隆，此建成、元吉之不容世民，忠臣义士之不容建成、元吉也，非世民弑建成、元吉，则建成、元吉杀世民，不等智者而后知。高祖竟晏然而不悟，乌在其能知时势也？
>
> 然则玄武门之变，为情势所必然有。虽谓为高祖酿之不为过也。②

文章以较为丰富的历史资料和流畅的语言，评析玄武门事件，认为高祖不立世民而立建成是"不知时势也"，分析较为缜密，情感也较为丰富。

---

① 《聚奎校史》，1998年，第345页。
② 《聚奎校史》，1998年，第345页。

年仅13岁的吴芳吉的《读外交失败史书后》① 一文，在当时评价很高，得到萧湘的激赏，"使我精神为之振荡也"。文章中有对近代屈辱历史的感叹：

> 印度之被英灭也，以嗜吸鸦片。埃及之被英侮也，以无财政权。高丽之为日吞也，以无振武精神。越南之为法隶以尚文，波兰之亡于俄以少爱群之心。是数国者，其被灭国戮种之祸，皆各有一瑕。回顾我国，其瑕皆具也。苟能审外情，图自强，则虽启关开隘，他人何敢藐视！而豆剖瓜分之说，又何敢倡言！而外交又何有失败？吾读外交失败史至此，吾惧蹈印度、安南等之覆辙也。悲夫！

更有以世界的开放眼光，对近代中国外交的失败所做的理性分析：

> 苟能讲国际以待外文，谈理财以实府库，立宪法以安国家，建学校以植人材，练海陆军以护国体，兴工商场以利交通，宗教所及，法律即及，侨民所在，护兵即在。何至冥冥然与外人决事哉！

文章历数不同国情的五种弊端，力透纸背，语语中的。吴芳吉将近代国家的衰败与外交成败联系起来，这种思路和学理性思考，亦是民国知识分子救亡图存的共同思维方式。民国外交史学家蒋廷黻所著的《中国近代史》，熔史料与思考于一炉，沉潜思辨，强调研究近代史必须了解近代外交史。从接受科学、利用机械、接受近代民族国家观念来探讨近代中国能否从"中古"社会进入"近代文化"。该书第一章在探讨两次鸦片战争之成败的时候，特别强调外交情弊的影响。嘉庆、道光、咸丰期间，剿夷派虚骄自大，抚夷派服输而不图振作，中国人闭关自守，情伪万方。"要维持历代在东方世界的光荣地位，根本否认那个日益强盛的西方世界。"没有文化自信和勇气踏进大世界的生活，不图改革，遂至国力不振。②

抗战前后，许多大学、科研院所搬迁至重庆及白沙，聚奎书院聘请文化名人开启"聚奎大讲坛"，开展一系列学术活动，推动学校的教育改革和校风建设。由此而汇聚英才，推动学校发展。

聚奎历来重视校友会的交流，校友聚会，既是教学成绩的展现，亦是校友间的切磋。校友会之设，非徒声气应求，实以"交互学识"，"以砥砺学行敦崇

---

① 吴芳吉著，傅宏星编校：《吴芳吉全集》，华东师范大学出版社，2014年版，第285—288页。
② 蒋廷黻：《中国近代史》，上海古籍出版社，1999年版，第1—54页。

友谊为宗旨"①,士行之砥砺,师友之观善,古人风谊;踵为德邻,吾道不孤,国家之福也。

1940年校长周光午《聚奎六十周年纪念特刊发刊辞》②一文,在回顾聚奎"缔造之艰难,作育之不易"历史后,阐明此次盛会的宗旨,既庆祝"热心教育,提挈不遑"校董邓鹤年七十寿诞和新校舍的落成,又感激社会各界对学校发展的扶持和监督,更希望校友莅会,共商大计,推动聚奎的发展。"凡我邦人君子,或关心教育,或义切桑梓,或追念母校,或情关手足。诸祈惠赐鸿文,锡予金箴,更盼届期贲临,指陈一切,以资改进,则聚奎之前途,实无涯也已。"

1940年11月,聚奎举行四大庆典:庆祝六十周年校庆、聚奎中学开办十周年、邓鹤年七十寿诞、新校舍落成。四川省教育厅厅长郭有守题"蜀庠楷模"③,国立中央图书馆馆长蒋复璁,国立编译馆馆长陈可忠,国立女子师范学院教授台静农,中央大学教授程憬、陈独秀、卢前等文化名人纷纷撰诗文祝贺。一时嘉宾云集,名人聚会,游览黑石山,感慨聚奎的历史,留下一批作品,这既是文人的雅兴佳作,亦是聚奎历史的记载。

诸位明贤在对聚奎六十周年的校庆祝贺词中,盛赞其校风学风对乡风的教化与引领。蒋复璁《聚奎学校六十周年纪念》④认为,凡欲求事业之成功,须三者具备:"能刻苦奋斗,适合潮流,以求有良好之纪律习惯。"聚奎办学历史所展现出来的精神,令人钦佩者有三:愈挫愈奋执着办学的"坚卓精神";趋时而动的"鼓吹革命之精神";淳厚的校风。"白沙自有聚奎学校,开教育之先声。而辛亥革命后,聚奎学生出而训练团丁,配制弹药,以保卫乡里,使乡人知学之有用,于是教育风气普及当地。且余见聚奎学生质朴有礼,益令人想见其校风之淳厚。学子于课业之余,服习耕种,刻苦淬励,不堕耕读之风。"

台静农《聚奎学校六十周年之感想》认为,适逢国家多事之秋、新旧交替之会,聚奎能屹然一隅,办学延续至六十年之久者,诚我国近代教育史所罕见,在于其"特立之精神"。具体表现一是"以学校为社会",将学校教育与

---

① 《聚奎校史》,1998年,第346页。
② 《聚奎六十周年纪念刊》,1940年石印本,第18页。
③ 《聚奎六十周年纪念刊》,1940年石印本,第10页。
④ 《聚奎六十周年纪念刊》,1940年石印本,第25—27页。蒋复璁(1898—1990),字美如,号慰堂,浙江硖石人,著名图书馆学家。1940年,国立中央图书馆在重庆成立,蒋复璁担任首任馆长。

社会认知相结合;二是"为修己而求知",强调将知识学习和人格养成相结合。①

二、"富者输其财":地方乡绅的急公好义

聚奎书院的建设发展,颇为坎坷曲折,蒋复璁《聚奎学校六十周年纪念》曰:

> 所历艰屯,不知凡几。或以公款无存,或以捐税停征,或以补助费之取消,经营枯窘,随时足使事业停顿。然卒以维持者之热心奋斗,刻苦不遑,屡蹶屡兴。或合会金,或请县款,或求省署拨助,或奔走募捐,且竟变产慨助,而基本乃固。于是扩班次,构教室,治亭榭,造园林,辟操场,开水道,使聚奎愈挫愈奋,其名愈昭著于社会。其坚卓精神之足使吾人钦佩者一也。②

聚奎办学兴教的"坚卓精神",尤其表现在乡绅和名宦的急公好义、有造乡邦。如程倬云③、邓清涟首建书院,筚路蓝缕;名宦国璋历经磨难,持续支持,初衷不改。特别是以邓清涟为首的"双桂堂"邓氏望族,几代人后先相继,在教学和经济上给予书院大力支持,"一生与聚奎关系深矣"。

(一)邓清涟④

邓清涟为聚奎书院的创始人之一,其人"穷而知信义,苦而知振拔,富而知济施,老而知好学"。邓清涟常以白沙无书院为憾事,曾与白沙团总张元富

---

① 《聚奎六十周年纪念刊》,1940年石印本,第27—29页。台静农(1902—1990),现代著名作家、学者。字伯简,安徽霍邱县人。青年时期就读于北京大学研究所国学门。抗战爆发,举家迁四川,任职国立编译馆和国立女子师范学院。

② 《聚奎六十周年纪念刊》,1940年石印本,第26页。

③ 程倬云,讳瑞章,聚奎书院山长程德音之父。吴芳吉《聚奎发起人程倬云先生事略》载:"邑志谓先生赋性强毅,才猷卓越,燕头山匪乱,力主安抚,保全甚众,乡人称颂弗衰。"程倬云在平息燕头山刘万匪乱时,力主刚柔相济,反对剿灭,力主安抚,分析利弊透彻:"此事重大,当察其实。刘万、王端公其心迹不可知,若随行男妇,其非造逆也明甚。挈眷在山,毫无蓄积,殷实文弱者居其大半,不能争斗,宁能作乱乎?不过惑于邪说,为求生免劫,被诱到山。若以大逆加之,是激生变也。岂非本无事而自扰耶?宜以解散为是。"(《吴芳吉全集》第519—521页)

④ 邓清涟(1819—1909),字石泉,家贫废读,以商起,甘淡泊而无嗜好,又明达急公。吴芳吉《创办人邓石泉先生事略》载:"年老,能读《汉书》《三国志》,通其意。日手《广益丛报》一编,知世界国家大势,慨然以八股、鸦片、女子缠足,国之三大害也,谆谆为人告之不惮烦,令家中妇女皆天足,立会众劝,设女学于家。"(《吴芳吉全集》第524页)

首办义塾,既成,复谋建书院,几经曲折,在江津知县国璋的帮助下,于1880年建成聚奎书院。吴芳吉《创办人邓石泉先生事略》深情回忆曰:

> 然本校园林,先生之所辟也;本校生命,先生之所予也;本校诸生,先生之所爱也;本校前途,先生之所望而日进者也。先生虽逝,而先生之志不灭。《易》曰:"积善之家,必有余庆。"岂不然欤!①

承袭先人之懿德彝训,邓氏家族人才辈出,"双桂堂"邓氏成为江津清末兴起的望族。邓清涟有七子,举于乡,贡于朝,列于学,代代以兴教为己任。周光午《聚奎六十周年纪念特刊发刊辞》评曰:

> 热心教育,提挈不遑,使乡里子弟,食其厚赐。前后卒业聚奎小学、中学者,达二千余人,或参加辛亥革命,或淬励留学他邦,或奋身奔赴国战,相属不辍,为世所重。②

邓清涟次子邓鹤翔肄业于聚奎书院,嗣充斋长,清季改办学堂,遂长之;五子邓鹤年承父业,为盐帮巨子,热心教育,先后捐款约十万元以发展文化教育事业;六子邓鹤丹,日本留学归来后改办新学,在学校发展困难之际,挺身而出,重振辉煌。

(二) 邓鹤年③

1925年至1938年间,邓鹤年为聚奎办学不遗余力,前后捐款约十万元,还出资举办两所平民学校。吴芳吉《书邓鹤年先生捐金事》在行文中列举其捐款行为:民国十四年为购买童子军装捐三百五十元;民国十五年为春季运动会捐三百八十七元;民国十六年春为购买中华书局版《四部备要》捐六百三十元,是年冬捐二百六十元购买杨氏积善堂书若干卷;民国十七年捐三百余元购花树三千株以遍植于校。三四年间,急学校之所需,捐款约二千元。文后曰:

> 其助于学校者至大,而有造于将来者远矣。师生聚议,金以先生之风为不可及,当白其事于官,以章先生之义,然先生不自居也。……先生商于渝,善理财而好施与,捐助社会事业。……《礼》曰:"积而能散,安

---

① 吴芳吉著,傅宏星编校:《吴芳吉全集》,华东师范大学出版社,2014年版,第522页。
② 《聚奎六十周年纪念刊》,1940年石印本,第17页。
③ 邓鹤年(1870—1953),字蟾秋,少年时就读于聚奎书院,能诗善文。后遵父命弃八股文学业,继承父业经商,乐善好施。

安而能迁。"如先生者,岂非深于礼欤。①

1940年11月所制的《校董邓蟾秋先生历次捐金一览表》②记载,民国十四年至民国二十七年,邓鹤年捐款达七万余元,如民国十八年一次捐款六万元,"创办本校中学部及建筑礼堂";民国二十六年捐款一万元,"捐助本校五年计划",可谓慷慨解囊,造福乡邦。

1940年适逢邓鹤年七十寿诞,聚奎校友及避难白沙的文化名流,"仪先生之为人,感先生之方便",为之祝寿者众。

冯玉祥将军题寿联曰:

> 公益为怀,寿人寿世;智珠在握,有守有为。③

欧阳竟无《邓蟾秋七十寿序》认为,邓鹤年是懂得"自适其适"之人:懂得经商之道,致力凝神于布施之道,明辨世间慧命、出世慧命之别,不仅襄助聚奎教育发展,亦照顾一批抗战时期避难江津的文化名流,有孟尝君遗风。④

有感于邓鹤年先生之纡产兴学、邓鹤丹先生之苦心主持,蒋复璁《聚奎学校六十周年纪念》评曰:

> 浩浩大江,万古长流,纡回津邑,蕴兹奇幽。银河下泛,碧峰上浮,龙飞凤舞,独秀无俦。地灵人杰,星聚奎娄,中有贤哲,文教聿修。毁家养士,明德丕休,经之营之,为国宣猷。槐风杏雨,学府优优,厉岁弥永,甲子已周。时际阳月,春酒盈瓯,率成俚句,献祝千秋。⑤

(三)邓鹤丹

聚奎学校被确立为江津县立学校之后的六年间,受时局影响,发展艰难。其间因为校长的任命和经费的使用管理问题,争论纷扰,办学质量急剧下降。1925年,聚奎改为私立,建立董事会管理校款,并负维持推广之责。值此聚奎校事飘摇之际,邓鹤丹⑥任学校董事主任,起而振之,扶危定倾,勇于担

---

① 吴芳吉著,傅宏星编校:《吴芳吉全集》,华东师范大学出版社,2014年版,第526—527页。
② 《聚奎六十周年纪念刊》,1940年石印本,第59页。
③ 《聚奎六十周年纪念刊》,1940年石印本,第41页。
④ 欧阳渐:《欧阳竟无著述集》,东方出版社,2014年版,第546—548页。
⑤ 《聚奎六十周年纪念刊》,1940年石印本,第27页。
⑥ 邓鹤丹(1872—1943),字襟仙,邓石泉第六子。留学日本期间结识于右任、程潜等人,加入同盟会。毕生致力于教育事业,后任江津中学校长、聚奎学校董事主任。

当,"积年痼疾,赖以廓清"①,聚奎的办学质量迅速提高,办学规模迅速扩大。据邓鹤丹《江津聚奎学校募捐启》②记载,其办学举措包括以下几点。

首先,重视教育的作用。

> 居今世而言合群保种,巩固国基,舍培植人才无以为功。欲举国之人养成急公赴义有爱国爱世之精神,非整顿小学教育无以发皇其民气。

邓鹤丹留学和经商的人生经历,使其有长远的政治眼光,能深刻认识教育的社会作用。故他特别强调通过小学教育,开启民智,激发国民的忠义之气。"能于雏形之社会养成优良之份子,他日入世,即为健全之公民。"

其次,改善办学条件。

> 方今教育趋势,讲室授课之外尤注重校内设施,务使环境优良,陶熔始易为力。故于儿童欲活泼其天机,则林木有园,花卉有圃;宏博其学识,则图书有馆,博物有室;强健其体魄,则运动有场,游泳有池;启发其志趣,则游艺有会,工作有所。凡此种种,在所必需。盖须有充分之设备,乃能施以完善之教育,一任学子藏焉修焉,息焉游焉,潜移默化,无时无地不受其熏陶而勉为善士。

邓鹤丹任学校董事主任后,广泛筹集资金,添购仪器,修建园林,凡为学校所应有者,无不尽力购之。据吴芳吉《聚奎学校沿革志》载,"为谋有规律之生活",于民国十四年八月成立童子军,以资陶养;"为鼓舞尚武之有兴趣",于十五年四月添置军乐十数件;"为谋体育之普及",于十五年四月复有联合运动会之举行。数年间,学校大量种植花草树木,"俾学校美化,学生居万花丛中,爱好自然,以养成优美之习"。③

再次,注重择师尊师,延请名师执教。

邓鹤丹曾经手书学校校门门联,以表其作为校长的办学宗旨:"知国家大事尚可为也,得天下英才而教育之。"④他接管聚奎后,先后聘请陈方联、陈光鲁、蔡说岩等名师来校执教。特别是在抗日战争期间,他聘任周光午、黄德毅、颜实甫等教育界的著名人士任校长;聘请寓居于白沙的蒋祥生、刘光均、马少尘、叶广度等名师来校兼课;邀请文幼章、梁漱溟、陈独秀、卢前、蒋复

---

① 吴芳吉著,傅宏星编校:《吴芳吉全集》,华东师范大学出版社,2014年版,第513页。
② 《聚奎校史》,1998年,第347—348页。
③ 吴芳吉著,傅宏星编校:《吴芳吉全集》,华东师范大学出版社,2014年版,第513—514页。
④ 此校门门联刻于1926年,"文化大革命"中被凿毁,1983年周浩然补书。

璁、胡小石、佘雪曼等学者参加"聚奎大讲坛",进行学术讲座。

1927年1月31日,吴芳吉接受邓鹤丹之邀,任教于江津中学,作《报邓襧仙先生之聘》。诗中充满对友人的感激,以及九死一生后对家乡亲人的眷恋,由是亦可见邓鹤丹对人才的重视和广泛的延揽:

> 长安八月血流渐,满市生灵惟半全。客里见闻多失意,故乡耆老忽迎还。飞鸟恋旧林,游鱼思故渊。喜我不能寐,一寐成飞仙。飞飞下视如图画,华峰几水何绵绵!吾家几水上,门接华峰巅。出墙三两树,凌波风韵妍。隔岸明城影,斜日裹炊烟。风光清丽更无有,有国不归真可怜!多谢邓夫子,眷吾来息肩。屈指每周欢乐事,五日城中对年少,两天归去侍亲眠。江头有小艇,乘风不用纤。城边滋橘美,饱啖不须钱。竟日生活皆诗境,渊明未足我垂涎。而况诸师友,望我心拳拳。昔常忧我病,今得壮成年。昔常摩我脸,今得诗成篇。廿载飘流无习气,污泥不染似青莲。以此班荆重对语,溶溶两意何陶然!开箱藏书简,上市买鞍鞯。思量愈喜情愈急,即抛教授来翩翩。①

三、"贤者施其教":山长和教员的开明和变革

作为教育重地,聚奎有很多学识品德俱佳的山长(堂长或校长)和教员,包括书院山长程绥仁②和程德音③,聚奎学堂堂长邓鹤翔和唐定章,私立聚奎学校校长邓鹤丹,民国聚奎学校校长夏风薰④、吴芳吉、周光午,以及时务与

---

① 吴芳吉著,傅宏星编校:《吴芳吉全集》,华东师范大学出版社,2014年版,第216页。

② 程绥仁,字静山,聚奎书院首任山长,吴芳吉《山长程绥仁先生事略》载:幼聪颖,性敏,家贫嗜学,"于学无所不窥,为文立就,优入神品",道光二十六年(1846)中举人,乡捷后以亲在不愿仕,赴京复试,即归里主教,行诣清苦。为教"博喻善诱",先生长教不数年,人文蔚起,英才辈出,翰苑腾声,时江津书院有几水、育才、华峰,聚奎独后起,骎骎与三院分席矣,以至今日,有文翁倡教、相如为师之功。其子承袭为第二任山长。(《吴芳吉全集》第528页)

③ 程德音(1841—1921),字农初,聚奎创始人程倬云之子。吴芳吉《山长程德音先生事略》载:性敦敏勤恪,一生细行必饬,养正于蒙。曾先后署理甘肃安定、隆德、静宁州等地,"先生在甘日久,刚直闻于上下。所在之处,革弊除害,劝农兴学,字下尽矜慎之心,而非故市其惠;事上无逢迎之习,而不缺于礼遇。回汉交涉,尤能持平,故回民感公尤深"。(《吴芳吉全集》第530页)

④ 夏风薰(1869—1920),字咏南,江津罗坝乡人。吴芳吉《校长夏风薰先生事略》载:幼年家贫嗜读,恒中夜不辍。19岁中秀才,次年成为廪生,设帐于乡,"先生经史外,尤熟盲左及《船山遗书》,寝馈其中,有所得,则举以教人,受者涣然怡然,不自知其力之疲也。点窜文字,辄于肯綮处留意,示以筋脉所在,如探骊珠,如点龙睛,破壁飞去,人谓先生弟子多腾达者盖有由矣"。1918年及1920年,于时局危难之际两次出任聚奎校长,昔乎在任日短,卒未申其才志。(《吴芳吉全集》第537—538页)

国文教员萧湘等等。"继往开来,日新又新。先觉后觉,为士作程"①。他们先后相继,绍美前修,致使后起独秀的聚奎书院,翰苑腾声。

(一) 程德音

聚奎书院山长程德音,"从政肃而能惠,施教严而有方",有感于清政失御,知非教育不足以救国,1900年去官丁艰在籍,并任聚奎书院山长。吴芳吉《山长程德音先生事略》评曰:"士气以振,人尽廉立,是盖其德行所风者欤。"吴芳吉认为其乡近百年中,足以号为人师者,为聚奎山长程农初和创办人邓石泉:"农初先生之声施在政治,而石泉先生之名德在社会。语其立身之道,皆今人所不可及。语其处境之艰,则石泉先生以赤贫起家,未尝从事六艺,而行己不异儒林,则有尤难者已。"②程德音弟子刘泽嘉《寄怀农初师》评曰:"不坐春风十二年,文章衣钵几人传。一朝鸿雁来天外,满纸云烟落眼前。宁夏官声今召杜,伊川风骨古神仙。挑灯读罢叮咛语,茶半香初月上弦。"③

(二) 邓鹤翔

聚奎学堂堂长邓鹤翔④,1905年3月,接受维新思想废书院为学堂,任聚奎学堂首任堂长。在任期间,进行了一系列的教学改革,成就显著。

首先,探索学堂教育的特点。自清光绪末叶至民国初年,此五六年间,为聚奎维新之过渡时期。虽名为学堂,实无异于书院。当时新学初开,制度未一。课无定程,人有朝气。先生认为:"巴僰僻远,难于问学,教者宜尽其学之所极,学者宜尽其量之所受。但在成才,初不问其符合定章否也。"虽聚奎为初等小学,在周常昭及新从日本留学归来的邓鹤丹的协助下,聚奎学堂大力发展新学,除授"五经""四史"《方舆纪要》《文献通考》等课业外,还开设代数、几何、物理、化学、日文、英文等课程,建立了分班授课制。"是以士风之美,人才之盛,为后之任者所不易及。"⑤

其次,与时俱进,改善办学条件。邓鹤翔四方延请留日生执教;开办初

---

① 《聚奎六十周年纪念刊》,1940年石印本,第31页。
② 吴芳吉著,傅宏星编校:《吴芳吉全集》,华东师范大学出版社,2014年版,第521—522页。
③ 《聚奎校史》,1998年,第285页。
④ 邓鹤翔(1865—1925),字岳皋,邓清涟的次子。性豪爽,不拘小节,能饮数斗酒不醉。自为诸生,肄业聚奎书院,嗣充斋长,清季改办学堂,遂长之,一生与聚奎关系深矣。光绪三十年(1904)任聚奎书院斋长。
⑤ 吴芳吉著,傅宏星编校:《吴芳吉全集》,华东师范大学出版社,2014年版,第531页。

期，即修建了礼堂、教室、寝室、自修室、食堂，安装了玻璃窗，还开辟了操场，开始体操活动。后从日本东京购回仪器、标本、图书，进行新式教学设备的建设。从一开始聚奎学堂就从内容到形式上与旧书院迥异，成为"洋学堂"。

（三）唐定章

1912年，唐定章①继邓鹤翔任聚奎校长。其为人严肃，谨慎过人，管理教育学生极为严格。他好讲李颙学说②，吴芳吉《吴碧柳歌》诗后自注曰："时永川唐先生宪斌好言李二曲学，某受其影响尤深。"③ 1910年唐定章撰写《贺聚奎友人毕业启》，文辞古雅，对仗精工，对即将毕业的学生充满殷切希望：

> 维我同学文辨古今，史研中外，多识于鸟兽草木，博通乎汽电声光。谈天精测八星，释地兼分万国。关心大局，将逐鹿以争雄；击目强邻，每闻鸡而起舞。诚具国民之资格，允蜚学界之英声也。羌乃学游夏校，业毕冬烘，捷足喜见先登，芳名荣膺上考。荷深浓之渍染，定知青出胜蓝。炫纯正之文章，何致朱夺紫恶。观听所及，忻忻奚如。弟也点缺积分，功虽进序。一鞭先著，独让祖先。万里前程，远期班氏。更冀学其所学，精益求精。圭璧珠玑，发辉山媚川之采；榠枒杞梓，成栋家干国之材。④

唐定章任校长后办学严谨、务实，学校发展迅猛，教学质量大幅提高。吴芳吉《校长唐定章先生事略》评曰：

> 然先生大节，不在事功而在学养。平居俨然，而临众雄谈倾座。清季膺本校史学教席。至宋明之亡，及崖山思陵殉难之士，辄使满堂泣下。先生亦复挥泪，且讲至哽咽不能成声。然先生谨慎过人，未常鼓吹革命以招时忌，所谓为而不有者欤。先生之学，以礼为归，而以敬持礼。行必顾言，止于慎独之功。凡闻先生讲说，诸生无敢有惰容者。……从先生学者，未尝不惮先生之严。然近十余年来，纲纪荡尽，人欲横流，聚奎士风犹敦厚朴质不亚曩昔，岂非先生之教所扶维而未衰耶。⑤

---

① 唐定章（1871—1920），字宪斌，自号二永散人。1906年自日本留学归来，任教聚奎学堂。
② 李颙（1627—1705），号二曲，明清之际的著名哲学家，注重实学，力求自由讲学。
③ 吴芳吉著，傅宏星编校：《吴芳吉全集》，华东师范大学出版社，2014年版，第7页。
④ 《聚奎校史》，1998年，第345页。
⑤ 吴芳吉著，傅宏星编校：《吴芳吉全集》，华东师范大学出版社，2014年版，第534—537页。关于唐定章的生平，苏灿瑶《唐宪斌先生》有载，见1945年《黑石山月刊》第1卷第3—4期。

（四）萧湘

爱国志士萧湘①，辛亥革命前后任聚奎学校实务和国学教员，影响尤其深远。

吴芳吉《萧湘先生事略》②载，萧湘，性倜傥，嗜酒能文，常常慷慨悲歌，以国家兴亡为己任。③一生道德、事业并重，博学、识远、知明、术正，根底端正。故其教育学生，首先能因材施教，以各立其志。"何谓义？志在天下国家者是也。何为利？志在富贵功名者是也。志在天下国家则公，志在功名富贵则私。公则明，私则暗。一明一暗。而身之贤愚系焉。"其次在教育中主张师生平等，反对清末学校法令如毛、动辄得咎的"严格教育"，倡导"学生自治以生动之"。故聚奎师生曾将其与之齐名的唐定章两相比较："唐先生性严谨，而萧先生性旷达。唐先生之学在克己复礼，近于荀况；萧先生之学在养吾浩然，极似孟轲。而诸生之拟之者，辄以唐先生为程不识，而萧先生为李北平也。"吴芳吉《与邓绍勤》认为自己持身、立志深受二人影响，萧湘"启人大节"，唐定章"著眼细行"，为其思想定型之肇因。再次，萧湘的教育影响聚奎的校风和学风："二十年来，聚奎精神之表现于乡里者，在其人人咸有不屑不洁之慨。盖即先生流风之未沫者。"萧湘来聚奎任教，于《诗经》韵语讲解深透，又牵涉时局而互相引喻，言及国是日非、清廷腐败，常为之涕泪交流，感慨万端。学子受其感染，反清之志沛然于胸。吴芳吉《萧湘先生事略》记载，萧湘倡导学生自治，模拟"共和国"，"自定宪法，举总统，设议会，练国民军，一仿美利坚、法兰西之所为制。举今人所言社会主义、文艺复兴、革命潮

---

① 萧湘（1875—1918），字绮笙，别号"二痴"，四川荣县人。1904年入成都蒙养师范学堂。后赴日留学，入东京弘文师范学院，与邓鹤丹相善。接受反清革命思想，加入同盟会。归国后，任荣县中学教员，从事反清活动，往来川湘间，遭通缉。1909年，应邓鹤丹之邀，来聚奎教授国文及实务课程。萧湘任教时，即已剪去辫子，诸生仿效，剪发覆额，相效成风，一时惊躁乡里。辛亥革命爆发后，萧湘多方联络，积极响应，撰写《聚奎学校为白沙首义布告全川父老文》，影响颇大。人民国后，萧湘任嘉定联合中学校长。邓鹤丹主政江津中学时，聘请其任教，病故于任内。

② 吴芳吉著，傅宏星编校：《吴芳吉全集》，华东师范大学出版社，2014年版，第517—519页。

③ 又民国七年六月初五日吴芳吉《日记》载萧湘书信曰："吾之所以冒万险来江津者，为教育哉？半生仆仆，家无余财，国已坐亡，藐躬犹在，不得不衣食于奔走耳。古今才人，高视阔步，往往有不可一世之概，即如湘，虽经无数风波，而姜桂旧性无端而作，不平之感，往往而有。香山东坡晚年优游，岂真无芥蒂哉？藉旷达之辞，聊以自慰。伯夷之隘与柳下惠之不恭，同病而异发耳。"可见其心中耿耿不平之气（《吴芳吉全集》第1185—1186页）。邓鹤丹诗曰："寻常挥手泪沾襟，一别何堪问死生。酒后文章空笑骂，床头书卷尚纵横。国家元气销无迹，子弟青年哭有声。地下不忘规故友，可怜为鬼亦多情。"（1998年《聚奎校史》，第288页）

流、大同郅治之说。聚奎初小诸生，故无不知之，无不好之，无不习闻而饱见之矣"。

吴芳吉受教于萧湘，师徒情深。吴芳吉《还黑石山作》组诗中有追忆恩师萧湘之作：

> 出门西向望，松下有双茔。茔中吾师友，宿草何青青！与子同声气，同气复同形。奈何秋风早，一翻乃先零。人天哀乐难陈数，吾欲闻过复谁诤？早岁患国亡，今则教已倾。国亡警身死，教亡使心甍。羡子地下穆以宁，嗟我艰危独伶仃。敢将苏哲语，重译为君铭：我今之死所，君自乐所生。生死谁为美？上帝知其情。I go to die, you go live; which way is better, God only knows. ①

在诗后自注曰："'双茔'，萧先生绮笙夫子，及同班邓燮友君。"

吴芳吉《聚奎园林志》亦载：

> 隔田自花下窥之，有二墓焉。马鬣者，禬仙先生长子燮友。石椁者，名师萧绮笙先生湘也。②

民国三年（1914）萧湘时任嘉州嘉定联合中学校长，吴芳吉婚后应萧湘之聘任该校英语教员。是年端午节，吴芳吉、萧湘、邓绍勤、谷醒华、赵鹤琴等师友大醉于嘉州西南第一楼，萧湘有诗《感怀（和吴芳吉原韵）》赠吴芳吉。诗曰：

> 尘襟砢落莫嗟怜，从古英雄出少年。留得元龙湖海气，何须冒顿万千田。沙蓬莽莽纤长啸，夜气昏昏忍独眠。旧感未沉新感集，纵横老泪落灯前。
>
> 黑石山中风雨晦，东坡楼下江水流。送君北上青云路，累我年来望眼愁。宝剑千磨秋后水，青琴一曲山之头。蹉跎莫误宣尼愿，大厦还须仗栋枰。③

诗中表现出师徒情深，有对弟子的依依不舍，也有对弟子的谆谆教诲。
萧湘与吴芳吉以道义交，师徒常常文学唱和，相互点评诗歌，切磋技艺，

---

① 吴芳吉著，傅宏星编校：《吴芳吉全集》，华东师范大学出版社，2014年版，第239页。
② 吴芳吉著，傅宏星编校：《吴芳吉全集》，华东师范大学出版社，2014年版，第542页。
③ 吴芳吉著，傅宏星编校：《吴芳吉全集》，华东师范大学出版社，2014年版，第976页。又吴芳吉民国四年五月初五日《日记》亦载此次聚会（《吴芳吉全集》第1036页）。

教学相长。

吴芳吉《自订年表》载，民国七年（1918）冬十月，萧湘卒于江津，前五日寄诗《与人慨论时事，有怀碧柳。碧柳尝决言：中国不亡。叩其故，则以海内外尚有诚笃英年在。碧柳言时，亦颇自负，故每思之》云：

> 劫火横烧已上眉，笔花舌剑尚纷驰。狂涛万派无南北，朽骨千年有是非。名士望尘先膜拜，老夫余泪向谁挥？每当感慨悲歌日，一念英才一解怀。①

吴芳吉在萧湘等老师的影响下，阅读《法兰西革命史》《拿破仑传》等书，救亡之心日炽。吴芳吉擅作文，年仅13岁便写出《读外交失败史书后》长文，萧湘对此文喜爱有加，评点全文②，篇末总批曰：

> 阅卷一日，精神疲倦极矣。及至此卷，先翻其篇幅，累累然五页之多，令人愀然生厌，几置之矣。徐又取而数其字数，则盈盈然一千四百二十余字也，堂哉皇哉！皇哉堂哉！"东都""西京"，以二十余年之身，仅数万言。今乃以二小时而宏阔若此，岂非倚马才？又从而疑之。以疲倦之精神，而加以轻且厌之心，其文必鲜佳境矣。乃一翻阅之，甫竟一行，则精神为之一振，急提笔加圈。阅至"弊一""弊二"等处，精神为之一振，提笔加圈。阅至"台人生番"句，精神又为之一振，急急加圈。阅至"自古以来"一笔，精神为之大振，急圈之急批之。阅至"而所割之地"一笔，喜极，精神又一振，急圈急批，又反恨诸生之不能及也。阅至"以上所述"一笔，精神踊跃，不知如何振荡，圈不及圈，批不及批。阅至"其瑕皆具"一句，忽然心痛，又不知何以大圈小圈之淋漓满纸也。洋洋大篇，而法律如此分明，以视梁、卓为笔，东涂西抹，自谓文家者，终不能梦见此文法也！以诗论文，有李太白之豪放，兼杜子美之谨严。何物神童，文心狡绘乃尔，使我精神为振荡也，咄咄怪才！

针对吴芳吉此文，萧湘的评价有对内容的赞许，也有对写法的点评。如文章开篇气势昂扬，自豪于中华文化的渊源："自黄帝东渡，以昆仑东五千余里之大陆神州，为子孙聚处之地。广政教，兴文物，灿然明备。"萧湘于天头批

---

① 吴芳吉著，傅宏星编校：《吴芳吉全集》，华东师范大学出版社，2014年版，第468页。
② 王忠德、刘国铭主编：《吴芳吉全集笺注·论文卷》，重庆出版社，2015年版，第401-402页。又，吴芳吉《读外交失败史书后》，见《吴芳吉全集》第285-288页。

注曰:"黄河落天走东海。"文章结合历史,论述自鸦片战争后,外人纷至沓来,国门大开,始遭外侮,而主事者不通外情,不图自强,应对失策,导致割地赔款等。文章列举腐败的清政府"不审外情之弊"五种表现,行文在愤激情感之外,有较为缜密的理性反思:"讲国际以待外交,谈理财以实府库,立宪法以安国家,建学校以植人才,练海陆军以护国体,兴工商场以利交通。"立论颇受维新思想之影响,萧湘评曰:"收束上文,笔颇抑扬,真乃善学。文字衣钵将有传人矣!"接着文章感叹外交失败所带来的痛苦,长歌当哭:"由前而观,悲哉中国,我欲启之!由后而观,惜哉支那,我欲泣之!且我国不特国权丧失,财赋外溢,民无适从,而国势日渐衰微,亦难蹶振矣!"列举我国铁路、用人、关税、操练、商矿的失败。至于无形外交之失败,"中国之陷于斯者,亦有年矣",铁路、用人、关税、操练、商矿悉握于外人之手,"无远略大志,少振武精神"①,爱国之士又遭摒弃,亡国灭种之兆毕集,呼吁审外情,图自强,如此方能免于豆剖瓜分的亡国惨祸。萧湘评曰:"凄凄切切错杂弹,大珠小珠落玉盘,谱入弦歌,则为变徵之声。"又 1918 年五月初五吴芳吉《日记》②载,萧湘读吴芳吉之诗,评其为文学革命之健将,因为文学革命不在于能揭示道理,而在于以丰富的文学实绩创作新诗:"笔下果做得来,不革而自革之。"

吴芳吉《尚友集序》曰:

> 吾师荣县萧绮笙先生,清末参与川湘革命事业,失败后,遂入白沙黑石山中,十年教训,以图大举。先生慷慨豪迈,磊落有大节,而亦词章家也。……太白豪迈,子美沉雄,几疑非唐宋后人所能为也。③

读其诗,知其人。作为词章家的萧湘,留存诗文不多,在吴芳吉《尚友集》中收存了四首。诗歌多是对其革命履历的回忆和感慨。如《南北战争感赋》曰:

> 昆仑倒影日沉红,孽海扬腥障碧空。黄帝有灵悲涿鹿,中华无命怨哀鸿。刀头忍作谁家鬼,釜底还矜若个雄。剑冷珠沉风雨黯,抚衣磅礴望

---

① 又吴芳吉民国七年五月初三日《日记》中载:吴芳吉致信萧湘、赵鹤琴、曹玉珊等,谈"尚武精神":"不必善射荡舟,抚剑疾视,要得有担当,有毅力,耐劳苦,经锻炼,习俭习勤,养成雄厚直朴之气,则无论处家治国,皆为良材,社会之中坚以立。"(《吴芳吉全集》第 1178 页)。
② 吴芳吉著,傅宏星编校:《吴芳吉全集》,华东师范大学出版社,2014 年版,第 1159 页。
③ 吴芳吉著,傅宏星编校:《吴芳吉全集》,华东师范大学出版社,2014 年版,第 975 页。

苍穹。

前歌后舞颂升平,引类呼群据要津。抵掌指挥天下事,苍头奋起岛中兵。花旗战苦争南北,蕉梦冤深孰主臣。外患内忧重叠里,昆明怕问劫余尘。

人间未必无豪杰,竖子乃敢称英雄。怪石蛮烟狐世界,乌啼鹃泣肉芙蓉。何人倚柱弹长铗,有客编年想大同。佇有回飚驱瘴疠,流光如驶落花红。

虎啸狼奔意曷如,官乎私乎家国乎?汉魂槁葬青蒿里,杀气满布黄公墟。莽莽乾坤谁是鹿?滔滔沧海我其鱼。月球果有香如屑,便欲凌风步紫虚。①

萧湘《挽宋遁初》悼念中国"宪政之父"宋教仁,曰:

抚剑悲歌白日矄,惊闻民国丧元勋。锄麑抱柱犹知悔,朱亥拥锤孰主名。岳壁尚余骐骥血,神州谁逐虎狼群。功臣自古皆如此,空使英雄哭不平。②

诗歌一如既往的气势豪迈,慷慨沉雄,"锄麑"二句用典妥帖精巧,高度赞美宋教仁的义举。

萧湘的讨清檄文《聚奎学校为白沙首义布告全川父老文》,名垂青史,是辛亥革命时期不可多得的充满激情的演讲文章。文章首先控诉清政府的腐败:

满州女真遗丑,乘机入关,盗窃神鼎二百有六十年。子女玉帛,肆行屠扰,典章文献,恣意颠秒。腥膻淫德,昭播寰瀛。

然后鼓动大众的革命激情,词采斐然,气势酣畅:

而本会原为各省之先驱,今反濡滞其骏步。不特有惭于汉关秦月,亦且贻羞于锦水巴山。用是再接再厉,大声疾呼,气勇如山,风云变色。誓扫奸丑,不共日天,勠力同心,分途并进。直捣成都,以为根据之雄镇;分领夔渝,以联川汉之声威。勖哉同胞,共兹义愤。成败之机,决于一朝。披发叫矢,齐拼死战。沉舟破釜,誓无还心。纷草木以皆兵,挟风雷

---

① 吴芳吉著,傅宏星编校:《吴芳吉全集》,华东师范大学出版社,2014年版,第975—976页。
② 吴芳吉著,傅宏星编校:《吴芳吉全集》,华东师范大学出版社,2014年版,第975页。

而并起。东南半壁,指顾肃清。大集义府,直指燕云。喋血伪都,扬旌寰海。倾渤海以灌萤,捧昆仑而压卵,无坚不破,有札皆穿。日月重光,山川再秀。①

聚奎学生王存拙 1940 年作《与周光午校长论白屋诗及其轶事,寻坐黑石,访萧绮笙先生墓》,评萧湘曰:

浊世行逾笃,仁言拙更工。音微今未沫,肝胆古谁同。命与斯人厄,天教此道穷。一编青简在,愁对气摩空。②

第二节　阅读・写作・教育:吴芳吉研究的三个维度

作为民国诗人,吴芳吉积极致力于新诗的建设,"以旧文明的种子,入新时代的园地,不背国情,尽量欧化"③。作为教育家,吴芳吉曾执教中国公学、湖南明德中学、江津中学、聚奎中学、西北大学、东北大学、成都大学,创设重庆大学,有丰富的教育实践和独特的教育理念,成绩显著。

刘朴《吴芳吉传》载,吴芳吉执教成都大学期间,作为汉文系主任,他在课程设置和教学上进行了一系列的改革:

是时,教不中程。本科二年生犹读杂钞,未茹经史。其能贤于明德生者,与有几。若东北生,优为其师。因令一二年生听授,其课共习,皆于讲堂。三四年生导读,其课选修,皆于作业室。加英文英美文学史及其散文、诗歌于一年生,英文世界文学史及其小说、剧曲于二年生。又自二年,参以分习之课。其分习经史文者,导读亦如之。其分习诸子文者,导读亦如之,俱必兼习词章之课若干。其分习词章者,导读亦如之,必兼习经史之课若干。经史诸子,至少各有科目不同专任导师二人。词章,至少有科目不同专任导师四人。听授,半月一作文焉。导读,或七日一作笔记焉,或半月一作诗词焉,或二月一作论文焉。师必答问决疑,及阅笔记、论文,不得以教中学者教大学,及下讲堂,即暇逸无丝毫教。全国大学汉

---

① 《聚奎六十周年纪念刊》,1940 年石印本,第 142—143 页。
② 《聚奎六十周年纪念刊》,1940 年石印本,第 38 页。
③ 吴芳吉著,傅宏星编校:《吴芳吉全集》,华东师范大学出版社,2014 年版,第 469 页。

文系课,未有若此,讲而兼导,读而兼作,体而兼用,中而兼西者也。

成都大学指导学生读经史文与诸子文结合,导读与讲习兼顾,诗文阅读与习作结合,中西文化兼习。在具体讲习上,做如下安排:

> 以杜诗、韩文,开涤风气,相勉饬行,戒徒鹜其知识,必有气概,感奋来学。每升皋比,芳吉言若亿斛泉,淙錾而涌。必昭融漠英文诗。艰难饱经,名理秀茁,缘情哀乐,诸生靡然。必祛笼统,训所以作。作诗大盛,自芳吉为之始。以故求改诗者,无文法理科,所教非所教,卷常高集。①

由是可见,在具体的教学中,吴芳吉一是强调指导学生细读杜甫诗歌、韩愈散文,教师讲习不徒贩卖知识,重在人格的培养;二是中外文学相互融合;三是文学阅读与文学教育、个人社会经历和感受相互结合,阅读注意情感感受。

现据吴芳吉藏书及大量的读书札记,我们发现,吴芳吉将经典阅读、文学创作和学校教育有机融合在一起,相辅相成,相得益彰。

吴芳吉受屈原、陶渊明、杜甫、丘逢甲等诗人的影响很大,吴芳吉对他们"史诗"的阅读和吸收,突出表现在他"三日不书民疾苦,文章辜负苍生多"②的文学创作上,如其蜀道日记和西安围城之作。吴芳吉对西方文学广泛地阅读,认为新诗的创作在于"剖辨本国文学,与挹收西洋文学"③,对西方文学的吸收原则是"取其神而遗其迹"④。吴芳吉指导学生品味文学著述和儒学经典,"铸成人格教育"⑤,或以诗文化育学生,追求文学的艺术感染力;或深崇儒术,轨范后学。

一、"三日不书民疾苦,文章辜负苍生多":对忧国忧民"史诗"的传承

梁启超《秋蟪吟馆诗钞序》认为文学大家的产生,除具有特绝的天才、笃

---

① 吴芳吉著,傅宏星编校:《吴芳吉全集》,华东师范大学出版社,2014年版,第1341—1342页。又,"漠英文诗"中"漠"字当误,《吴芳吉集》作"汉"。(《吴芳吉集》第1370页)
② 吴芳吉著,傅宏星编校:《吴芳吉全集》,华东师范大学出版社,2014年版,第47页。
③ 吴芳吉著,傅宏星编校:《吴芳吉全集》,华东师范大学出版社,2014年版,第267页。
④ 吴芳吉著,傅宏星编校:《吴芳吉全集》,华东师范大学出版社,2014年版,第195页。
⑤ 任中敏:《吴白屋先生事略》,《国风》1935年第7卷第1期。

挚的性情、深厚的学力之外，特别需要人生之资：

> 必其身世所遭值，有以异于群众，甚且为人生所莫能堪之境，其振奇磊落之气，百无所寄泄，而壹以迸集于此一途，其身所经历、心所接搆，复有无量之意象，以为之资，以此为诗，而诗乃千古矣。①

具有如是的人生之资而以文学书写时事、成就斐然者，吴芳吉认为有屈原、杜甫、白居易、陆游、丘逢甲等，这些文人亦是其文学创作所取法的对象。如吴芳吉于民国十二年所作《论诗答湘潭女儿》，诗后自注曰：于中国诗史上诗人渊源所从、造就裨益的大家有屈原、陶渊明、杜甫、丘逢甲四人。吴芳吉受此四人的熏陶：

> 不仅其文，尤在其人。若陶之超尘拔俗而无厌世之心，杜之穷迫饥驱而无绝望之语，屈则忠爱之忱不谅于世，而至死不去其国，丘则处积弱之势，衰敝之秋，而能发扬民族精神、祖国文化，以与时代俱进，此皆某所馨香祷祝，以为创造民国新诗最不可少之资也。②

吴芳吉曾经在日记中载，1927年自己执教成都大学，开设《楚辞》和《唐宋诗选》课程，论诗以屈原、陶渊明、杜甫、丘逢甲为宗，推崇丘逢甲，乃取其爱国精神。吴芳吉喜讲金和长诗、王闿运《独行谣》和樊樊山《彩云曲》。③

（一）吴芳吉对"史诗"类作家的批评

吴芳吉对"史诗"类作家的阅读与借鉴，于古代主要踵武屈原、杜甫、陆游，于近代主要取法金和、丘逢甲、王闿运等。而这些作家作品的共同特点是以现实主义的笔触，书写国家民族的苦难历史，作品饱含忧国忧民情怀。④

吴芳吉对屈原极其礼敬，并基于文学发展史的角度，高度评价以屈原为代表的楚辞。吴芳吉《自定年表》载："（民国十年）二月，曹志武君卒于明德。君与某邻居，尝书大人寝室句云：'书灯夜夜青，贪看媳妇学湘绣；鹤发年年好，长伴儿孙唱楚辞。'"⑤可见其对楚辞的热爱。吴芳吉民国七年四月初十日

---

① 金和著，胡露校：《秋蟪吟馆诗钞》，上海古籍出版社，2009年版，第454页。
② 吴芳吉著，傅宏星编校：《吴芳吉全集》，华东师范大学出版社，2014年版，第144页。
③ 王峰：《吴芳吉年谱》，中国社会科学出版社，2016年版，第225页。
④ 关于吴芳吉对杜甫、陆游、金和、丘逢甲等人的批评，后文有专论，兹不赘述。
⑤ 吴芳吉著，傅宏星编校：《吴芳吉全集》，华东师范大学出版社，2014年版，第470页。

《日记》载，他曾经收藏细读王闿运的成都尊经书院版《楚辞释》，曰："早得张仕佐君寄赠尊经版《楚辞》二卷，王壬秋长尊经书院时所注者，刻镂精明，古色灿然。数年来梦想而始得者也。"① 民国七年三月初五日《日记》载，吴芳吉在回复友人信中讲道："初学诗者，不宜研究唐律。足下有意于此，除诗三百篇楚辞之外，近人如沈归愚之《古诗源》，王壬秋之《八代诗选》，最要细味。"② 力主初学写诗当品味《诗经》《楚辞》等古诗词。吴芳吉《再论吾人眼中之新旧文学观》认为"《楚辞》亦文学正宗也"，认为《离骚》中大量精巧的对仗是新诗的典范。③ 而《四论吾人眼中之新旧文学观》认为，文人新旧派文学中积学盛名之士"所师者同"，即《诗经》《楚辞》。④

吴芳吉在湖南名校明德中学执教五载，与朋友多交游，后作《湘居》一诗追述，曰：

> 西园春水碧如醽，湘草湘花入梦馨。
> 几载慈亲休杖履，系人无过楚辞亭。
>
> 湖上旌旗张异军，湘君社友尽能文。
> 钟陵画本尤神妙，醉笔屈原海内醺。
>
> 美酒华筵吊汨罗，展诗会舞伴清歌。
> 圆天遗老何豪兴，主席年年不厌多。⑤

吴芳吉在明德中学与刘永济、刘柏荣创立湘君社，"出杂志以矫正伪新派文学之失"；在校内湖中建"楚辞亭"以纪念屈原，吴芳吉还题联其上："楚辞亭畔无情水，屈子洞中莫逆交。"徐桢立作屈子画像，吴芳吉鼓腹狂歌作《题屈子画像》：

> 今我又观屈子仪，风流文采天人姿。慰我廿年尘梦想，漫觉相逢在儿时。高冠兮岌岌，长铗兮陆离。姗姗兮安往？默默兮谁思？莫思兮国仇，莫思兮故主。秦怀空英名，楚怀无寸土。未及《离骚》一卷诗，天地流传万万古！万万古，终不朽。⑥

---

① 王忠德、刘国铭主编：《吴芳吉全集笺注·日记卷》，重庆出版社，2015年版，第343页。
② 王忠德、刘国铭主编：《吴芳吉全集笺注·日记卷》，重庆出版社，2015年版，第331页。
③ 吴芳吉著，傅宏星编校：《吴芳吉全集》，华东师范大学出版社，2014年版，第396页。
④ 吴芳吉著，傅宏星编校：《吴芳吉全集》，华东师范大学出版社，2014年版，第430页。
⑤ 吴芳吉著，傅宏星编校：《吴芳吉全集》，华东师范大学出版社，2014年版，第207—208页。
⑥ 吴芳吉著，傅宏星编校：《吴芳吉全集》，华东师范大学出版社，2014年版，第139页。

吴芳吉称美屈原品行高名贯日月，风流文采亘古今。他们还每于端午举行年会，吟诗讲学，祭拜屈原。①

吴芳吉对屈原的礼敬，亦表现于学校教育上。1926年农历端午节，被困于西安的吴芳吉，与西北大学文科师生举行屈原逝世二千二百二十二年纪念。② 1927年3月，吴芳吉应东北大学文科学长江兆璠之请，在东北大学演说两次，题目为"从西南到东北"和"自各方面所窥见之屈原"，反响热烈。③1931年，吴芳吉执掌江津中学，以办大学之道办中学。每周六晚集合全体学生，演讲古今学术、东西文化、社会问题，不下结论，让学生自去领悟。此外，"以一年时令，及古今哲人诞辰为准，出席作有系统之演讲。如端午节，则讲屈子之精神；孔子诞日，则讲儒家思想；五一劳动节，则讲机器文明的危险；耶稣圣诞，则讲耶教之真谛；黄菊盛时，则选录古今咏菊名作，集体讲授"④，校内研究学术的空气很浓。

（二）吴芳吉承袭先贤的史诗创作精神，并运用到自己的创作、阅读和教育中

金和的诗歌真实地记载了近代鸦片战争和太平天国运动等历史。吴芳吉收藏并圈点金和《秋蟪吟馆诗钞》。如金和《椒雨集上·军前新乐府四首》包括《黄金贵》《无锡车》《接难民》《半边眉》四首叙事诗，分别从不同的侧面写出了清军官兵贪婪无耻的丑态。如《黄金贵》中"自从二月官军来，督战未暇先理财"，揭示官军平叛杀敌为表，借机掠夺殷实家室为里；《无锡车》曰："车夫哗，吏有语，中丞谁，位开府，汝何人斯通缟纻？必有黄白金一囊，少亦青铜万贯许。……士民非属官，况责贿赂难。"批评民众犒劳军队而需行贿将军的丑恶现象，何其腐败！吴芳吉重点圈点了其中两首诗歌：

> 接难民，善桥东。接难民，善桥西。善桥东西路易迷，难民出城必到此，贼或追至身烂糜。文者官，武者将。跪启将军语甚壮，愿分一军善桥

---

① 吴芳吉《自定年谱》载，1923年2月，由吴芳吉、刘永济等发起，明德教员筹资，于校内湖中建"楚辞亭"，以纪念屈原，并庆祝明德学校建校二十周年。亭刻王闿运联："十步以内芳草，六经而外文章。"刘永济书《离骚》全文，悬于亭中柱上；辛树帜采集《楚辞》中所有草木，分置四岸；吴芳吉为楚辞亭融联。1923年5月5日，湘君社第二次社集，刘永济手写《离骚》，长沙书画家徐绍周画屈原像，并影印，吴芳吉作《题屈子画像》(《吴芳吉全集》第472页)。
② 吴芳吉著，傅宏星编校：《吴芳吉全集》，华东师范大学出版社，2014年版，第475页。
③ 王峰：《吴芳吉年谱》，中国社会科学出版社，2016年版，第218页。
④ 周光午：《教育家的白屋诗人》，《重庆清华》1947年第5期。

上。遥为难民援，能使贼胆丧。将军诺，诸军乐。善桥东，喧鼓角。善桥西，旗帜卓。老鸦噪晓日出才，军士提刀纷走开。或隐山之阿，或伺水之厓。束缚难民横索财，残魂惊落面死灰。岂无碎金与珠宝，搜身逼脱袜裤鞋。亦有钝物稍倔强，即谓贼谍城中来，杀之冤骨无人埋。难民过尽军士集，诸君帐下蚁环立。若官若将十四三，军士瓜分十六七。所接难民凡几人，黄昏几处沙头泣。有时真有贼追至，诸君按甲似无事。（《接难民》）

半边眉，汝何来？太守门下请钱回。太守门，何处所？钟山之旁近大府。大府初闻难民苦，公家遍括闲田租，旁郡金橄上户输。一心要贷难民命，聘贤太守专其政。太守计曰费恐滥，百二十钱一人赡。太守计曰难民多，一人数请当奈何？我闻古有察眉律，呼仆持刀对人立。一刀留下半边眉，再来除是眉长时。防蠹术果奇，作蠹术斯巧。岂但无眉人不来，有眉人亦来都少。惟有一二市井奸，赂太守仆二十钱。奏刀不猛眉犹全，半边眉可三刀焉。否则病夫真饿杀，痴心尚恋一朝活，拚与半边眉尽割。吁嗟乎！有钱不请非人情，眉最无用人所轻。眉根不拔毛能生，徒令人丑纷恶声。利之所在人终争，人但有眉来有名。太守此日长街行，见有眉者皆愁城。太守何不计之毒，千钱刲人耳与目，万钱截人手与足？终古无人请钱至，太守岂非大快事！（《半边眉》）①

《接难民》揭露清兵设卡于善桥，本为接引保护难民，实则公开抢劫勒索财物，暴戾无道，吴芳吉在天头批注曰："刘镇华吴佩孚命围西安，自称讨贼军司令，而吾人出城，为讨贼军所贼者九次，与此何先后似耶。"《半边眉》以滑稽手法讥讽"贤太守"以"削眉领金"的荒唐，吴芳吉在天头批注曰："可笑。"既讥讽庸官的昏庸，又为百姓得不到朝廷的救济金而伤感，笑中含泪。前文所说的吴芳吉喜欢"金和长诗"，长诗到底为何篇诗歌，不载，观此处圈点，可知主要是如《接难民》之类的长篇叙史诗。

吴芳吉《归途》组诗，描写其离开危城西安回重庆的依依不舍之情，深情回忆自己与西北大学以及关中士人的情谊，评析关中学术繁荣。其七曰：

依依复依依，太学汝长离。晦显原有数，不关流俗为。但惜二三子，零落竟何归？昝生讲学主横渠，独立陇头自得师。郭生诗笔效中允，河汾

---

① 吴芳吉阅读的金和《秋蟪吟馆诗钞》六卷，系1914年刻本。四首诗见第二卷，又本书所引金和诗句下的着重号为吴芳吉所加，后文亦同。

子弟最英奇。洛阳林生好《文选》，清言娓娓六朝姿。更有南阳刘生者，群经音义析毫厘。西北良多士，士风更媞媞。攻苦而食淡，南人未可跻。严城兵满食粮尽，琅琅吟诵无萎随。一朝浮云蔽白日，黄钟毁弃万人迷。吾闻列强政治夸民党，咸于祖国文化建其基。读书种子古今鲜，奈何摧残不已更绝之？回首望长安，盈盈泪不干。两载同生死，何时复来还？既轮蹄兮日远，念汝身兮单寒。汝呻吟兮谁听？汝冤结兮谁宽？前路遥兮险且艰，战斗兮崩那得闲。兴灭一年十易主，如丝民命不胜残。敢告西来守土者，不为周秦之王霸，应似宇文赫连与苻坚。[①]

诗中第二部分"昝生讲学主横渠"，是对西北大学诸生的回忆，可见关中学术繁荣，人文荟萃。所讲内容为国学，亦可见当时西北大学课程设置，重视古代经典的阅读。又《百战》曰"先生犹讲汉唐诗"，表现出吴芳吉在围城战乱中对道义的坚守。[②]

诗歌第三部分，则是其对战乱的反思：战乱频繁，政局动荡，民不聊生，"兴灭一年十易主，如丝民命不胜残"；兵燹起，"黄钟毁弃"，读书种子遭摧残，"吾闻列强政治夸民党，咸于祖国文化建其基"，这是地地道道的政治反讽。又《归途》其九曰："灞桥之下水泛泛，灞桥之上车玎玎。两骡挽著两车走，车前分坐两吴生。两吴好诗如好色，一路吟成一路评。大吴自言：'诗即命，不然何以端我情？'小吴自言：'诗即道，微此人间无处行。'大吴搔首语：'不怕新人骂，只畏旧耆轻。'小吴阖眼对：'吾文吾论定，陈思实聪明。'嗒然一笑过桥去，车外南山不断青。"诗中记载自己于围城之乱后重生，面对八百里秦川、周秦汉唐悠久的文化，内心很愉悦。特别是两吴生的论诗，可见吴芳吉主张诗歌须关注时代发展：诗即道，关乎民生、性情；诗为诗人独特的人生感受，"文之佳恶，吾自得之"，不用管别人论长短。

正如前文所载，吴芳吉讲习金和等人的诗时，"自述身世、愤惋欲绝"，将古诗文阅读与自身的人生经历相结合，触景生情，由太平天国运动时期民众之苦联系自己在西安围城之中的苦难，从而品味金和苦难诗歌的艺术感染力。如吴芳吉《长安野老行》曰：

朝逢野老不能言，但垂清泪似烦冤。
面瘦深知绝食久，路旁倒傍酒家垣。

---

① 吴芳吉著，傅宏星编校：《吴芳吉全集》，华东师范大学出版社，2014年版，第217—219页。
② 吴芳吉著，傅宏星编校：《吴芳吉全集》，华东师范大学出版社，2014年版，第206页。

> 向午归来野老死,头枕树根沾马屎。
> 半身裸露骨班班,市儿偷去破裤子。
> 黄昏重过血泥糊,腿肉遭割作鲜脯。
> 酒家人散登车去,垣头睒睒来饥乌。①

诗中书写西安围城时饥民之惨状及诗人心中之不忍情。吴芳吉的日记亦记载其遭受西安围城之苦,与金和相似。如1926年《与吴雨僧》载:

> 迩日严寒,结冰盈寸。吉于上月廿四日冒险出城,冠履裤带,眼镜时表,悉被刘镇华军劫抢净尽,犹复开枪威吓,不许通过。单裳赤手,露宿空壕。流弹呼呼,霜风透骨。两日一夜,不得饮食。②

刘朴《吴芳吉传》亦载面对危城中的惨烈,诗人深思地狱、天堂和人生之别:

> 时城中殣日暴千余。居民二十万,死已逾三之一。作《长安野老行》,不忍卒读。芳吉曰:"嗟乎,自予少罹家难,转乎江湖,逮此围城灾兵之惨,奚啻地狱。戒慎恐惧,良哉难之。"因反复咏但丁《神曲》,戈德魔剧,深悟天堂、净土、地狱,证即在躬。③

1933年5月29日,成都友人张采芹、李劼人、向楚、庞石帚等五百余人集会成都皇城内致公堂悼念吴芳吉。李劼人致追悼词,重点称赞吴芳吉承袭杜甫、白居易等先贤救国救民的思想:

> 不是通常那吟风弄月,抛撒点闲恨闲愁的诗匠,而是具有杜甫悲天悯人的思想,白香山平易近人的社会观念,逐处要想救国救民,逐处要想在民众悠悠的冤枉路上开一条直径,要想在森严黑暗中放一道明光,要想解除人民的烦恼,要想促进人类的幸福。这些惨淡经营的苦心,都一一表现在他的作品里。④

二、"取其神而遗其迹":对西方文学的阅读和借鉴

受时代风尚和吴宓的影响,吴芳吉广泛地阅读、借鉴西方文学的精华,并

---

① 吴芳吉著,傅宏星编校:《吴芳吉全集》,华东师范大学出版社,2014年版,第213页。
② 吴芳吉著,傅宏星编校:《吴芳吉全集》,华东师范大学出版社,2014年版,第832页。
③ 吴芳吉著,傅宏星编校:《吴芳吉全集》,华东师范大学出版社,2014年版,第1340页。
④ 李劼人:《李劼人选集》(第5卷),四川文艺出版社,1986年,第38页。

将之用于教育实践和文学创作。

（一）吴芳吉对西方文学的阅读

1913年，时值川鄂战乱，吴芳吉从清华返乡，由宜昌入三峡，备历艰辛，作有《蜀道日记》。① 周光午《蜀道日记序》曰："先生时年十七，笔端情感至富。其所记峡中形胜，及舟行之险，尤可供地理家之参证。先生少年思想，亦可于此窥之。"在如是艰难困顿的行程中，阅读经典是排遣孤寂的好方法，吴芳吉日记对此多有记载。

1913年八月初八夜读法文咏月诗四首："音韵格律，颇极雅丽。可知西国文学，亦不让我独先也。"

八月十五日仰卧读《鲁滨逊漂流记》，念及自身与鲁滨逊同属流离失所、遗世独立，有同病相怜之感。读至"I am divided from mankind, a solitaire one banished from human society"，"But I am not starved and perishing on a barren place, affording no sustenance"时感慨万千：

> 皇天究不负苦心人。士虽穷迫，终有一线生机可为。彼鲁滨逊飘（漂）流荒岛中，与繁华之社会隔绝。独居无人之境者，二十七年。寂矣苦矣！吾虽寄迹于此大千世界中，然举世污浊，几无一人可入吾目。吾恶此世界已极，世界之厌我亦甚。则余虽日与蠢蠢之氓接，漠漠之物接，与夫离离奇奇之景与情接，而相对默默，若风马牛之各不相及。亦不啻与世隔绝，独立苍茫者也。是吾之所苦，又未尝不与鲁滨逊同矣。然则鲁滨逊此两句可哀可痛之语，谓之为余写照可也。嗟乎，身如流水，景似昙花。孽海茫茫，何所止矣！②

八月二十六日仰卧船尾读莎士比亚十四行诗：

> Under the green wood tree
> Who loves to lie with me,
> And turn his merry note
> Unto the sweet birds throat
> Come hither, come hither, come hither!

---

① 吴芳吉著，傅宏星编校：《吴芳吉全集》，华东师范大学出版社，2014年版，第987—1030页。
② 吴芳吉著，傅宏星编校：《吴芳吉全集》，华东师范大学出版社，2014年版，第1001页。

> Here shall he see no Enemy
> But winter and rough weather

感其寄托与己意相通,"其情缠绵,其格高古,可与李白《秦楼月词》相媲美"。又读中国古典诗歌《南风歌》,"顿觉心旷神怡,自慰又得消遣烦闷之伴矣"①。

(二)吴芳吉对西方文学的借鉴

1926年所作《玉姜曲》诗后自注曰,此诗受丁尼生(Tennyson)诗启发而成。吴芳吉十分喜爱丁尼生短篇诸诗,颇爱咏其《夏乐德夫人》一篇,"久欲效其高调而苦无佳材"。在西安时,从友人杨励三处闻玉姜故事,又参以华岳潼关之所经、《列仙传》之所记载,而成此诗。又特别强调,"因效丁尼生诗为之,然形式内容均与丁诗无一同处。而玩此诗后,又必能知其出于丁诗,盖取其神而遗其迹也。此诗虽颂玉姜,实即全以自喻。"② 民间传说的玉姜系秦宫女,始皇葬骊山,六宫殉之,玉姜独逃入华岳,食松子以终生。③ 苏灿瑶《吴芳吉白屋诗稿述评》④ 评《玉姜曲》"音响调高,寓意深造",是对新诗创作探讨的杰作。有人批评此诗格调驳杂,实乃吴芳吉取法中西。所谓的"取神遗貌",不拘于原诗的语句、结构,取承袭者,丁尼生诗咏夏乐德夫人之胸怀幽洁,歌声沉痛,吴芳吉诗所咏玉姜女之孤凄华岳,寓情笛声,两人身世志趣,岂非知心?所谓的"自喻",即诗歌所谓"圣贤美人原一体,忧天悯世并峨峨"!玉姜行为高洁,有悲天悯人之胸襟,誓将清歌唤醒历代争战的迷梦,所以不愿升天,不愿随流合污,这亦是诗人的人格追求。"人间到处风波阻,中情更有兴亡苦。渭水东流入战场,咸京西望成焦土。旧朝不足思,新代何堪数?斯民性不移,斯世长机弩。一点疑心未忍泯,誓将天籁化为豺虎。"

《师梅寄我红叶》为吴芳吉1925年思念友人赵师梅之诗,情感真挚,音韵朗畅,有民歌的格调。其首章曰:"师梅寄我红叶,寄我长安孤客。开函读罢欣欣,浑忘人世离别。浑忘人世离别,师梅寄我红叶。"诗后自注表明此诗诗

---

① 吴芳吉著,傅宏星编校:《吴芳吉全集》,华东师范大学出版社,2014年版,第1019—1020页。
② 吴芳吉著,傅宏星编校:《吴芳吉全集》,华东师范大学出版社,2014年版,第195页。
③ 关于《玉姜曲》的内容阐释,可参周光午《吴芳吉玉姜曲笺证》,《民族诗坛》1940年第4卷第1期。
④ 苏灿瑶:《吴芳吉白屋诗稿述评》,《国风(南京)》1935年第6卷第9—10期。

格，效仿《罗敷今天接我的吻　罗敷接我的吻》。①

吴芳吉根据清何礼明《浣花草堂志》中传说所创作的《浣花曲》，是对孝道和慈爱的赞美："浣花女住浣花溪，溪流萦带锦城西。白石粼粼波澹澹，如亲玉骨与冰肌。""本明珠兮堕尘世，自妙龄兮娴二谛。贞静慈祥谁得知？芳心惟有佛前寄。"诗后自注，诗之本事参考《浣花草堂志》，体裁则仿英诗人克茨所作《薄命红颜》一诗。②

（三）基于身世遭遇，吴芳吉对彭士诗歌多有批评

1917年留学美国的吴宓鼓励吴芳吉吸收西洋文学，认为吴芳吉性情身世与彭士（Robert Burns）相近，建议其"熟读精求"。于是吴芳吉熟读诗歌《英诗源》和《彭士全集》。③吴芳吉能背诵多首彭士诗歌，尤爱《约翰安德生》二章，认为其"敦厚之至"④。

吴芳吉《彭士列传》⑤对彭士做了较为全面的批评。认为彭士是"苏格兰之国民诗人，而世界之善歌者"，其对彭士之诗歌总体的评价是"质朴真诚，格近风雅，缠绵悱恻，神似《离骚》"。就其内容上看，彭士诗歌创作的文化背景是处厄境而不自弃，诗歌主题向上，"彭士终身多在穷困失望之中，其诗则蓬勃豪爽，富有生气，从无悲愤自绝之词"。彭士之诗重在现实之人生，不尚空虚之道理，"彭士尝自谓往耘于田，往御于路，且行且读，无一歌一阕不用心熟视，以窥其温柔敦厚之处"。彭士诗歌创作近于杜甫、韩愈之诗，用力用心，不鲁莽狂妄，"读书万卷与兀兀穷年之力为之也"。就艺术特点上看，彭士诗结构谨严，善于锤炼词句，无一字出之平易："而举以为诗，率多师法其先贤乐瑟与费格生诸人之神韵格调。其既成也，似甚简真自然，未尝经意；其著笔也，则千锤百铄（炼），不厌推敲。"

吴芳吉认为新诗的发展亦可沾濡于彭士，其《彭士列传》曰："安得彭士其人生于中土，益以言行合一之道，使文章与道德并进，继往开来，不蔽于俗所尚，以救此沉闷无条理之现代诗耶！"

---

① 吴芳吉著，傅宏星编校：《吴芳吉全集》，华东师范大学出版社，2014年版，第180—181页。
② 吴芳吉著，傅宏星编校：《吴芳吉全集》，华东师范大学出版社，2014年版，第231—233页。
③ 吴芳吉著，傅宏星编校：《吴芳吉全集》，华东师范大学出版社，2014年版，第467页。
④ 吴芳吉著，傅宏星编校：《吴芳吉全集》，华东师范大学出版社，2014年版，第461页。又刘朴《吴芳吉传》亦载："宓与友节用度，日邮钱买书遗芳吉，及往美利坚合众国，亦如之，故芳吉益虔事宓，受《英诗源》及彭士、乐伯全集。宓为汉译，时缄教之。"（《吴芳吉全集》第1335页）
⑤ 吴芳吉著，傅宏星编校：《吴芳吉全集》，华东师范大学出版社，2014年版，第362—367页。

吴芳吉《彭士诗译·导言》论及新文学发端之肇因,发展之道路时曰:

> 起中国文学革新之动机,两种影响有以成之,辛亥之革命、欧洲之大战是也,因有辛亥革命,而民治精神勃发,数千年来之思想一变。因有欧洲大战,吾人始多留心世事而西洋文学愈以接近。此二役者,欧战固已终了,辛亥革命之精神,则犹继续猛进尚无已时,护国护法之起,及今西南之自治,要是此种精神贯澈而来也。欧战,是为横的影响。辛亥革命,是为纵的影响。纵横激荡,其结果遂惹起文学上之大骚动,而民国新文学亦将以是产生。此实气运之自然,非人力所能助长或抑止之者也。居今而欲新文学之实现也,舍自剖辨本国文学,与挹收西洋文学,别无他道。①

吴芳吉认为,如果说欧洲大战和辛亥革命导致世界风云激荡,为文学创作提供了丰富的素材,刺激作家对社会的感触、思考和书写,那么国门的开放,西方文学思潮的涌入,对新青年的影响,特别是文学创作方法上的革命,影响巨大。所以当下新文学的实现有二途:剖辨本国文学与挹收西洋文学。《学衡》杂志录吴芳吉译彭士诗十题四十段:《白头吟》《寄锦》《我爱似蔷薇》《将进酒》《来来穿过麦林》《久别离》《牧儿谣》《高原女》《麦飞生之别》《自由战歌》等,可见吴芳吉对彭士诗歌的喜爱。实际上吴芳吉翻译彭士诗多达百首,惜乎大部分散佚。《〈白屋吴生诗稿〉编辑大意》曰:"彭士 Burns 诗译,计达百首,皆民国十年间所为者。散在湘中,不及索还。比年累经战乱,旧人零落,不知存亡者多。"②

吴芳吉自身的创作亦模仿彭士和西方作家的创作精神和方法。如吴芳吉《冻雀诗序》曰:"踏雪空山,有雀冻不能飞,久之竟死。于是瘗以寒泥,插梅花其上,以哀之云。"此诗仿彭士《哀野鼠》,前三章伤感于冻雀的魂归无所,卒章显其志:"呜呼逝水不回,天之将丧安追?榆关血战成灰,松江炮震如雷。生民百万葬兵威,骨肉为糜野狗肥。纵有劫余伤鳏寡,衣剥囊倾当问谁?冻雀冻雀小魂归,梅花插墓有芳碑。"③诗歌触物起兴,所感伤者在于战乱给民众带来的苦难。

---

① 吴芳吉著,傅宏星编校:《吴芳吉全集》,华东师范大学出版社,2014年版,第267页。
② 吴芳吉著,傅宏星编校:《吴芳吉全集》,华东师范大学出版社,2014年版,第487页。
③ 吴芳吉著,傅宏星编校:《吴芳吉全集》,华东师范大学出版社,2014年版,第172—173页。

三、"铸成人格教育":指导学生品味文学著述和儒学经典

如前文所载,1927 年吴芳吉执教成都大学,在文学讲习中喜讲金和长诗、王闿运《独行谣》和樊樊山《彩云曲》,且"自述身世、愤惋欲绝",力主文学的艺术感染力。

任中敏《吴白屋先生事略》评价吴芳吉致力于教育:

> 在中国公学,西北,东北,成都,重庆诸大学,及明德学校任教职,俱诲人不倦,移人甚深。二十年夏,江津县令聘先生为县之中学校长。先生乃重师资,洗陋习,以身作则,期铸成人格教育。师生感奋,不期年而成。①

吴芳吉《与周光午》曰:

> 近从事研习《春秋》,或可小补。光午欲有造述,仍当先研经学,以植其本。此寒假内,在渝可从《尚书》入手,以窥先民所为政教之纲。吾以后每年轮流研习《五经》全部一次,将以终生。②

此两段记载表明,吴芳吉倡导将儒学经典阅读与学生人格素养的培养相结合,提倡文学教育与创作相互结合。

(一)或以诗文化育学生,追求文学的艺术感染力

《湘居》曰:"共说先生心尚孩,江山随处讲筵开。韩家湖畔桥头坐,忆课渊明《归去来》。"诗后自注曰:"虽行课中,好率诸生全班出游,即茅檐树下,或竹林草地讲书。"③此诗为吴芳吉遭遇围城之乱后回忆湘居之诗,在生死之间颇为甜蜜地回忆执教明德时师生行吟山水之乐,其中其上课的方式颇有古人风范:仰观俯察,感悟自然。吴芳吉居长沙明德中学五载,是其一生增长学问最多之时,亦是其执教最快乐之地,有"一庭春树啼黄鸟,半亩瓜棚读古书"④之乐。他与学生和睦相处,感情深厚,且在教授中常常将自己的诗文作为例证,现身说法,追求文学的艺术感染力。

吴芳吉于 1920 年 1 月 10 日创作《两父女》,描写底层民众在战乱中凄冷

---

① 任中敏:《吴白屋先生事略》,《国风》1935 年第 7 卷第 1 期。
② 吴芳吉著,傅宏星编校:《吴芳吉全集》,华东师范大学出版社,2014 年版,第 960 页。
③ 吴芳吉著,傅宏星编校:《吴芳吉全集》,华东师范大学出版社,2014 年版,第 209 页。
④ 吴芳吉著,傅宏星编校:《吴芳吉全集》,华东师范大学出版社,2014 年版,第 145 页。

的生活，极具典型性。其题下序曰：

> 这一篇诗，是今年一月十日之夜半草成的。次日，遂即印出，在中国公学及某师范女校讲授一过，闻者颇多感泣，乃有以此事问我为真实否，吾亦瞠目几不能答。①

同年一月十九日吴芳吉《日记》亦载：

> 赴公学讲吾《两父女》诗，听者满座。又有数人泪下。吾谓画师擅于写景，戏子擅于传情。诗人之本领，必具二者而兼有之。吾此篇《两父女》诗，比前之《婉容词》尤难作。（1）婉容乃大家气度，容易敷衍成章。此乃赤贫之家，说来每犯枯槁。（2）婉容是读书且成人的女子，其思想与吾人所差不远，易于揣度。此则乡间打柴的女孩，其思想与成人全不同也。（3）《婉容词》是婉容一人自述，乃单调的。此父女两人之对谈，乃双调的也。②

1919年10月，吴芳吉写出传世名作《婉容词》。作品发表后，各方好评如潮：

> 得介民一书，谓于芷汀处，得读吾《婉容词》，使其怆痛欲绝，可以风矣。③

> 得鹤琴一书，评吾之《婉容词》曰：缠绵悱恻，不加褒贬，而某生之寡情，婉容之惨怛自见。令人不忍卒读。④

> 有孙啸声、江片云，自南通县来函，批评我所为诗，以为能以旧格式运新精神，以新格式运旧精神的。⑤

> 胡老先生子靖，又自北京来会。谓在津浦车中，读吾之《婉容词》，使其怅然终日，不知车行千里也。⑥

> 富顺陈铨君评曰：不矜才，不使气，一任白描，为某他诗所不及。⑦

> 得郭沫若自日本福冈来书，评吾《笼山曲》《明月楼》诸诗为有力之

---

① 吴芳吉著，傅宏星编校：《吴芳吉全集》，华东师范大学出版社，2014年版，第81页。
② 吴芳吉著，傅宏星编校：《吴芳吉全集》，华东师范大学出版社，2014年版，第1259页。
③ 吴芳吉著，傅宏星编校：《吴芳吉全集》，华东师范大学出版社，2014年版，第1242页。
④ 吴芳吉著，傅宏星编校：《吴芳吉全集》，华东师范大学出版社，2014年版，第1250页。
⑤ 吴芳吉著，傅宏星编校：《吴芳吉全集》，华东师范大学出版社，2014年版，第1246页。
⑥ 吴芳吉著，傅宏星编校：《吴芳吉全集》，华东师范大学出版社，2014年版，第1258页。
⑦ 吴芳吉著，傅宏星编校：《吴芳吉全集》，华东师范大学出版社，2014年版，第76页。

作，而《吴淞访古》一律最雄浑可爱。《婉容词》一首，使之另受一番感伤，寻出一种 sentimental 之眼泪云。①

> 寻教英文永宁中学，复以宓介，走上海，主中国公学《新群》杂志诗。以作《婉容词》，淑问大流。②

结合自身的创作经历，吴芳吉给学生讲授《婉容词》，更具有文学的艺术感染力。1919年十一月吴芳吉《日记》记载，他给学生讲授所创作的婉容词，曰：

> 今日授吾所作《婉容词》，连讲两小时半，乃毕。听者盈座，甚至壁窗门隙，都为学生塞满。讲至诗中十五段后，诸生多半泪下。有沈生海鸣者，平素号称顽皮，至是乃潸然悲咽，不复仰视。有张生显铭，听至婉容决死之际，忽挥拳欲击，大叫曰："太不平了！"及十七段讲完，至"一声声……哀叫他"，则满堂之人，齐声拍案曰："好呀！难过的很！"甚矣，文字之感人也。婉容得不死矣。③

1922年《冬来兼及稻田女校文课，每往，诸生识与不识，遇辄群起唱吾昔年之〈婉容词〉，若相笑者，意甚窘之，为诗乞止云》曰："稻田儿女最矜奇，买得小吴作讲师。苦我缊袍廊下过，嘲人争唱《婉容词》。莫唱此词动我愁，南来遁隐几春秋。声华落尽无遮掩，人比寒梅更畏羞。"④可见其诗歌传播的广泛与影响力。

《稻田第九班女儿毕业将去，于其最后一课歌以别之》则对学生殷切希望："倘使相逢太平日，愿君婀娜发华滋。倘使相逢离乱世，愿君领袖作人师。倘使相逢外患急，愿君慷慨驾车骑。倘使相逢风浪险，愿君砥砺志无移。倘使相逢贫与贱，愿君淡泊甘哺糜。倘使相逢富与贵，愿君恺悌念胼胝。"在殷切希望中更多的是对学生人品的铸造，鼓励学生当学习幽兰，"不愁荆棘长，芳香自弥弥"和红莲"不愁泥水浊，艳色自绷绷"的高洁。⑤《新衣引序》曰："明德十七班诸子，吾与相伴既三年矣。一旦闻其毕业将去，私心眷恋，不能无辞。于其临别，为《新衣引》十二阕送之。"其中回忆指导学生学习儒学、文

---

① 吴芳吉著，傅宏星编校：《吴芳吉全集》，华东师范大学出版社，2014年版，第1286页。
② 吴芳吉著，傅宏星编校：《吴芳吉全集》，华东师范大学出版社，2014年版，第1336页。
③ 吴芳吉著，傅宏星编校：《吴芳吉全集》，华东师范大学出版社，2014年版，第1241页。
④ 吴芳吉著，傅宏星编校：《吴芳吉全集》，华东师范大学出版社，2014年版，第133页。
⑤ 吴芳吉著，傅宏星编校：《吴芳吉全集》，华东师范大学出版社，2014年版，第139-140页。

学经典的快乐曰:"孔颜博大老庄微,平生最所希。班马雄豪李杜痴,如渴又如饥。"回忆与诸生行吟山水、谈论国事之乐:"何日泛舟五里堤,堤边春草萋。""何日浩歌神禹祠,祠上天风吹。""每谈国难对欷歔,几辈不沉迷。"①吴芳吉《寄答陈鼎芬君南京慰其升学之失意也》回忆其学生陈鼎芬曰:"能诵我诗数百篇,持身明洁似山泉。"②可见其诗歌的影响力。

《还黑石山序》记载吴芳吉为编纂校史,返校后与师友畅论作诗之道:"春灯高馆灿瑶池,满院花香侵我衣。师友行行坐,吴子夜谈诗。一等襟怀一等识,最难为恃天生姿。诗也志所寄,志以礼为持。诗人即志士,志有义利诗淳漓。足言足容德之藻,折衷微礼何所期?君看《礼经》三千例,孰非温柔敦厚诗教之释词?"作诗在于养志和对礼的秉持,文体随时而变,"我爱英人言,旧坛盛新醴";新诗革命,诗人需要博爱和平等的思想:"但有众生平等之精神,以此觉民万类亲,以兹化世风俗淳。性能长自在,情与日为新。家家和乐明诗教,昵昵儿女尽诗人。"③

(二)或深崇儒术,轨范后学

刘朴《吴芳吉传》载吴芳吉就读聚奎小学学习经传时曰:"聚奎初小生则授《孝经》《论语》《孟子》《礼记》《左传》,高小生则授《诗》《书》,所重经传。"④

吴芳吉《与刘鉴泉》记载其执教江津中学期间,为学生传授儒学著述曰:"近每周为诸生讲授《人谱》,益以《论》《孟》、朱子《小学》及《大学衍义》。但举实证,不作空谈。未知二三十年之后,有三二可靠人否?"⑤

吴芳吉深崇儒术,学有渊源,特别受到关中大儒李颙的影响。

吴芳吉阅读圈点李颙《四书反身录》,又在平时的修身中吸收其思想。《吴碧柳歌》诗后自注曰:"某自十岁入聚奎小学……时永川唐先生宪斌好言李二曲学,某受其影响尤深。"⑥由是可知吴芳吉对李颙儒学的吸收源于其师唐定章。吴芳吉《校长唐定章先生事略》评曰:"然先生大节,不在事功而在学养。……先生之学,以礼为归,而以敬持礼。行必顾言,止于慎独之功。凡闻

---

① 吴芳吉著,傅宏星编校:《吴芳吉全集》,华东师范大学出版社,2014年版,第134—135页。
② 吴芳吉著,傅宏星编校:《吴芳吉全集》,华东师范大学出版社,2014年版,第140页。
③ 吴芳吉著,傅宏星编校:《吴芳吉全集》,华东师范大学出版社,2014年版,第237页。
④ 吴芳吉著,傅宏星编校:《吴芳吉全集》,华东师范大学出版社,2014年版,第1334页。
⑤ 吴芳吉著,傅宏星编校:《吴芳吉全集》,华东师范大学出版社,2014年版,第973页。
⑥ 吴芳吉著,傅宏星编校:《吴芳吉全集》,华东师范大学出版社,2014年版,第7页。

先生讲说，诸生无敢有惰容者。"①唐定章为人严肃、谨慎过人，办学严谨务实，对学生要求严格，故在动荡的时代，聚奎士风犹敦厚朴质不亚往昔，实先生之功。

吴芳吉《戊午元旦试笔》曰："悔教幼年胆气粗，新从贤圣致工夫。平生不为兴亡感，奇恨儿时少读书！"自注曰："第四首一二句，由李二曲悔过自新说得来。其略曰：悔而又悔，至于无过之可悔；新而又新，至于日新之不已。某少时修养，得此之益不浅，故念念弗能忘。"②民国十六年九月，吴芳吉游成都购买李颙的《四书反身录》③，对其中的章节多有圈点。如圈点《二曲先生读四书说》卷一《大学》："古人为学之初，便有大志愿、大期许，故学成德就，事业光明俊伟，是以谓之'大人'。今之有大志愿、大期许者，不过尊荣极人世之盛；其有彼善于此者，亦不过硁硁自律，以期令闻广誉于天下而已。世道生民，究无所赖，焉能为有？焉能为亡？"文后点评曰："此所谓不知正。"圈点卷二《中庸》："声色货利、毁誉得失之念不除，皆自纳于罟获陷阱之中而之辟也。溺于文义知见，缴绕蔽惑，全自己心灵不得透露，其为罟获陷阱尤甚，吾党戒诸！"文后评点曰："释第一义，此间最要紧，若打破，则终身无成。"

吴芳吉吸收李颙思想，用以修身、教学、处事。吴芳吉《训谕牌告（二）》载，针对江津中学二十九班四名违纪学生的知错即改，吴芳吉现身说法曰：

> 芳吉自幼不学，长以家穷，不能买书，及弱冠之年，始得《李二曲集》读之，至悔过自新一篇，大为感动。其略曰："悔而又悔，至于无过之可悔；新而又新，至于日新之不已。"此真入德之门，而立己之基。十余年来，得力于此至多。愿以献我全校同学。④

《一个文化运动家梁乔山的传》化用李颙文句赞美梁乔山曰：

> 我不能文，没有将先生行状志业，表曝万一，且把那李二曲的成语，写在下面，以当先生之赞：仰不愧天，俯不愧人；昼不愧影，夜不愧衾；在天地为肖子，在宇宙为完人；今日在名教为圣贤，他日在冥漠为

---

① 吴芳吉著，傅宏星编校：《吴芳吉全集》，华东师范大学出版社，2014年版，第534页。
② 吴芳吉著，傅宏星编校：《吴芳吉全集》，华东师范大学出版社，2014年版，第47页。
③ 吴芳吉收藏和圈点李颙的《四书反身录》十卷，系宣统二年（1910）成都国学研究会重刊本。
④ 吴芳吉著，傅宏星编校：《吴芳吉全集》，华东师范大学出版社，2014年版，第493页。

神灵！①

《与刘柏荣》认为在混乱的时代当以修身为务，曰：

> 至兄欲转入仕途，吉意窃不谓然。人心半死，文化垂亡，吾侪仍当终身不改旧业，以清初顾、王、黄、李诸公之志为归。发号施令之为，让竖子成名可也。②

吴芳吉对孔子的礼敬和祭奠，是对道义的坚守。

《鹃声》十首悉以蜀音为韵，历陈巴蜀服饰、游戏、人物、风土之美，回忆幼年求学聚奎对孔子的祭拜和对师道的尊重，曰："朔望香花朝孔子，晨昏揖拜重师威。"③1929年吴芳吉登泰山，拜谒孔林，"稽首先师墓前，几于泣不能起"④。吴芳吉《哭柳潜》曰：

> 柳子性情正，能传老杜诗。
> 从今无处觅，念汝欲成痴。
> 陇水何呜咽，秦关尚鼓鼙。
> 满怀契与稷，后起定谁宜？
> 待说围城日，辟雍竟饿乡。
> 相邀垂死际，冠带坐堂堂。
> 客泪胡笳发，秋风塞草凉。
> 穷途翻好问，立雪意何长。⑤

1926年11月，吴芳吉和学生柳潜困于西安，处境困顿，二人暗中约定，至垂毙时相偕至礼堂，整肃衣冠端坐赴死。月底解围后柳潜病逝，诗中有对学生的深情缅怀，又有对柳潜的高度评价，认为其深得儒学精华，承袭杜甫忧国忧民情怀。

作为老师，吴芳吉指导学生学习儒家经传，以修身约己，铸就人品。

---

① 吴芳吉著，傅宏星编校：《吴芳吉全集》，华东师范大学出版社，2014年版，第330页。
② 王忠德、刘国铭主编：《吴芳吉全集笺注·书信卷》，重庆出版社，2015年版，第103页。
③ 吴芳吉著，傅宏星编校：《吴芳吉全集》，华东师范大学出版社，2014年版，第174页。
④ 王忠德、刘国铭主编：《吴芳吉全集笺注·书信卷》，重庆出版社，2015年版，第145页。
⑤ 吴芳吉著，傅宏星编校：《吴芳吉全集》，华东师范大学出版社，2014年版，第215页。柳潜，字慕陶，甘肃静宁人。据刘朴《吴芳吉传》载，柳潜时为西北大学文科学生，师生二人交好，如民国十五年十月吴芳吉与西北大学事务长刘含初等人反对西北守军茶毒市民、劫掠财产，作诗三首，鼓励市民自救，柳潜为之刊印、散发。卒年二十五，有诗赋一卷，柳生"诗赋昳丽"。

吴芳吉民国七年四月初三日《日记》①载，与萧湘通信，一是论及教导学生当读六书，曰："文学革命之言虽多过当，亦不可概抹煞之。吾师既授文课，何不教诸生自小学入手？今学校益多，盲目益众，皆由不解六书故也。"二是论及今日教育者第一问题是"学生收纳"，即教育的效用在于培育学生有谋生的能力。其《上萧绮笙先生书》亦曰：

> 兴办学校，已为今日司教育者第一问题。今中等以上学生，毕业后无生路者极多。苟长此幽废，其害使社会多游民，使教育失效用。使学生迫于饥寒，而溷入军宦二途。其始欲利用宵小，以保其身家。继则转为宵小利用，而身家卒亦不保。作奸犯科，因以日出。人心风俗，因以日坏。又狡黠少年，必蜂起侈言革命，以图侥幸于万一。中国前途，在在可深忧也。②

吴芳吉曾经撰写校歌，其中倾注着对学生的殷切希望：勇于担当，有救国救民之志，"振此人心之灰颓""救此风俗之摧萎""奠此国步之颠危""慰此世界之凄悲""正此学术、文章、道德、政治之是非"③。《题本校理预科毕业同学录》亦曰："儒以治生为先，况我民族今日贫弱以凋残。要使天下皆平安，要使尽人免饥寒。要使蜀道永无难，要使成大荣光万亿年！此责惟在诸君肩，努力向前复向前！"④吴芳吉曾经设计聚奎中学校旗，《聚奎校旗释文》解释其旨意："本现世革新之精神，阐古代文化之光彩，以教育此希望无穷之少年，而措世界大同之郅治，则聚奎事业之所在也。"⑤聚奎精神发露于外者有三：活泼其丰姿，平和其旨趣，美丽其文采。聚奎的教育既要弘扬中国文化的光彩，又要紧随现世革新的精神。聚奎教育的目的："少年前途之希望""世界和平之象征"。吴芳吉作《聚奎学校食堂歌》⑥，其重要的意义在于"不因自饱而忘他人之饥，无终食之间违仁"，君子不素餐，我辈必有用，胸有大志，心忧天下："要使人人饱暖皆欢颜。""要使家齐国治乐无边。"勿终食之间违仁，养性在须臾："一日工夫已未娴，发皇毅力更争先。""一日生命此开端，神志清明气魄坚。"要有感恩之心，报效社会："天地之德、父母之恩、社会之谊，爱我助我

---

① 吴芳吉著，傅宏星编校：《吴芳吉全集》，华东师范大学出版社，2014年版，第1163页。
② 吴芳吉著，傅宏星编校：《吴芳吉全集》，华东师范大学出版社，2014年版，第568页。
③ 吴芳吉著，傅宏星编校：《吴芳吉全集》，华东师范大学出版社，2014年版，第246页。
④ 吴芳吉著，傅宏星编校：《吴芳吉全集》，华东师范大学出版社，2014年版，第255页。
⑤ 吴芳吉著，傅宏星编校：《吴芳吉全集》，华东师范大学出版社，2014年版，第516页。
⑥ 吴芳吉著，傅宏星编校：《吴芳吉全集》，华东师范大学出版社，2014年版，第247—248页。

何年年。"

第三节　巴蜀学者叶广度《中国庭园概观》的学术价值

叶广度（1902—1985），四川古宋县人，毕业于南京中央大学，1929 年被派赴日本学习，归国后留校任助教。1937 年到江津县白沙镇任四川省平民教育促进会江津实验区生计部负责人、农场主任。抗战期间，叶广度先后在川东师范学校、国立女子师学院附师、中央大学先修班任教。1940—1943 年在江津聚奎中学任教。叶广度擅诗词，致力于中国庭园的研究，著有诗集《蕉桐集》、学术专著《中国庭园概观》和学术论文《农民的心理》《盆景》《住宅庭园的设计》等。①

1929 年叶广度从日本留学回国后撰写专著《中国庭园概观》，钟山书局于 1933 年出版，1934 年《蜀农会刊》创刊号上刊发是书的广告词，评析此书的特点、作用及学术地位：

> 本书为目前中国庭园界有系统叙述之第一本，其特点在探讨中国庭园之起源与艺术史上之位置，如何演进、组织，构成现代庭园之作风，以与法日两国庭园，作一比较之研究，尤其是将西湖与中国庭园之关系，分别道出今昔之不同，以谋中国公私庭园之改进，实可供有志庭园学者及市政卫生家设计之参考，并附有插图多幅，内容之富于趣味，不仅为旅行家游览名园胜迹之一助也。②

在此，笔者探析叶广度《中国庭园概观》的学术价值：叶广度自觉承担起

---

① 关于叶广度的生平参见 1998 年《聚奎校史》，第 294—295 页。
② 南京蜀农学会编纂：《蜀农会刊》，1934 年创刊号，第 69 页。又《中国庭园概观》于 2015 年入选当代中国出版社"小书馆"丛书，并改名为《中国庭园记》，入选原因系此书是第一本系统介绍中国庭园美学的书籍，也是中国造园史必提的书籍，曾作为民国时期大学的园林课程教材；又入选 2017 年中州古籍出版社"昨日书林"丛书，因为这些著述是"经久不衰、卓然于普通图书的民国经典著作"（《关于"昨日书林"》）。由是可见今日出版界对是书的重视和学术价值的认同。学界对叶广度的研究可参如下文章，赵纪军、张昇：《章守玉先生早期"园艺"理念与实践研究》，《中国园林》2018 年第 11 期；万柳、刘宇轩、郑玮锋：《中国古典园墙之光影与色彩的景观相融性研究》，《中国园艺文摘》2017 年第 2 期；韩伶俐、王小德、毛永成、朱艳平：《我国竹径景观的考证与美学分析》，《竹子学报》2016 年第 4 期；刘彤彤、陈芬芳：《营造学社与中国造园史研究》，《中国园林》2012 年第 9 期。这些论文在论述中或征引或评述叶广度《中国庭园概观》中的某些观点，而对叶广度的学术成就开展较为全面研究的则较少。

中国知识分子救亡图存和文化启蒙的责任，基于近代救亡图存的思想，强调庭园设计具有审美和实用的双重目的，不同于传统文人的"清赏"；基于对传统文化的濡染，以优美的文笔揭示中国庭园审美的特质，与其一以贯之的清丽文风相契合，学术性和艺术性并重；基于深厚的学术修养，开展现代庭园学的研究和建设，文章逻辑严密而论述精微，见识独到，学术研究方法科学而严谨。

一、基于近代救亡图存的思想，强调庭园设计具有审美和实用的双重目的

民国时期正是中西方文化发生激烈碰撞的时期，这种文化的碰撞造就了一批学术大师。他们肩负起了引进、探究西方文化和整理、继承中国文化的双重使命，起到了承前启后的关键作用。

1946年四川省江津县白沙镇的国立女子师范学院因学校搬迁"复员"而掀起学潮，国民政府解散该校，曾经的国文系主任台静农和教师舒芜拒绝"院务整理委员会"的重新聘任，留守古镇，生活艰难，处境困顿。[①] 台静农应中央大学先修班教师叶广度的邀请，为其诗集《蕉桐集》作序：

　　夫兰以香自烧，膏以明自销，固达士所深惜，而人情所难为。然而呵壁问天，日斜叩鹏，徜徉泽畔，歌哭无端，忧能伤人，意自难免。

　　吾友叶君广度，少有奇节，壮历忧患，丧乱以来，憩影沙头，问樊迟之稼，学东陵之瓜。似乐放逸，与世相忘。然而骨梗横胸，芒角在喉，发为歌咏，多见慷慨，是岂如渊明所云"人生实难"，有不获已之情乎！

　　丙戌之夏，余困居废院，槐阴蔽道，鼯鼠当阶，昨犹弦歌，今若败刹，环诵斯集，感喟不胜，恨无藻翰如吾广度，抒吾愤懑于万一耳。[②]

一方面，此文的文献价值较高，叶广度的个人资料可见于此。叶广度从日本留学归来，对庭园学兴趣尤深，著述论文而自身亦徜徉于山水园林，有文人雅趣，吟诗作赋以自适。抗战时，时局艰难，生活艰辛，叶广度隐居于长江之滨，似乎有东陵种瓜、樊迟问稼的闲情，欲与世相忘，内心的坎壈之情，只有发为歌咏。另一方面，此文是台静农夫子自道也，困居西南一隅，承袭龚胜的

[①] 舒芜口述，许福芦撰写：《舒芜口述自传》，中国社会科学出版社，2002年版，第153—156页。

[②] 台静农：《〈叶广度诗集〉序》，《台静农全集·台静农遗稿辑存》，海燕出版社，2015年版，第95页。

高洁与名节，仿效屈原呵壁问天，踵武贾谊日斜叩鵩，借叶广度之藻翰以抒心中愤懑，表达"人生实难"的感悟。全文文采斐然，文风古雅，用典娴熟，意蕴深长。多年以后，与台静农一同执教、情谊深厚的舒芜评析此文，认为"人生实难""大道多歧"两句"实在可以看作是理解《龙坡杂文》一书的钥匙"①，亦是台静农的人生喟叹。

叶广度作为海外留学归来的学者，既有近代中国知识分子救亡图存、文化启蒙的责任担当，又秉承儒家知行合一观念，关注时局，关注社会，关注大众，充满忧患意识和使命感。

作为晚近新科学的庭园学，发展迟缓，不能成为纯粹独立的科学，原因有几点：一是古代帝王及贵族阶层多将其视为私自享乐的装饰品，而士大夫又把它看作吟咏写意的资料；二是与庭园相关的自然科学和社会科学尚未发达，艺术学和美学又未能扩大其范围。但当时的中国社会，实有提倡创设民众庭园的必要，且庭园设计须"以经济、实用、美观为原则"②。为此，留学归来的叶广度以高度的责任感担当起文化启蒙的重任，长期致力于庭园学的研究。

所谓的庭园是指"凡是以美观和实用为目的，依某种的方式，用艺术的技巧、设施于一定的风致的地域"③。叶广度所谓的庭园，亦即园林，强调造园的艺术性。在《中国庭园概观》前言所叙论的庭园学主要是造园学。④沈春泽《长物志序》曰："夫标榜林壑，品题酒茗，收藏位置图史、杯铛之属，于世为闲事，于身为长物，而品人者，于此观韵焉，才与情焉。"⑤造园在中国古代表达的是幽人风致、旷士情怀，是文士阶层生活艺术化和物质精神化的表现。

叶广度强调庭园的设置不仅仅是文人"清赏"，更具有审美和实用的双重目的，对此《中国庭园概观》一再言之。中国庭园学的真正意义在于通过士人的科学艺术工作，改善环境，使大众"知道人类生活之向上"（《自序》），如"都市田园化、田园都市化"是现代庭园扩大建设的呼声，将庭园变为公园，是建筑在全市的民众美育的生活上面（《中国庭园在艺术上的位置》）；所以造园家和艺术家的历史使命为："竭力美化民众的生活，建设为幸福和理想所照

---

① 舒芜：《谈〈龙坡杂文〉——悼台静农先生》，《读书》1991年第2期。
② 叶广度：《住宅庭园的设计》，《科学世界（南京）》1933年第2卷第2期。
③ 叶广度：《中国庭园概观》，钟山书局，1933年版，第1页。
④ 关于庭园，陈植《造园学概论》亦有相近的论述："盖庭园云者，乃于建筑周围之土地上，为多量观赏植物之栽植，及户外休养娱乐设备之总称也。"（商务印书馆1935年版第69页）
⑤ 文震亨著，陈植校注：《长物志校注》，江苏科学技术出版社，1984年版，第10页。

耀的未来，而同时也衬出现在一切可憎的丑恶，俾悲剧的感情，争斗的欢喜和胜利，同美的欣赏的观点提高，都发达起来，打破一切宿命论，创造美丽的花园世界来。"（《结论》）叶广度著述的立意，并非如《园冶》一样，是为世人提供营造现代庭园的图文范本，其重心在于梳理不同庭园对"国民"的意义，试图为中国的庭园美学做出其简约规范。

对园林的审美和感受之深浅与个人的文化修养有关，品园、游园与造园密切相关。① 从古代到民国皆如是，如明代文震亨《长物志》、计成《园冶》是对历代造园及作者造园实践的总结，以表现出文人园林的理想境界、生活功能和审美情趣，展现了他们深厚的文化修养和园林艺术造诣；民国学者陈植的《都市与公园论》，既有现代科学缜密的论述，又论列自己的公园设计实绩，如设计建造了镇江赵声公园等。② 作为庭园学学者的叶广度知行合一，书中不仅有理论的认识，亦有美学设计实践，有着真切的体会和不辍的躬行。叶广度曾经亲自设计所执教的江津师范学校的元老建筑和独步蜀中学校的"田"字形四间平房教室。倚山峦，跨土丘，以低层平房为建筑主体，竭力凸显江津白沙驴溪半岛之岛际线与水际线；以传统书院单间教室衍生，蹲踞半岛马鞍低部，弥补地理环境而不破坏地脉整体，与地物浑然融合，是以营造出亲自然、兴人文之恬淡清幽环境。叶广度《驴溪遣怀》描述其寓居驴溪半岛的闲情逸致："行役银沙里，蜗居又六年。知音亲翠羽，养性喜流泉。欲雨蜻蜓扑，含晴粉蝶穿。还思风月好，独立看江天。"江津地志学者钟志德，多年后深情回忆1980年求学江津师范学校时沉浸山水园林的感触：

> 此处佳木扶疏，禽鸟相鸣，山形回抱，驴溪盈盈，一湾好水。吾在此平房北侧第一间教室度过两载中师时光，心境由浮躁而归笃定，人文环境之潜移默化作用，不可小觑也。③

1934年《蜀农会刊》发刊词言及办刊宗旨，从中可见南京蜀农学会同仁的社稷之忧。文章理性地分析中国所面临的军阀混战而民生凋敝之内忧和国难严重之外患，而四川因其位处西南、地势优越、物产丰饶、人口众多，是救亡图存的重地，是中国"后备国防之要津"和"中国复兴之命脉"。面对危局，蜀农学会同仁本匹夫有责之义，爱乡情殷，认为四川当努力于"农村复兴"与

---

① 陈从周著，陈馨选编：《园林清话》，中华书局，2017年版，第38页。
② 陈植：《都市与公园论》，商务印书馆，1930年版。
③ 叶广度：《中国庭园记》，当代中国出版社，2015年版，第144—145页。

"农业建设",故创刊的宗旨:"以研究四川农业之实况,讨论四川农业之改进,并介绍现代农学之知识。"① 作为蜀农学会的重要会员,叶广度在创刊号上发表学术文章《盆景》和诗歌《一日的工作》,充分展现叶广度对国事的关注。②

《一日的工作》曰:

> 曙光,从窗前进来招呼/戴着草笠,踏上门前路/犁锄,紧紧的偎傍着我/冲破了这迷茫的晓雾。
>
> 邻家的耕牛,延伫畦角/炊烟从柳梢袅袅传出/我独自沿畴迈进耘掘/喝一碗水,添一度踯躅。
>
> 午鸡断续的催人归去/田圃间不闻一点声息/解人的小犬,摇尾示意/仿佛他昨晚不曾过夜。
>
> 夕阳红半了圳上青山/乌雀闹满了谷里林间/只胜我漫步四面观瞻/一日的工作,是否迟慢?

诗歌带有田园诗的风格,素朴淡泊,没有吟风弄月的附庸风雅,书写诗人躬耕田园的感想,田间地头踯躅观瞻,是反躬自省"一日的工作,是否迟慢",抑或表露出劳作的愉悦。诗歌是一种心境的表达或一种理想的追求。

叶广度不仅关注农村和农业,还关注农民,曾经撰写长篇学术论文《农民的心理》。③ 如果说《中国庭园概观》是泛论庭园审美,而此文则是针对现实有感而发。文章写于1945年,经历过一场民族的灾难,叶广度深深意识到战后建国的主要工作在民生,"而民生问题的中心,就在农业之生产的技术;控制农业的成败,决定在农民心理之是否健康"。此文既有现象的罗列,又有原因的分析,更有问题解决途径的探索。如一般人认为农民有"胆小、畏惧、迷信、保守"等心理,而这些心理是自然和社会原因所致,"保守的心理,是从作业不断的忍耐力锻炼出来的,他们反抗或暴动的情绪,亦可说是由于与自然力奋斗历练出来的";培养农民"心理的卫生"是社会的系统工程,政治经济要改善,土地制度要整理,科学教育要普及,农业经济方式要改进,再配以工商业的协调,如是,才能让农民"共同迈进光明、康乐、安富的领域"。

---

① 南京蜀农学会:《发刊词》,《蜀农会刊》1934年9月创刊号。
② 叶广度居白沙期间,所写诗词有不少关心时局、忧国忧民之作,如有《长沙失火》《闻中苏协定》等诗;有《满庭芳·哀京华》《百字令·盟军会师德京有感》《满江红·哀衡阳》等词;有《中吕山坡羊·忆金陵》《四块玉·叹玉》《柳营曲·飞虎队炸东京》等曲。这些作品结集于1946年出版的《蕉桐集》,惜乎此书今不存,但从标题可见叶广度对时局的关注。
③ 叶广度:《农民的心理》,《现代读物》1945年第10卷第1—2期。

二、基于对传统文化的濡染，以优美的文笔揭示中国庭园审美的特质

庭园设计具有美观和实用双重要求，是依某种方式，用艺术的技巧、设施于一定的风致的地域。其中"风致"最能体现庭园美学特点，要求设计者具有较高的美学鉴赏能力和文化修养，具有技术与美学、工艺实践和文化鉴赏相互结合的综合素养。①

《中国庭园概观》认为中国古代庭园为一般文人所构思、倡导、歌咏，"文学又是歌颂自然之美的产物，而庭园正是他们理想的归宿地"。文人借庭园吟风弄月，寻求安身立命的场所，表达遁世绝俗的情感，于是在文学上追求"清、淡、幽、雅、静、秀、冷、逸、超、洁"的美。周公度认为叶广度由是总结出中国庭园美学的核心概念，并对其做了较为具体的阐释：

> 清为澈，明晰若无，如《道德经》所言"湛兮，似或存"，了无痕迹；淡为无痕迹的表征，是自然与人为的界限。优若晨星在天，花开荒野，一见倾心；雅乃"古"与"正"，为标准，是"优"的限定。静则指向内心的自审，指外物不使心有所挂碍；秀指静有生气，整体气韵得宜。冷是条理与归属，是对心的约束；逸是分外之思，又是对心的驱使。超是方外之词，自俗世归于庭园，如收心复归于婴儿，自得纯然之乐；洁是不杂染，如水流，融融不竭，有声却似无声。②

清淡、幽雅、静秀、冷逸、超洁等概念，不仅是庭园审美的要求，亦是作者诗文风格的追求，文人和学者双重身份的叠加，使叶广度《中国庭园概观》能以优美的文笔揭示中国庭园审美的特质，使之学术性和艺术性并重。

如从"国民性"比较中国、法国和日本庭园风格，基于文学、历史、建筑和美学等学科交叉的背景，叶广度的论述深入而富有诗意：

> 法国国民注重辞令修饰，文学体制，努力于匀整之美，而浪漫主义之

---

① 李轶南：《〈园冶〉蕴涵的设计伦理学思想》，《文艺争鸣》2011年第4期。又"风致"一词在民国造园及园艺学相关著述中频频出现，如童玉民《造庭园艺》、范肖岩《造园法》、章君瑜《花卉园艺学》和陈植《造园学概论》等，重点强调造园中对审美艺术的追求。如范肖岩《造园法》曰："庭园之意义，为由人工设施审美而有自然风致之园圃，以为人类生活上所必须娱乐之地也。"（商务印书馆1930年版第1页）

② 叶广度：《中国庭园记》，当代中国出版社，2015年版，第5—6页。

思潮影响，又代古典主义而兴起，对于自然的爱好，异国情调的取用，地方色彩的讲求，在在都足以启示艺术家之创作，复以卢梭、孟德斯鸠氏倡说自由平等以来，民族之思想，得到解放，故其国民性活泼，生活的趋向于物质的享受。因此庭园的艺术，极度的美化，有光华灿烂的景象。我国因儒家之传统思想，以和平天真为美，一般国民性变成沉重朴实，生活趋向于精神的修养，除帝王逸乐的游园壮丽外，过去大多数的庭园，都以清新雅致为风趣。日本的文化是受外域的影响，故其国民性富于模仿，同时具有疏落之岛姿，平坦如茵之海岸，青松白砂之点缀，以育成彼邦国民爱草木、喜自然、乐天幽默、淡泊潇洒、绮巧纤丽、清静洁白等之性质，因此庭园的建筑，自然另是一种秀丽之美。①

文震亨《长物志》强调园林的整体布局和设计处处追求诗情画意，书中表现出作者对诗意生活的取向：远实用，近审美，园林中物是文人精神世界的符号代码，一草一木上投射了文人的心灵世界和审美趣味。②

叶广度的《公园与人生》，既是较为纯正的学术论文，阐释了公园对于人生含有"心理""社会""物质"三大建设，论述精微；又承袭中国士大夫庭园审美的传统，文章语言优美，气韵流畅，极具艺术感染力。如论及公园建设有利于人的心理健康而提高审美时曰：

> 绿草如茵，佳木葱茏，两岸垂杨，一弯流水，曲径通幽，又是一村，所谓"行到水穷处，坐看云起时"之感，不禁油然而生，此种欣欣向荣之情趣，恍如前途无量，顿觉生活充实，有使人向上努力之神往。③

文章既抒发了作者"林下风趣"④，又揭示出普通人心目中园林，应该是"理想的生活家园"，是超越于柴米油盐之上的富足、娴雅与从容，是一种超越建筑、超越困苦，乃至超越凡尘的人间情怀。⑤ 如此优美的文笔源于叶广度敏锐的触物感兴，与其一以贯之的清丽文风相契合，这是其自身诗文写作和庭园设计的美学追求。

---

① 叶广度：《中国庭园概观》，钟山书局，1933年版，第129—130页。
② 文震亨著，李瑞豪编著：《长物志》，中华书局，2012年版，《前言》第3页。
③ 叶广度：《中国庭园概观》，钟山书局，1933年版，第142页。
④ 计成著，李世葵、刘金鹏编著：《园冶》，中华书局，2011年版，第210页。
⑤ 文韬：《从"以文存园"到"纸上造园"——明清园林的特殊文学形态》，《文学遗产》2019年第4期。

叶广度居江津白沙期间创作丰硕，今所留存的作品多为行吟山水之作：

话驴溪，一湾春泛好光辉，青山斜日真蔓迷，且兴舟随，高低紫燕飞，深浅红桃媚，断浦青蔬蔽，溪山伴我，我乐忘饥。

醉驴溪，夏来江涨满山隈，长林烟雾濛濛际，好放船桅，田间牯跳嘻，亭外蝉鱼碎，岩底渔人醉，流萤闪闪，载月同归。

恋驴溪，一声寒雁响崔巍，西风吹起天秋意，散叶披畦，闲看冷鹭凄，仰望丹枫醉，俯首银鳞会，江头月冷，古渡灯稀。

爱驴溪，冬寒风厉减山肥，前滩水落泉声细，许赋钟期，桥头皎月稀，渚里飞鸦密，岸上梅花丽，驴溪爱我，我爱驴溪。（《双调·殿前欢·驴溪四景》）

春山似画，开满了桃花李花，绕山溪一叶扁舟，带垂柳忆塘浮鸭，回头醺醉夕阳斜，竹篱茅舍是吾家。（《南双调·玉抱肚·驴溪春泛》）

碧柳边，朱桃下，山环白雾，水映红霞，孤亭杜宇声，幽径葡萄架，树影波光名如画，把鱼儿放掉银沙，桥头落日，前村吠犬，竹里人家。（《中吕·普天乐·驴溪夕照》）

一钓澹月箫声，几枝芦花瘦影，西风吹起双螯兴，缥缈江南梦景。（《中吕·醉高歌·驴溪晚棹》）

山云飞尽山月小，双桨沿溪绕，打头两岸风，折翅空江鸟，望天涯，几时归去好。（《双调·清江引·驴溪泛月》）①

老树盘根错，百年气势雄。烟云横岫北，风雨听江东。水落长桥阔，人来短棹通。孤亭天地大，陇上一声钟。（《自题驴溪憩影图》）②

园林作为中国古代士大夫的"私人领域"，象征着与名利场相对立的恬淡与自在。③ 就诗歌内容上看，叶广度承袭中国古代文人向往闲适隐逸的自然之雅、山林之趣，或抒写乡居生活的闲适，或描摹白沙山水之趣，在抗战烽火连天之际，白沙实实在在是一片难得的安身之处。当然其笔下丘壑，固然是白沙山水的写照，或许更多的是一种文学情怀的释放和人文精神的升华。1982年适逢聚奎中学校庆，病中的叶广度作五律诗一首：

---

① 以上所引叶广度诗词曲，见1998年《聚奎校史》第382—385页。
② 叶广度：《中国庭园记》，当代中国出版社，2015年版，第142—143页。
③ （美）杨晓山著，文韬译：《私人领域的变形：唐宋诗歌中的园林与玩好》，江苏人民出版社，2009年版，第207—216页。

黑石山间住，梅林景足怡。安贫乐似水，咏味耽于诗。点点传薪火，潜潜化雨移。婉容词一曲，争诵不知疲。①

诗序曰："早岁应光午约，就聚奎中学任教，得读《白屋诗钞》，想见其为人，深为景仰。适今年芳吉先生逝世五十周年纪念，特赋此诗。"据诗序可知，此诗一方面怀念民国诗人吴芳吉，另一方面回忆自己40年前寓居白沙的生活，其中"安贫乐似水"四句或可作前面所引叶广度词曲内容的概括和注释。就艺术表现上看，"江头月冷"二句对仗精工；"孤亭天地大"二句意蕴悠远；"桥头落日"三句动静结合，画面清幽，表现出作者较高的文学修养。

居白沙期间，叶广度与抗战时期寓居于此的文化名流如台静农、胡小石、陈独秀、欧阳竟无诸公多有交游，吟诗唱和，相互鼓励。如《怀仲甫丈》曰："乱世相逢晚，诗风见性情。蕉桐劳手泽，泰稷问鲰生。著述萧斋坐，知交倒屣迎。谁能瞻此老，笔阵惜纵横。"《乙酉重九过向阳庄访小石丈》曰："问道高楼上，元龙发古思。重山窗外入，一水眼中移。果硕题椽笔，鱼肥赋好诗。愧无佳酿熟，空有白衣期。"②

三、基于深厚的学术修养，开展现代庭园学的研究和建设

由于国内名校的大学教育与曾经留学现代园林艺术较为发达的日本，接受过较为严格的学术训练，叶广度开展现代庭园学的研究，撰写的《中国庭园概观》及发表的一系列论文，遵循学术规范，且具有较高的学术价值，表现出其深厚的学养。

《中国庭园概观》书后罗列"参考重要书目"，表现出叶广度诚实的学术品质，并显示其学术承传源流。其所罗列的"参考重要书目"，3种为日本书籍，12种为中文书籍。中文书籍中有艺术学类，如鲁迅译《艺术论》和黄忏华著《美术概论》；有造园法类，如奚铭己《庭园三要素之组织》、邹盛文《树木装饰术》、童玉民《造庭园艺》、范肖岩《造园法》、陈植《都市与公园论》和《观赏树木》。这些作者中对叶广度影响大者，主要是童玉民、范肖岩和陈植。

如叶广度《公园与人生》论文明显受到陈植《都市与公园论》的影响。陈植《都市与公园论》从"都市计划""休养问题""社会事业""天然保存"等论述公园的意义，从"休养""保健""防灾""教化""国防""经济""美观"

---

① 《聚奎校史》，1998年，第384页。
② 《聚奎校史》，1998年，第294页。

等论述公园的效果。叶广度《公园与人生》在此基础上探讨公园对于人生的意义，论述更加细密全面：公园对于人生"心理建设"表现为启示创造、提高审美、涵养性灵、孕育博爱；"社会建设"表现为维持秩序、减少罪恶、保全健康、预防灾害、普及社会教育功能、调剂都市功利主义；"物质建设"表现为促进工商业发达、增高土地价值、表示文化程度。而在文章论述的语言表述和审美感知上，叶广度较陈植为甚。陈植以学者的身份用略带文言文文风的笔触阐释公园的休养作用，曰：

> 市民之都市生活，视田园几若羁牢狱中，此市政家之警告也。田园中接近自然，空气新鲜，为休养身心、慰藉精神计，断非熙来攘往、完全机械生活之都市所能望其项背。此近世学者，自然回复论，及天然生活法，提倡声浪之所由兴也。都市生活中休养法之自然而较高尚者，公园之设置尚也。①

叶广度论述公园可以涵养性灵，更多的是文人对艺术化生活理想的表白：

> 鸟语花香，鱼跃鸢飞，观古潭之幽静，闻空谷之足音，松涛杂和，相奏成曲，此自然之音乐，给人以共鸣之天籁，和平之神，大有我欲乘风归去之慨。②

为了分析叶广度的学术成就，现将四人著述列表比较如下表：

作者及书名	出版社及出版年代	内容结构	编纂大意
童玉民《造庭园艺》	商务印书馆1926年	庭园总论、庭园设计、庭园施工、庭园管理、附录	宣传庭园之常识和以为实地设计及施工之榜样（《编辑大意》）
范肖岩《造园法》	商务印书馆1930年	叙论、庭园设计、造园设计实施法、特种庭园设计概要	入选万有文库"农学小丛书"

---

① 陈植：《都市与公园论》，商务印书馆，1930年版，第6—7页。
② 叶广度：《中国庭园概观》，钟山书局，1933年版，第142页。

续表

作者及书名	出版社及出版年代	内容结构	编纂大意
叶广度《中国庭园概观》	钟山书局 1933 年	中国庭园史略、中国庭园在艺术史上之位置、中国庭园的组织、西湖与中国庭园、中国庭园与法日庭园比较观	促进公私庭园之改造,增进一般旅行家游览名园胜迹的兴趣,及供给有志庭园学者和市政卫生设计之参考(《例言》)
陈植《造园学概论》	商务印书馆 1935 年	总论、造园史、西洋造园史、日本造园史、造园各论、结论	入选"大学丛书",以图国粹之复兴,及学术之介绍(《自序》)

由上表可知,童玉民《造庭园艺》和范肖岩《造园法》主要论述庭园设计、施工和管理等,偏重形而下的工艺实践探索。而后出的陈植《造园学概论》重点是对造园学学科建设的探讨,其章节设计较为全面合理,其论述是农学、林学、建筑学、经济学等多学科的融合,特别是对"庭园"及"造园学"的学理探讨,理论贡献很大。①

相较而言,叶广度的《中国庭园概观》表现出从传统文人向现代学者的过渡性质,在现代学术理念的框架下,既有中国传统文人的"品园",又有对造园学相关问题的研究,对现代庭园学的学科建设具有开先河之功,尽管就学术层面而言,其论述稍显粗疏和稚拙。

作为近代"中国庭园界有系统叙述之第一本"的学术著述,《中国庭园概观》的篇章布局逻辑较为严密,有学理性,分析点面结合,既有历史的追溯,又有典型的精细探究;横向比较和纵向比较相结合,既分析中国庭园在不同阶段的美学风尚,又对不同文化背景的庭园风格进行比较。不同于中国古代士大夫才华与激情结合的片段式的文学感悟,叶广度是在现代学术理念的框架下对园林进行的审美阐释。

承袭中国士大夫"品园"传统,《中国庭园概观》在语言表达上多处运用诗句和典故,在文化视角下品鉴花木文物,无限地接近历史。当代园林学家陈从周认为研究中国园林,"似应先从中国诗文入手,则必求其本,先究其源,

---

① 具体可参陈植专著《造园学概论》和《"造园"词义的阐释》《"造园"与"园林"正名论》等论文。

然后有许多问题可迎刃而解，如果就园论园，则所解不深"①。《中国庭园概观》第二章论述庭园与文学的关系时，叶广度认为欧美的庭园设计多为建筑家、美学家，而中国的古代庭园则一般为文人所构思、倡导、歌咏。为此，叶广度于第二章引证大量诗、词、曲、杂记、联语和小说来论述中国古代庭园美学，如风入松林，给人以极大的想象空间。叶广度游目骋怀，下笔泉涌，文风流丽，意兴盎然，既是科学的引证，亦是对中国文学的熟知和品味，表现出极高的艺术修养。如评价柳宗元"以简洁的笔调，叙述名胜的奇迹"，开后来"风致式造园"的风气，如其《柳州东亭记》中所表现的造园设计，"能就近取材，拒江湖化，以收览众山之胜"，这种庭园美的姿态是从漫游奇僻的山水中得到主题。

受西方学术思维方式的影响，叶广度的学术研究表现出较为严谨的科学论证和开阔的学术视野。如叶广度常用自然科学中的表格论列庭园学的专业问题，醒目且简洁。《中国庭园概观》中"庭园的演进"一节从"功用""享受分子""动机"②项目比较不同时代中国庭园的发展程序；《住宅庭园的设计（续）》论及"花坛设计"时，列表摘录 W. Ken 分析色彩与情感的关系③；论文《盆景》从"土壤""调制分量""肥料使用法"三个项目论列"观叶树木""观叶草类""观实树木""观花树木"④等盆景栽培的具体要求，论列细密而科学。

而《中国庭园概观》第四章论及西湖庭园的演变历史，极具文学鉴赏能力和学术史意识。叶广度认为唐代西湖可称"文人庭园"，配景植物不过简单的松、竹、梅、莲等数种，而孤山点缀，颇富野趣；宋代西湖可称"画院庭园"或"宫宛庭园"，是一幅着色山水图，湖上御园分列南北，寺观增多，林泉幽茂，装饰清丽，十景天然；元明时代西湖是"纯中国式庭园"，环湖宫宇寺庙富丽宏壮，断桥一带夹道桃红柳绿，掩映于酒家鱼棚之间；近代西湖是"混合庭园"，一般豪商巨宦广厦崇构，风起云涌，建筑之物多，林泉之气少，且参用西式而未能适度配合，故景色驳杂。

《中国庭园概观》第五章比较中国与法国和日本庭园的异同，学术视野开阔。从风格上论，法国庭园疏朗，"以壮丽胜"；中国庭园雄大，"以幽邃胜"；

---

① 陈从周著，陈馨选编：《园林清话》，中华书局，2017年版，第60页。
② 叶广度：《中国庭园概观》，钟山书局，1933年版，第11页。
③ 叶广度：《住宅庭园的设计（续）》，《科学世界（南京）》1933年第2卷第4期。
④ 叶广度：《盆景》，《蜀农会刊》1934年9月创刊号。

日本庭园娇小,"以秀美胜"。三国庭园独特的民族风格,可从"风土""历史""国民性"比较分析,追溯源流。这种开阔的学术视野,在叶广度翻译的《市街与行道树》论文中,则表现为对西方学科发展动态的及时关注与译介,具有学术的前瞻性。①

园林布景,"妙在得乎一人""为者殊有识鉴"。园林造景展示出治园者的眼界、鉴赏力乃至个人情怀。② 造园与览景如斯,园林学的研究亦需如此。在民国救亡图存的时代背景下,身兼学者和文人双重身份的叶广度承袭中国庭园设计的传统,力求实用和美学并重;又吸收西方学术的科学精神,开中国庭园学研究的先声。其所著的《中国庭园概观》在科学研究的严谨中展现出文人的情怀、品格和格调,理应在现代庭园学术史上占有一席之地。

---

① 叶广度译:《市街与行道树》,《国立中央大学农学院旬刊》1931 年第 77—78 期。
② 文韬:《无竹何以令人俗:古典园林竹文化意蕴新探》,《文艺研究》2015 年第 6 期。

第二章　聚奎书院的学术活动

书院的职能之一是汇聚文化教育明贤，开展学术活动，以广造就，育贤匡时，繁荣地方文化。

在抗战前后，许多文化名人汇聚重庆及江津白沙，聚奎中学秉承书院传统，开启"聚奎大讲坛"，开展一系列学术活动，推动学校的教育改革和校风建设，使偏居西南一隅的江津学术得以繁荣。

据《聚奎校史·大事记》记载：①

1937年6月24日梁漱溟来校考察，住二郎石校舍三月，讲学数次；

1937年下期加拿大人文幼章来校演讲，吴汉骧任翻译；

1938年夏欧阳渐来校讲学，7月23日吴汉骧带领学生刘远邦等到德感至善图书馆办暑假民众学校，为时月余，其间演出话剧两次，请欧阳渐讲学《诗经》三十课；

1939年初夏陈独秀来校演讲，住一月；

1944年4月9日冯玉祥来校，作抗日募捐演讲，10日在白沙西河坝参加先进大会，学校组织献金3200万元，超过自贡、乐山等总数，其中新本女中献金65万元（实物未计）居首轮首位，后冯玉祥作诗五首，盛赞学生献金的爱国热情；

1949年8月27日，聚奎、新本两校师生听熊东明讲"孔子与中国文化"；

1949年9月 吴宓来校讲"曹雪芹和《红楼梦》"。

优秀的教育传统，培育优秀的学风，造就优秀的人才。

程憬《聚奎学校六十周年献辞》认为，聚奎书院所具有的传统书院的教育精神，一直被聚奎学校所承袭光大。② 书院的创设在于明道经世，"自拔尘俗之儒生，相与讲明实学，敦冶人品，经延道术不绝如缕之一线"。流风所及，

---

① 《聚奎校史》，1998年，第9—12页。
② 《聚奎六十周年纪念刊》，1940年石印本，第21—25页。

聚奎书院有"沉潜淳厚"之学风。考之于民国诗人吴芳吉,几乎可以知之,吟诵其《还黑石山作》,更体会到"有一种反抗时代、针砭习俗之精神,冲跃欲出,而非守残抱缺之流士可比",探索源流,在于"必深受其母校精神之陶染,始能滋充其刚正之品性也"。

本章首先分析卢前抗战时期避地江津白沙古镇的文学书写。接着分五个小节讨论吴芳吉的学术活动,主要讨论吴芳吉涵濡先贤屈原、杜甫、陆游、金和、丘逢甲的忧国忧民情怀和创作特点,由是展开对新诗创作发展的探索;吴芳吉执教湖南长沙明德中学,"广读古书,为君一生学问进步最多之时期"①,广泛阅读圈点近代湖湘文人王闿运、罗泽南等人著述,表现出湖湘文化与巴蜀文化的融合;吴芳吉执教成都大学期间,与蒙文通、刘咸炘、唐迪风等人在学术上相互唱和,蹶寻圣绪,日引月申,躬体戮践,使民国蜀学呈彬彬之盛。通过这些研究可以看出传统书院教育精神的影响和传承,以及书院学术活动的繁荣。

第一节 抗战时期卢前避地白沙的文学书写

卢前(1905—1951),原名正绅,字冀野,自号小疏,别号饮虹,别署名江南才子、饮虹簃主人、中兴鼓吹等。毕业于东南大学,师从吴梅习曲,身兼诗人、文学和戏剧史论家、散曲作家、剧作家。先后受聘于金陵大学、中央大学、暨南大学等学府,并担任过《中央日报》的副刊主编。

1945年卢前在《重庆重来》中深情回忆道:生年四十年而居蜀中者前后八九年,差不多四分之一的光阴都在蜀中过的,所以"今日的重庆,不独是我家之所托,我早已亲如故乡"②。

四川江津白沙古镇自古为"殷富""琅环"之地,山水形胜、人文荟萃。抗战期间,内迁至此的学校和文化机构较多,大批知识分子流寓于此。卢前应国立女子师范学院曹刍之邀前往白沙执教,寓居白沙镇四年,其间文学书写亦多:

[北双调·殿前欢]《白沙三首》曰:

---

① 吴芳吉著,傅宏星编校:《吴芳吉全集》,华东师范大学出版社,2014年版,第1332页。
② 卢前著,卢佶选编:《旧时淮水东边月》,商务印书馆,2017年版,第78—87页。

> 白沙游，溯江西上路悠悠。巴山烽火人来又，世外维舟。朝天古渡头，溜马荒冈口，红豆孤村右。绸缪岁月，岁月绸缪。
>
> 白沙行，水光山色有余清。新栽榆柳垂三径，酒店茶亭。鸡啼日渐明，集散天将暝，柝动人初定。书声遍野，遍野书声。
>
> 白沙居，饭香衣暖豆花鱼。移家天上能团聚，且自欢娱。呼儿理旧书，请如燃长炬，为母沽新醑。喝于醉后，醉后喝于。①

[北中吕·醉高歌]《移家北碚别白沙》曰：

> 四年留我沙头，今日移家峡口。白沙从此思量又，第一难忘是酒。
> 四年伴我沙隅，多少新交旧友。溪山多少经行处，多少豪情壮语！
> 陋居日坐西风，料理生涯藕孔。竹头木屑原无用，家计先生不懂。
> 陋居日对青山，只有相思在眼。缙云郁郁凌霄汉，窗下吟情不浅。②

这两组曲是卢前寓居白沙生活的总结，其文学书写的重点有三个方面："绸缪岁月"的人生嗟叹，既有对生计艰辛的描写，也有对国事的担忧；"新交旧友"的友谊慰藉，与友人吟诗切磋，是对苦难生活的慰藉③，特别是对吴芳吉的批评，有怀想、文学批评，更有对社会问题的理性思考；"遍野书声"的教育实践，流寓期间，他在多个学校执教，传道授业解惑，表现出满腔的教书育人的热情。

稽考与卢前一同流寓白沙的学者所写诗文，我们发现卢前避地白沙的文学书写具有较高的史料价值，是抗战期间中国知识分子的人生经历和心理活动的实录，表现了大后方的文化和社会发展，是重庆大后方文化的重要组成部分。④

---

① 卢前：《卢前诗词曲选·散曲选》，中华书局，2006年版，第234页。
② 卢前：《卢前诗词曲选·散曲选》，中华书局，2006年版，第194页。
③ 卢前与白沙友谊深厚，曾作《白沙小志》（成善楷《水龙吟·高洞》词后自注曰"时卢参政员冀野方辑《白沙小志》"，《聚奎六十周年纪念刊》第39页），惜乎今不存。
④ 学界对卢前抗战时期的诗词曲创作多有研究，如杜运威、马大勇：《论卢前〈中兴鼓吹〉的词史价值》，《南京师范大学文学院学报》2016年第2期；欧阳明亮：《卢前〈中兴鼓吹〉与民国词坛的"词体革命"》，《词学》2017年第2辑（以上两篇主要是基于词史而对卢前词的创作成就做评析）；卢偓：《中华诗坛汉藏交流的不朽篇章——从卢前诗作回顾喜饶嘉措抗战期间在内地传播藏族诗学的重要史实》，《西北民族大学学报（哲学社会科学版）》2009年第6期；卢偓：《1946年诗人卢前随同于右任新疆考察述评》，《西藏大学学报（社会科学版）》2010年第1期（以上两篇重点考察抗战时期卢前诗文对民族文化发展的贡献）。

一、"绸缪岁月"的人生嗟叹

与卢前一同执教于国立女子师范学院的教授台静农寓居白沙八年，处家国丧乱之际，时有典衣度日之窘况。其《典衣》曰："检典春衫易米薪，穷途犹未解呻吟。君看拾橡山中客，许国长怀稷契心。"①台静农弟子林文月回忆老师的文章称其味淡而令人沉醉，其中所记能够反映台静农在抗战时期的生活细节和精神旨趣的文章就有《典衣》。因为此诗"可见战时流寓西南天地之间知识分子的心境，生活窘迫如此，亦可入抗战生活史"②。

卢前抗战期间寓居白沙，行走在川渝两地，所见所闻所感甚多，诗文曲作的内容极其丰富。《雨》（其二）曰："一种潇潇入夜深，江南江北两沉吟。分明今夕巴山雨，滴碎灯前万里心。"③巴山夜雨不仅给诗人带来生活的不便，还引起了作者对家乡的思念和对国家破碎的忧虑。

（一）忧生之嗟

从今存卢前诗词曲赋，可考卢前流寓白沙形迹及窘困的生活境况。

1938年7月卢前到重庆卜居米花街；1939年5月3日为生计及躲避重庆的大轰炸，他应曹刍之邀离开重庆前往白沙执教国立女子师范学院，寓居白沙四载；1942年9月26日因任职教育部音乐教育委员会礼教馆而移居北碚。

［北双调·殿前欢］《白沙三首》作于1939年5月，系卢前初到白沙之作，所以整个作品洋溢着经过战乱和颠沛后终于可以定居的喜悦。特别是每首诗歌末二句用语序回环之格，更显示出作者惬意和满足的心态。但是随着岁月的流淌和时局的日趋恶化，卢前逐渐感受到生活的沉重。［北中吕·醉高歌］《移家北碚别白沙》是卢前对白沙生活的总结，战乱中，在白沙有自己的一席安身之所，苦中有乐，饮酒对景固然难忘，但生计艰辛，感受到书生百无一用的无奈："避地白沙"④，"已支离过五年"⑤，"沙头倦羽四年投"⑥。

---

① 台静农：《台静农全集·白沙草》，海燕出版社，2015年版，第13页。
② 柳已青：《回首：台静农女弟子林文月的时光书》，《广州日报》2011年1月15日。
③ 卢前：《卢前诗词曲选·旧体诗选》，中华书局，2006年版，第70页。
④ 卢前：《卢前诗词曲选·散曲选》，中华书局，2006年版，第260页。
⑤ 卢前著，卢偓笺注：《饮虹乐府笺注·套曲》，广陵书社，2011年版，第125页。
⑥ 卢前：《卢前诗词曲选·旧体诗选》，中华书局，2006年版，第82页。

卢前对八年流离生活的感受有三个关键词："避地"有逃难漂泊之意;①"支离"表明四处奔波和迁徙流浪致使生活烦琐,无稳定家庭生活的温馨;"倦羽"表达的是生活艰辛和国事的艰难而导致的身心疲惫。

卢前《南行剩句》组诗详细记载作者于1942年赴福建永安任职国立福建音乐专科学校的坎坷形迹,其间有吟咏寓居白沙的诗歌:

鸣禽桃树梦分明,隔座低徊踏唱声。
不是因歌悲老大,匆匆春色太无情。(其二)

壶中魏晋身何世,哦在山窗倚枕时。
一点秋心灯相接,混茫惟有砌蛩知。(其三)

沙头倦羽四年投,明日翛然去聂楼。
楼外江山如惜别,一天风雨作中秋。(其四)②

此处引的第一首诗是对时事的伤感,诗后自注曰:"返沙舟中闻诸年少歌所谓《本事》曲,予年十七八时作,黄自教授为制谱者。"卢前1934年曾作温暖的怀旧小诗《本事》:"记得那时你我年纪都小,我爱谈天你爱笑。有一回并肩坐在桃花下,风在林梢鸟在叫。我们不知怎么样困觉了,梦里花儿落多少?"③后由黄自先生作曲,流传四方。流年无情,人事多忤,当下少年依然传唱怀旧小诗,但是留给作者的更多是世事沧桑之感。第二首诗中"壶中魏晋"以古喻今,魏晋名士风流实则仅仅是一种精神的自我安慰,在国难之时,何来洒脱。

因为在重庆中央大学和白沙国立女子师范学院皆有教学任务,卢前常常从

---

① "避地"一词,抗战时期避难流寓文人多用之。1937年全面抗战爆发,唐圭璋至仪征安置眷属后只身随军校迁往成都,作《虞美人·丁丑避地真州》以抒别离愁:"绿阴罨画檐修蛇路。细印双鸳步。天宁寺塔与云平。十四年来、重到梦魂惊。　空濛一镜芳踪杳。谁理沙棠舸。西风吹泪看残荷,无限离愁、却比一江多。"(唐圭璋:《梦桐词》,江苏古籍出版社,1987年版,第34页)庄严夫妇1938年寓居贵州安顺场华严洞保管故宫文物七载,生活清贫而功莫大焉,后刘峨士作《安顺读书山华严洞图》以为纪念,民国诸贤多题跋,如劳幹题跋曰:"倭祸初起,慕陵兄避地安顺者七年,虽君子环堵萧然,而春秋佳日,犹不废琴书之乐。"(杜应国:《〈安顺读书山华严洞图〉题跋》,《贵州文史丛刊》2016年第4期)吴白匋《莺啼序·壬午七夕,巴东登舟,再入巫峡,感怀有作》曰:"危亭乍喧戍鼓,已秋风振袂。凭栏数、灵鹊南飞,倦客仍西栖。暮林表、烟寒雾歇,遥峦九点芙蓉霁。奈高江无尽,盘涡正心沸。　一叶寒涛,四野巨火,记仓皇避地。叹猿狖、抛撇云窝,岸声长住凄异。伫沙头、殷勤拜月,早深祝、霓旗东指。竟鹍乡,芳草斜熏,五年凝睇。"(《吴白匋诗词集》,南京大学出版社,2000年版,第77—78页)

② 卢前:《卢前诗词曲选·旧体诗选》,中华书局,2006年版,第82页。

③ 卢前:《卢前诗词曲选·春雨》,中华书局,2006年版,第18页。

水路往返于重庆—江津—白沙之间,辛苦备至,屡遭磨难。如[南南吕懒画眉]《十六日从江津县城还白沙,舟过金刚沱,几遭覆灭之祸。山中亲友,争来慰问,戏赋南词以谢》①套曲,既细腻记载遇险惊恐慌乱的情形:"没来由舟摇浪掀,四下里心惊色变。过不尽石凿的千滩,总朝着金刚那一面。这其间引江呼,舱灌水,小儿啼,老妇哭,乱烘烘闹成一片。有的凭栏诟骂,有的高声喊冤。只打点逐流东下我独无言。"亦表达绝处逢生的喜悦:"苍天毕竟行方便,性命依然得苟全,愿做个砥柱中流还自勉。"在对"山中亲友"的叙述中带有几分戏谑:"从来说蜀道难如上青天,今日个几乎下九渊。也不是骑鲸捉月李青莲,也不比传书柳毅龙王殿,错赶了博望星河探险船。"此处分别化用李白骑鲸捉月、柳毅传书、张骞乘槎之天河的典故以自我安慰与解嘲。

(二)社稷之忧

卢前《沁园春·论词示梦野》曰:"天下兴亡,匹夫责在,我辈文章信有之。"②卢前作词风格上以豪放为基调,沉郁深厚,情感流动自然,顿挫相间,成为记录时代的具有词史价值的作品。③

卢前居四川期间的诗文,不仅有忧生之嗟,更有社稷之忧。这些作品或描写民生疾苦,或表达对时事的担忧,或抒发爱国情怀。

《观割稻请寄漱溟黑石山中》曰:

> 向阳庄下好梯田,早谷登场七月天。
> 糊口细民空望岁,苦心野老过丰年。
> 汲仓不发夸兵食,韦令宁知愧俸钱。
> 弊政不除吾辈耻,欲凭长句叩梁先。④

《白沙秋思》曰:

> 未秃青桐小院幽,一声声雨撼山楼。
> 明知今夕犹昨夕,竟望渝州似润州。
> 豪杰并时聊指屈,江山千古骋神游。

---

① 卢前:《卢前诗词曲选·散曲选》,中华书局,2006年版,第238页。
② 卢前:《卢前诗词曲选·中兴鼓吹》,中华书局,2006年版,第118页。
③ 谭若丽:《民国学人词研究》,吉林大学2015年博士论文。
④ 卢前:《卢前诗词曲选·旧体诗选》,中华书局,2006年版,第77页。

起来笑向西风里，心上愁无未是秋。①

这两首诗系卢前居白沙期间所写。第一首是对民生疾苦的关注和对弊政的批评，用典娴熟。如"韦令"句化用韦应物《寄李儋元锡》"身多疾病思田里，邑有流亡愧俸钱"诗意，表现出对居官位而忧民生疾苦的反省。第二首颇有杜甫《闻官军收河南河北》的风格，诗中有梦想，也有对故土的怀念，末二句表面是文人的悲秋，实际上是对时事的隐忧。

〔北双调·折桂令〕《十六日返渝经上城睹劫余景物不觉涕泗之横集也》曰：

戴头重上康庄，想灯火层楼，车马奔忙。剩败壁颓垣，青磷鬼哭，无限凄惶。你烧得尽长坊短巷，不能摧义胆忠肠。对此茫茫，指誓苍苍。今日巴渝，他日榑桑。②

曲作一方面真实记载日本侵略者于1939年5月3日和4日对重庆实施连续轰炸的滔天罪行，战火致使重庆从昔日的繁华变成今日的荒芜，在对比中控诉侵略者，曲作"黍离之悲"，但是没有国破家亡、物是人非的伤感，更多的是愤怒和抗战必胜的信心，而〔北双调·折桂令〕《五月三日奉母出渝城始移家白沙》更有抵御外侮、扫靖妖氛的报国情怀：

安置好一家老幼，愿重操两下戈矛。策马卢沟，梦蝶罗浮。早扫靖妖氛，我复何求！③

卢前和流寓白沙的江南学者，常常在作品中回忆起江南风光的秀丽和文人生活的风雅，但世事沧桑，所以在其作品中既有对抗战以来民众颠沛流离生活的描摹，更有对人生的伤感和思考，能够集中典型地表现其居渝期间的心态和境况，带有理性思考。如〔南仙吕入双调步步娇〕《嘲陶》④以谐写庄，借题发挥，真实描述1940年秋冬重庆的社会生活面貌和自己对人生的感叹。五柳先生隐居南山，可以有"日暮悠然，置酒东篱下"的悠然意态；而自己是带着家人流落天涯，厚地天高而逼仄难容。一方面要躲避战乱的伤害，"免不了眼巴巴逢场叹嗟，免不了闹哄哄警钟频打。道山城火大，小住亦为佳。心头杂，

---

① 卢前：《卢前诗词曲选·旧体诗选》，中华书局，2006年版，第77页。
② 卢前：《卢前诗词曲选·散曲选》，中华书局，2006年版，第229页。
③ 卢前：《卢前诗词曲选·散曲选》，中华书局，2006年版，第229页。
④ 卢前：《卢前诗词曲选·散曲选》，中华书局，2006年版，第242—245页。

这其间酸甜苦辣添惊怕,似釜底游鱼井底蛙"。一方面又遭遇"丰年米市高堪诧",要为生计堪忧,"觅个乡村住罢,算开门七事酱醋油茶。携来十口野人家,写来一幅流民画"。陶渊明可以不为五斗米折腰,而迭遭战乱的自己无此洒脱:"细思量五斗今何价,不折的腰支早折了他,谁把你归去来辞闲唱耍?"

二、"新交旧友"的友谊慰藉

杨公庶《雍园词钞》自序曰:"越明年抗战军兴,并世词客多聚西南,刻羽引商,备闻绪论,比九更寒暑矣。"① 寓居西南一隅的文人,在艰辛的生活中,倚声填词,刻羽引商,风雅不减,由是可见战时学者的交游,亦成就了战时重庆文化的繁荣。

卢前白沙行,所感受的有与友人"榆柳垂三径,酒店茶亭"相交相融的快乐。生活的艰苦,并不能减少文人的风雅情怀:"在重庆八年,每逢上巳或重九,总会有好事者来一次修禊。"② 上巳日的郊外游春,重阳节的登高怀远,亦可谓其晦暗的生活中呈现的一点亮色,以及文人相互间一点点的自我慰藉。

卢前在白沙有较多的诗文是对民国诗人吴芳吉的缅怀和批评。作为民国时期的巴蜀诗人,吴芳吉汲汲于新诗的创作,主张以旧格律写时事。吴芳吉曾经执教西北大学、成都大学、重庆大学、聚奎中学等,二人便是相识于一同执教的成都大学,结谊于重庆。

(一)卢前与吴芳吉生活中的交际

卢前与吴芳吉相识于一同执教的成都大学,结谊于重庆。卢前《重庆重来》较为集中地回忆其寓居重庆的生活情形和对重庆的感情,其中记载了与吴芳吉的友谊。1930年9月,应国立成都大学之聘,卢前从南京启程入川,过重庆拜访筹建重庆大学的旧交吴芳吉。逗留期间二人吟诗抒怀,相与论诗竟日,情谊深厚,短短数日而"终身不能忘"。1931年6月,卢前游罢峨眉,从嘉定乘舟东下,又经过重庆,"与碧柳又盘桓过几日"。不久吴芳吉逝世,其后卢前的诗文中多有对吴芳吉绵绵不断的思念。

1934年卢前游览湖南明德中学有感而发作《感逝四首》,其一曰:

---

① 马大勇、陈秋丽:《雍园词群论》,吉林师范大学学报(人文社会科学版)2016年第5期。
② 卢前著,卢佶选编:《旧时淮水东边月》,商务印书馆,2017年版,第95页。

开国文章期我辈，发挥忠爱几人诗。魂归应化辽阳鹤，爱晚亭前唱楚辞。①

诗歌高度赞美吴芳吉承袭民族文化优秀传统而创新诗歌的境界。诗中"辽阳鹤"典故的化用，则表达出对友人的怀念。

1938年7月，吴芳吉逝世6年后，卢前作〔中吕·红绣鞋〕《重过菜园坝吴碧柳故居》，主要是游览故地并回忆1930年秋两人相见的情形，以及对吴芳吉的惋惜：

字水西头古道，涂山对面荒桥，我来曾记是秋朝。主人霜后叶，寄命坂前茅，开门诗境好！②

1940年卢前为周光午编辑的《白屋精华录》作叙，撰写〔北正宫端正好〕《题〈白屋遗书〉》套曲③，感叹人生苦短，并深切悼念亡友吴芳吉。套曲或赏析其名士风范："沈约腰，东坡帽。认君遗照。犹是旧丰标。"或赞美其品行高洁："你凭仗歌诗意已豪，坐想清操。"或理性分析吴芳吉诗歌创作踵武杜甫、陆游和丘逢甲，兼采众善，自成风格。④

1942年卢前游览白沙触景感怀而作《油溪》，诗曰："弥望油溪水，高歌白屋诗。记曾摇橹过，飞恨识名迟。山野多豪俊，旌旗又昔时。一肩担国事，所愿好男儿。"⑤此诗中"一肩担国事"是对吴芳吉诗歌爱国情怀的高度赞美。

（二）新诗的创造：卢前对吴芳吉诗文的批评

卢前较为全面地评价了吴芳吉的诗歌主张和诗歌创作。

1. 评析吴芳吉各体诗歌独具特色

吴芳吉的诗歌创作，于中国古代"服膺"杜甫，于西方诗人"笃嗜"彭士。所以其创作在内容上紧扣时事，多反映"家国之事"，如前期的《弱岁诗》组诗、后期的《北门行》《喜得长沙围解即刻出游》《蜀军援湘东下讨伐曹吴》《围城》《长安野老行》等。这些诗皆以史诗笔触描写民国战乱，"诗笔殊近乐府，气势磅沛虽泥沙之未净，无伤于温厚之旨也"。而吴芳吉"纪行"与模范

---

① 卢前：《冀野选集》，中国文化服务社印行，1947年版，第52页。
② 卢前著，卢偓笺注：《饮虹乐府笺注·小令》，广陵书社，2011年版，第181页。
③ 卢前：《卢前诗词曲选·散曲选》，中华书局，2006年版，第245—246页。
④ 《吴碧柳挽诗》亦曰："遁世从姁活，草堂自本师。"
⑤ 卢前：《卢前诗词曲选·旧体诗选》，中华书局，2006年版，第73页。

山水之作，"大抵冲淡朴质，而气象自雄，泱泱大国之风也"。①

2. 赞美吴芳吉对新诗创作的不懈探讨

吴芳吉之素志在于"为诗坛辟新世界者"，为此，其诗论对新派文学运动有纠弊之用。如《再论吾人眼中之新旧文学观》主张治文学有八种态度，包括广泛取法于古今中外、文学之美当融众家之长、崇本守先的态度等，卢前认为这些见解"不苟同世俗"。吴芳吉在创作上勇于探索，如其"创体"之诗有《师梅寄我红叶》《加蒲拉拉》《醉酒醒》《志武梦中归》《新衣引》等，因此卢前在《吴芳吉评传》中甚至断言："以芳吉之才识学行，使天假以年，其必为民国之诗创一新局，可断言也。"②

一个时代有一个时代的文学之盛，卢前《民族诗风之倡导者》认为，民国诗歌有自身的特点和发展，"以活泼、生动之形式与格调，扬示我民族特有的雍容博大之精神，为民主政治时代之产物，发四万万五千万民众之呼声"③。为此，卢前还罗列丘逢甲、于右任、吴芳吉三位优秀诗人，而丘逢甲亦是吴芳吉诗歌创作承袭的前贤。卢前特别看重吴芳吉等人如何在新诗西化泛滥之际，开创民族诗歌新风貌。其《吴芳吉绝笔》曰："因倡新旧体诗归一之议，内容、形式，以及字句之末，酌古通今，自成一格。……而碧柳大气控转，故已自名一家矣。"④

1940年周光午编辑选录能表现"碧柳之神貌"的《白屋精华录》三卷，卢前在《白屋精华录序》中认为一代之诗自有其体，作者必须"精思孤至，以天地之心为心，始振拔于风气之外，不苟与人同"⑤。卢前高度评价吴芳吉的诗歌：一是精思独造，不人云亦云，一反江西诗派之弊端，主张诗歌要有真情流露和独特个性；二是其诗书写时事，在抗战军兴的特殊岁月，可以"激发民气"。

（三）对近代女性及婚姻的关注：卢前创作对吴芳吉的承袭

吴芳吉非常关注时代振荡对妇女命运的影响。其《江上行》⑥发表于《湘

---

① 卢前：《卢前文史论稿·酒边集》，中华书局，2006年版，第144—149页。
② 卢前：《卢前文史论稿·酒边集》，中华书局，2006年版，第144—149页。
③ 卢前：《卢前文史论稿·民族诗歌论集》，中华书局，2006年版，第295页。
④ 卢前：《卢前文史论稿·民族诗歌论集》，中华书局，2006年版，第313页。
⑤ 卢前：《冀野选集》，中国文化服务社印行，1947年版，第32页。
⑥ 吴芳吉著，傅宏星编校：《吴芳吉全集》，华东师范大学出版社，2014年版，第21页。

君》第二号,题下小序曰:"游子所为思妇之词也。"思妇守妇德而独守空闺:"朝汲水,奉姑嫜。暮汲水,淅黄粱。朝暮但行汲,徘徊不见郎。"为了丈夫的"事功业"而无怨无悔、勤俭持家。而丈夫的事业如何,"丈夫不自立,烟波泪万行",结语带有深邃的理性思考。又吴芳吉圈点金和《然灰集·弃妇篇》①,在天头评注曰:"礼教末流,致压迫妇女如此,诚哉,其当打到矣。收句意虽忠厚而语欠端庄。"《弃妇篇》通过第一人称"弃妇"的视角,运用倒叙的手法描写一个贤妻如何沦落为弃妇。吴芳吉圈点其中的弃妇勤俭持家、善待新人、孝敬公婆的诗句:"姑病颇忆儿,妾劳当代夫。朝调姑饴饧,夕煮姑汤药。姑生缝衣裳,姑死备棺椁。姑死无一人,姑死无一钱。"而最后得到的却是"郎将阿妹归,逐妾出门去"的悲惨结局,此即吴芳吉所抨击的"礼教末流"。诗歌开篇诗句曰:"威凤不逐凰,文鸳不辞鸯。如何人世间,乃有弃妇郎?"这是金和的思考,亦是吴芳吉的思考。1919年吴芳吉创作影响极广的《婉容词》②,诗自序曰:"婉容,某生之妻也。生以元年赴欧洲,五年渡美,与美国一女子善,女因嫁之,而生出婉容。婉容遂投江死。"诗中的婉容,有《氓》中女子的决绝,以死明志,"野阔秋风紧,江昏落月斜",极具悲剧的感情冲击力。郭沫若认为:"《婉容词》一首,使之另受一番感伤,寻出一种 sentimental 之眼泪云。"③

1926年卢前创作《仇宛娘》杂剧,踵武吴芳吉,关注同样的社会问题。剧中借留学欧洲回国的吴其仁之口叙述故事大概:

> 只因有个同窗好友,姓杨名唤柳孙,要俺带一封家书去者。听说柳孙兄自幼与他表妹仇宛玉订下良缘,方期回里完姻,白头偕老;孰知天有不测风云,人有旦夕祸福,不料柳孙已与瑞士女子约瑟结婚,密意浓情,形影难分,滞迹巴黎,不想回国。④

卢前的《仇宛娘》一折戏曲,研究者或探讨其本事⑤,认为剧中所写故事,是新文化运动带来的思想解放而出现的社会问题。剧中借吴其仁之口曰:"如今到西洋去的朋友,停妻再娶,不止柳孙一人。"戏剧的背景与中国古代戏

---

① 见吴芳吉评点金和《秋蟪吟馆诗钞》卷一,民国三年铅印本。
② 吴芳吉著,傅宏星编校:《吴芳吉全集》,华东师范大学出版社,2014年版,第73—77页。
③ 吴芳吉著,傅宏星编校:《吴芳吉全集》,华东师范大学出版社,2014年版,第1286页。
④ 卢前:《卢前诗词曲选·饮虹五种》,中华书局,2006年版,第288页。
⑤ 左鹏军:《卢前戏曲的本事主旨与情感寄托》,《社会科学》2016年第3期。

曲中的弃妇诗有相同之处，男子负笈欧洲求学，女子践约尽守妇道，朝夕侍奉未来的公婆，承欢膝下。无奈男子留洋海外，思想解放，要停妻再娶，将薄情郎与妇道女对比，从而产生道德的批判。① 但是在新文化运动时期，面对这样的婚变，社会大众不再仅仅是谴责，甚至理解为是男子思想的觉醒和对包办婚姻的反抗。但持文化保守主义思想的卢前对此社会现象主要是谴责。陶秀夫《〈仇宛娘〉题辞》评曰："卢君冀野，博采里乘，轻描词笔，本太史犗轩之心，作风人惩创之韵。"吴梅《饮虹五种序》亦曰："若宛玉一剧，尤足为末流针砭。盖礼教废而人伦绝，夫妻之离合，不独可觇世风之变，而人情之淳浇，即国家兴亡所系焉。曲虽小艺，实陈国风，而可忽视之乎？"二人都强调该剧上承中国古代诗歌的讽谏传统，对新时代社会开始剧烈转型时期道德失范的局面做了批评。

曾经与吴芳吉、卢前一同执教成都大学的刘咸炘《读卢冀野〈仇宛娘〉杂剧有感，因再题度曲图（仇氏为其夫所弃）》评曰：

> 曲国须寻殖民地，替写相思已无味。别有相思写却宜，谷风习习岷蛮蛮。如今男女争方起，未知胜负终何似。供养男殊类马牛，衰老女真如敝屣。似我伤心还几人，曲终隽语听须真。却思白傅太行路，说得人间含意中。旗亭韵事虽堪诩，爱歌恐不因宫谱。料他低唱促弦时，感到他身百年苦。②

刘咸炘认为卢前《仇宛娘》内容上承《诗经·卫风·氓》和《诗经·邶风·谷风》，抒发弃妇的幽怨和控诉。《仇宛娘》中温柔敦厚的仇宛娘被弃后更多的是哀怨，只有"奴家只自怨命薄，尚复何言"的叹息，只有杜鹃啼月、东篱哀婉、自怨自艾："只如今似我断肠人，普天下伤心的还有几！"而吴芳吉《婉容词》中的婉容则表现得较为刚烈。吴芳吉对婉容的结局安排，卢前颇有意见。1931 年卢前《书碧柳婉容词后》曰：

> 诵罢婉容词，掩卷长叹息。所叹今妇人，未自知爱惜。有如古人言，丝萝托乔木。一旦乔木摧，丝萝不能□。丝萝拔尽根，乔木犹扶疏。妇人自是人，何以赖丈夫。③

---

① 沈宗宇：《卢前戏曲研究》，南京师范大学 2016 年硕士论文。
② 刘咸炘：《刘咸炘诗文集》，华东师范大学出版社，2010 年版，第 301 页。
③ 《国立成都大学校刊》1931 年第 5 期，"丝萝不能□"中最后一字字迹不清。

卢前更多思考的是在新文化运动的背景下，女性如何自立，方能获得真正意义上的自由和爱情。其化用古诗词中的比兴手法，将丝萝和乔木的关系做比，笔法委婉，是对吴芳吉《婉容词》揭示的社会问题的进一步思考。"自知爱惜"，没有必要自沉。姚大怀《民国传奇杂剧史论》评曰：

> 在卢前看来，仇宛玉的悲剧并不仅仅是杨柳孙个人的移情别恋造成的，也不仅仅是自由婚姻的牺牲品，而是新式婚姻的泛滥与传统婚姻模式的不堪一击共同造就的结果。①

三、"遍野书声"的教育实践

民国记者孙楚的《白沙万人合唱记盛》②记载1942年3月29日由白沙音乐教育推进会与教育部音乐教育委员会合作举办的白沙万人大合唱，堪称轰动一时的盛会。当时参会者众，"计有女师院先修班、十七中、男校、女校、女师附中、川师、渝女师、乡师、白沙女中、聚奎、新本、修平、至德等十三校凡六千人，文化机关民众团体以及听众在万人之上"。大合唱借白沙镇驴溪半岛江津师范学校场地举办，其中演唱曲目有《国歌》《总理纪念歌》《满江红》等十首，听众或激昂慷慨，或肃穆庄毅，或中正平和，尤其以卢前撰写歌词、吴伯超指挥的《白沙镇歌》振奋人心。《白沙镇歌》曰：

> 白沙，白沙/川东的名区，文化的重镇/登黑石山巅，听长江奔腾/缓缓驴溪水，中有无限的和平/亲爱精诚，尽拱卫陪都的责任。
>
> 白沙，白沙/蔚有人文/建教完成，毋忘此歌声。

整个演唱会影响深远，特别是在抗战极为艰辛之际，尤为鼓舞人心：

> 尤以成绩及效果之卓越，造成音乐界空前壮举，不仅表现组织庞大之集体社教活动，整齐严肃，亦所以示全体意志力量集中之坚毅精神。而歌者抒情，听者励志，振奋人心，移风易俗，此万人同声颂赞民族复兴之歌喉，焉知非我中华奏凯之先声。

抗战时期大量的文化教育机构迁至江津白沙古镇，一时间白沙文化名人聚集。他们教书育人，唱和吟咏，使文化得以兴盛。

---

① 姚大怀：《民国传奇杂剧史论》，华东师范大学2015年博士论文。
② 《青年音乐》1942年第1卷第4期。

（一）文化教育之盛

全面抗战时期流寓白沙而依附于文化团体机构或学校的学者，多有对聚奎学校书院教育精神传承的咏叹。

江津白沙聚奎书院历经义塾、书院、学堂、学校，历史悠久，盛誉隆盛，人文蔚起。1940年适逢六十周年校庆，11月江津聚奎中学举办四大庆典活动：庆祝六十周年校庆，聚奎中学开办十周年，邓蟾秋七十寿辰，新校舍落成。一时间，名人荟萃，题诗作文，充分表现出抗战时期四川古镇文化教育的繁荣。这些诗文中也融入了战时知识分子对民族教育发展的思考。

1939年5月，卢前作［双调·清江引］《黑石山》九首，对聚奎中学"风物"做了全面细致的描摹。组诗其一曰："岷江上游多画稿，黑石寻春早。人间别有天，脚到心先到，山中果然风物好。"[①]"风物好"是对聚奎的总括和概述，包括对优美的校园风光、书院精神的传承、悠久的办学历史的赞美。

1. 歌咏优美的校园风光

聚奎中学作为名校，校园风光优美，林木葱蔚，风景清幽，藏修息游，无所不可。吴芳吉《聚奎园林志》曰："主教育者，务求环境之优美，助人格以陶镕，俾相观而善，相得益彰，感化薰习，济修养之未全也。"文中详尽记述聚奎学校的树木花草，山石亭台，断言"更无风景佳丽胜于此者"[②]。

聚奎中学校舍处山水之间，蒋复璁称其地"峰岚劲秀，水木清奇"[③]。特别是附近有悬瀑飞流，激荡澎湃，溶溶漾漾。卢前［双调·清江引］《黑石山》其四曰："油溪海沱连锁钥，锁住松林堡。书堂叠百梯，洞坞悬飞瀑，南山北山啼翠鸟。"[④] 1940年卢前《偕君展逸云游黑石山遂至高洞观瀑》亦曰："二百七十八层坡，叠叠重重上碧螺。松竹一溪争妩媚，楼台百丈足嵯峨。禽啼只恐春归早，风静微嫌画意多。悬瀑亦能强不息，尚携钟鼓在岩阿。"[⑤]

抗战时期，聚奎中学遍植树木花草，蓊郁蓬勃。校内后山种植有成片的柑橘，前山栽种有大量的梅花。此一时期，文人骚客游览黑石山，咏梅成为一个共同的写作主题，寄寓着学者的多种情愫。

[①] 卢前著，卢偓笺注：《饮虹乐府笺注：小令》，广陵书社，2011年版，第215–216页。
[②] 吴芳吉著，傅宏星编校：《吴芳吉全集》，华东师范大学出版社，2014年版，第539页。
[③] 《聚奎六十周年纪念刊》，1940年石印本，第25页。
[④] 卢前著，卢偓笺注：《饮虹乐府笺注：小令》，广陵书社，2011年版，第215页。
[⑤] 卢前：《冀野选集》，中国文化服务社印行，1947年版，第74–75页。

卢前〔双调·清江引〕《黑石山》其五曰："篱边小亭芳草路，下拜诗人墓。今朝旧友来，赞遍梅千树，黄泉有知心应许。"① 1940年所作《黑石山梅》二首曰："一笑相看去又来，虚堂疏影映深杯。山花山鸟都零落，剩得寒梅缓缓开。""万树依然绕墓门，一轮圆月想温存。平生不是林和靖，却有梅花解报恩。"②诗歌以梅花比兴吴芳吉高洁的情怀，诗后自注曰："'万树梅花月正圆'，亡友吴碧柳诗句。""万树"一句语出吴芳吉1918年所作《将自永宁归家先此寄内》："万树梅花月正圆，蓑衣滩畔系归船。行囊羞涩都无恨，难得夫妻是少年。"③诗歌触景生情，属于思念内人之作。吴芳吉诗歌多梅花意象，内涵丰富。《送树成二弟归蓑衣滩田舍》中"野凫欸欸飞，梅花落头上"二句④，想象弟弟乡居生活的闲适。佘雪曼《谒白屋墓口占》曰："犹是黑山几度梅，诗人底事不归来？怜君护国空挥泪，回首江南事事哀。"抗战时期，佘雪曼师从胡小石，执教国立女子师范学校，其《黑石山诗画小记——纪念本师胡小石先生》记载写诗缘由："三十年代著名的白屋诗人吴芳吉，就是江津人。抗日战争，为国奔走，英年早逝，士林惜之，安葬于白沙黑石山上，我写了一首诗吊祭他。"⑤

2. 赞美乡绅邓石泉家族捐资办学的义举

卢前〔双调·清江引〕《黑石山》其三曰：

驴溪水清鹰嘴硬，随处明心性。山奇石已奇，更有奇人邓，稀年老翁风骨挺。⑥

卢前〔中吕·醉高歌〕《柏年图赠邓裪仙翁》曰：

鸠籐斗笠芒鞋，衬片和光霁霭。山中桃李盈盈在，笑指东风翠柏。⑦

第二首曲首句写邓裪仙素朴的生活，可与《校董邓蟾秋先生七十寿言》⑧

---

① 卢前著，卢偓笺注：《饮虹乐府笺注：小令》，广陵书社，2011年版，第215页。
② 卢前：《卢前诗词曲选·旧体诗选》，中华书局，2006年版，第78—79页。
③ 吴芳吉著，傅宏星编校：《吴芳吉全集》，华东师范大学出版社，2014年版，第53页。
④ 吴芳吉著，傅宏星编校：《吴芳吉全集》，华东师范大学出版社，2014年版，第9页。
⑤ 佘雪曼：《佘雪曼书画合集》，香港雪曼艺文院，1987年版。
⑥ 卢前著，卢偓笺注：《饮虹乐府笺注：小令》，广陵书社，2011年版，第215页。
⑦ 卢前著，卢偓笺注：《饮虹乐府笺注：小令》，广陵书社，2011年版，第217页。
⑧ 《聚奎六十周年纪念刊》，1940年石印本，第40页。本文不见于今存的收录卢前诗文词曲的《冀野文集》《饮虹乐府笺注》（小令、套曲）、《旧时淮水东边月》和中华书局"冀野文钞"丛书，故具有极高的文献价值。

中"瓶花杯茗，斗笠芒鞋"互证；第二句中"和光"语意双关，既指聚奎山中气象，又喻邓褵仙和光同尘的人品；后二句喻在邓褵仙的庇荫下聚奎人才辈出，"翠柏"象征邓褵仙的品行，可与前首曲中"风骨挺"互证。

1940年适逢聚奎中学校董邓蟾秋七十大寿，卢前代表寓居白沙的蒋复璁、谢循初、曹刍等文化名流，撰写《校董邓蟾秋先生七十寿言》，文章从四个方面赞美邓先生"行谊"：先生之为贾也，诚信正直，"停浇激薄，返朴还淳"。先生之兴学也，殚精竭虑，"踵美前修，泽深来哲"。先生有乐善施惠之怀："道场身是，不择火以捻香；规检天成，振金声于玉尺"。特别是全面抗战期间，邓蟾秋博施众爱，接济流寓名士："攘夷战起，不惜输边之财；避地人来，每感望门之托。"先生有淡泊之志，"映沙门以窥子约，问相士而知仁轨，夙习儒行，晚耽禅悦。"整篇文章文风古雅，对仗精工，用典妥帖，意蕴深长，如"示山宾之漏蹄，持甄彬之束苎"，称美邓先生经商有山宾卖牛、甄彬还金的坦荡诚信。文章盛赞其办学之功劳，又感叹在乱世中对知识分子的关照，也称美其淡泊名利的风采。

1940年卢前的《邓石泉家传》①，追溯源流，认为邓蟾秋、邓褵仙对聚奎的殚精竭虑是对优秀家风的传承，秉承的是其父邓石泉的"造学广育之志"。邓氏家族的承先启后，使聚奎"巍然为东蜀学府者"六十年，造士千万人，校风淳朴，闻名海内。

聚奎的发展离不开乡贤的"赞翼"，其中尤其以邓氏家族为"谋之最忠，扶之最力者"②。在邓蟾秋七十大寿时，佘雪曼题联曰："义声扬梓里，高寿出人间。"魏建功题联曰："秉德育才来至乐，登门尊酒祝大年。"冯玉祥题联曰："公益为怀，寿人寿世；智珠在握，有守有为。"③ 叶麐《齐天乐·寿蟾伯岳七十秋》曰："黑石霜叶红于火，萦回一川秋水。桐帽棕鞋，黄花白酒，消受幡然人伟。年华暗徙，想当日雄姿，远瞻高视，楚尾吴头，一篇殖货计然子。而今挥金似土，叹光风霁月，从不私己。字水储书，江阳立校，沛泽深沾多士。鸾飞凤止，且容与逍遥，德辉邻里。五福中天，寿延千万纪。"④赞美邓蟾秋有光风霁月的胸襟和品行，散财赈济乡里，捐资办学，润泽学者。

---

① 卢前：《冀野选集》，中国文化服务社印行，1947年版，第26—27页。又此文可与吴芳吉《创办人邓石泉先生事略》互参。
② 程憬：《聚奎学校六十周年献辞》，《聚奎六十年纪念刊》，1940年石印本，第23页。
③ 《聚奎六十周年纪念刊》，1940年石印本，第41页。
④ 《聚奎六十周年纪念刊》，1940年石印本，第40—41页。

3. 分析传统书院教育精神的传承

卢前〔双调·清江引〕《黑石山》其六、其七曰：

> 修身力行须不舍，岂在多言说。能为本分人，自守寻常拙，吾于圣贤何让也。

> 侵晨读书朝气满，近午亲炊爨。昏来运动场，夜入图书馆，山居岁月嫌日短。①

卢前认为学子求学于斯，当承袭中国儒家文化传统，身体力行，读书问道，修身养性，强身健体，要有责任担当，须有文化自信。1939 年卢前作〔中吕·红绣鞋〕《送侃入山应试》其三曰：

> 江上书灯繁朗，山前谷米登场。喜生徒田父两相羊。文章关世运，稼穑济时荒。受江山闲供养。②

聚奎学生在国难中秉承书院精神，学习和稼穑并重，弘扬古代士大夫的耕读风尚。聚奎书院自创办以来，能够将中国"传统之书院教育精神"③传承与光大。书院所培育的学生能够与时俱进，具有"革命之精神"。如辛亥革命之时，聚奎师生聚民众于川中首揭义旗，号召推翻帝制。④书院将学校教育和社会认知结合，"于以知生事之艰难，益淬厉于学问"，从而培育身心健康、心智健全的青年。⑤书院将古代书院的耕读之风发扬光大，"精神贯一而不懈"，特别是在民族危亡之际，此点尤为重要，这是抗战时期的大后方知识分子的共同认识。如国立编译馆馆长陈可忠《聚奎学校六十周年纪念》评曰："课余之暇，复亲执农事。春者、担者、锄者，皆乐为之而不倦。殆指导有方，实以致之。"⑥国立中央图书馆馆长蒋复璁《聚奎学校六十周年纪念》认为聚奎校风的"淳厚"，表现之一在于，"于课业之余，服习耕种，刻苦淬励，不堕耕读之风，足以正习俗之媮"。

---

① 卢前著，卢偓笺注：《饮虹乐府笺注：小令》，广陵书社，2011 年版，第 215—216 页。
② 卢前著，卢偓笺注：《饮虹乐府笺注：小令》，广陵书社，2011 年版，第 221 页。
③ 《聚奎六十周年纪念刊》，1940 年石印本，第 23 页。
④ 《聚奎六十周年纪念刊》，1940 年石印本，第 26 页。
⑤ 《聚奎六十周年纪念刊》，1940 年石印本，第 28 页。
⑥ 《聚奎六十周年纪念刊》，1940 年石印本，第 20 页。

（二）读书育人之乐

全面抗战八年期间，卢前曾任职编译馆、礼教馆，并创办国立音专，执教于中央大学和国立女子师范学院，但是他自认为主要的工作是"教学"，最重要的身份是"穷教授"①，于是诗中常常书写其教书育人"沂水弦歌"之乐。

［中吕·红绣鞋］《送侃入山应试》前二首描述送时年 11 岁的长子卢侃到黑石山参加聚奎中学考试的情形，其间既表现父子情深，又真实描摹百年老校的风光。第四首则是作为父亲和老师对儿子和弟子的殷切希望："受用朝云暮霭，读书何必高斋。让风烟培养栋梁材。希文曾画粥，翁子惯挑柴。古贤风儿细揣。"②谆谆告诫儿子及聚奎所有莘莘学子当承袭古贤风，如范仲淹贫苦力学和朱买臣家贫嗜学、打柴度日一般，在抗战艰辛的环境中，学习读书，承担起民族复兴的责任。1939 年卢侃作《忆江南·聚奎》叙写在聚奎读书的见闻和感想："读书处，黑石此名山。高洞涛声缥缈里，鹤堂翠柏映眉间，挟卷去来还。"③

［双调·清江引］《黑石山》其八和其九亦是对聚奎诸生的教诲、希冀以及表达教书的愉悦：

> 谁来打锣谁击鼓，要个兰陵舞？高歌破阵还，更祝奎光聚，中华少年杯共举。

> 雷门鼓音难中听，略助诸生兴。吟他白屋诗，笑我卢参政，留些北词添话柄。④

作为民国教育家，卢前认为"学生总是好的""办教育要有热情"。⑤ 所以在抗战期间，他谆谆教诲莘莘学子要有爱国情怀。

作为大时代的儿女，一定要表现大时代的精神。处民族危亡之时，卢前要求学生"个个有热情，有火力，还有同情，能互助"⑥。

1939 年 3 月 5 日，卢前应民国儿童教育家马客谈的邀请，前往国立重庆

---

① 卢前：《卢前笔记杂钞·丁乙间四记》，中华书局，2006 年版，第 247 页。
② 卢前著，卢偓笺注：《饮虹乐府笺注：小令》，广陵书社，2011 年版，第 221 页。
③ 《聚奎校史》，1998 年，第 377 页。
④ 卢前著，卢偓笺注：《饮虹乐府笺注：小令》，广陵书社，2011 年版，第 216 页。
⑤ 卢前：《卢前笔记杂钞·丁乙间四记》，中华书局，2006 年版，第 366 页。
⑥ 卢前：《卢前笔记杂钞·丁乙间四记》，中华书局，2006 年版，第 364 页。

师范学校给"东南流亡诸少年"讲学。临别作〔正宫·醉天平〕《示山东少年三首》:

  愿大家勇敢,不信口空谈。兴亡责任两肩担,肯摇旗呐喊。一拳直把难关斩,一心不向愁城探,一身着领破蓝衫。只埋头苦干。

  愿大家自信,不苟且因循。堂堂正正做新人,要精神振奋。从艰苦里纾吾困,便忧患里安吾分,安危事业在吾身。向光明迈进。

  愿大家互助,不尔我殊途。同心合力并齐驱,自众擎易举。何分老幼男和女,何分将士农和贾。少年起来莫踌躇,早共同御侮。①

曲作以直白的语言和满腔的爱国热情,嘱托学子要学会做人、读书和爱国。"勇敢",承担起国家兴亡的责任;"自信",精神振奋,勇于纾困解难;"互助",齐心协力,抵御外侮。1942年卢前至重庆国立艺专和国立音乐学院讲学时作〔正宫·鹦鹉曲〕《璧山讲舍作,仍次无咎韵》②,既赞美学生勤奋学习,学风醇厚:"早歌声换了书声,处处锄风犁雨。"又对诸生殷勤叮嘱,在国难中苦学勤练,报效国家:"愿诸生垦辟荒芜,欢乐园中寻去。光明不待他求,看爽气清晨此处。"

卢前极为重视艺德的培养,"劝同学沉潜孟晋,注意修养,培养音乐家的风度,不要作乐匠"③。

1939年卢前作怀校曲〔南吕·金字经〕《沙坪坝有忆》④,抒发对南京中央大学的怀想,其中的"松,应自傲霜风"二句,虚实结合,期望并嘱托中央大学的学生应有松一样的坚贞本性。1942年11月11日"示永安国立音专诸生",作《南行剩句》:"游鱼知听瓠巴瑟,乐正才回天地心。愿与诸生勤象德,考亭遗教慎追寻。"⑤告诫诸生当踵武大儒朱熹,习音象德,明白礼乐之意在于正心修身。

四、避地白沙文学书写的历史价值

卢前《丁乙间四记》以日记和札记的方式比较详尽地记载了作者1937年

---

① 卢前著,卢偓笺注:《饮虹乐府笺注:小令》,广陵书社,2011年版,第197页。
② 卢前著,卢偓笺注:《饮虹乐府笺注:小令》,广陵书社,2011年版,第385页。
③ 卢前:《卢前笔记杂钞·丁乙间四记》,中华书局,2006年版,第354页。
④ 卢前著,卢偓笺注:《饮虹乐府笺注:小令》,广陵书社,2011年版,第200页。
⑤ 卢前:《卢前诗词曲选·旧体诗选》,中华书局,2006年版,第86页。

至 1945 年的生活,包括《炮火中流亡记》《关洛劳军记》《上吉山典乐记》《还乡日记》,具有极高的史料价值,反映了全面抗战时期中国知识分子的命运和遭遇。在《自序》中,卢前认为这八年的生活是一场"噩梦",其间包含的内容极为广泛:"不知有多少悲欢离合,不知有多少喜怒哀乐,又不知有多少风云雷雨,多少生老病死!"虽然是个人生活的"琐闻",但可作为大时代的片断观,"有一点野史的价值",是那个时代的反映。"从我这'四记'中你可以知道我是怎样的流亡?你怎样的度过这八年的苦厄?"①

考卢前及同时代寓居白沙、执教于国立女子师范学院的学者的文学创作,他们的文学书写具有极高的历史价值。

(一) 记载抗战时期大后方文人的艰辛生活和人生体验

战争来临时,流寓西蜀的文人学者在诗歌中直陈战争的血泪与个人的遭际。如吴梅强调"吾诗寒瘦无宏旨,不作豪吟但写真"②。卢前《中兴鼓吹》开篇第一首《中兴乐·代序》曰:"新词鼓吹中兴乐。雄风托。莫嫌才弱。将我手,写余心。"③基于时代的需要,抗战时期卢前非常强调词体的社会功能,让词承担起书写时代、"鼓吹"抗战的历史使命,其《中兴鼓吹》词集成为宣传抗战的有力文本。④与卢前一同流寓白沙的台静农作《移家黑石山山上梅花方盛》曰:"问天不语骚难赋,对酒空怜鬓有丝。一片寒山成独往,堂堂歌哭寄南枝。"⑤据舒芜《忆台静农先生》载,此诗系作者寓居白沙就职于国立编译馆时所作,"有一天从白沙镇的街上,买了一口袋米,提着回到几里路外的山居,日暮独行山路上,得了'一片寒山成独往'之句"。舒芜认为"日暮山路上这样提着米口袋或菜篮子踽踽独行"的情景,是当时知识分子生活穷困的写照,"诗寓情于景,象征着一种人生道路"。⑥

(二) 表现国难中知识分子的心路历程

作为一个特殊群体,卢前与寓居白沙学者的文学创作,不仅仅是对抗战时

---

① 卢前:《卢前笔记杂钞·丁乙间四记》,中华书局,2006 年版,第 247—249 页。
② 吴梅:《吴梅全集·霜厓诗录》,河北教育出版社,2002 年版,第 97 页。
③ 卢前:《卢前诗词曲选·中兴鼓吹》,中华书局,2006 年版,第 107 页。
④ 杜运威:《论卢前词及其词学观念》,《南京师范大学文学院学报》2019 年第 4 期。
⑤ 台静农:《台静农全集·白沙草》,海燕出版社,2015 年版,第 16 页。
⑥ 舒芜:《舒芜集》第 8 卷,河北人民出版社,2001 年版,第 12 页。

期动荡时代现实的描摹，更反映出士大夫在国难中的心路历程。民国学者在普通人的感性认知之上辅以理性思考，其思索与关注的范围更广，对人生的感悟更沉。

1941年秋，卢前漂泊留滞重庆"支离过五年"，追和马致远［双调夜行船］《秋思》之韵，作［北双调夜行船］《白沙秋思追和东篱》①，表达出不一样的人生感悟。马致远［双调夜行船］《秋思》抒发的是文人面对乱世的超尘出世、啸傲林泉的愤懑之情；面对白沙秋景，不同于传统文人"坎廪兮贫士失职而志不平"悲秋情怀，卢前有悲秋情怀，也有"把归期望彻"的对故土思念："郭索索蟹团脐，对尖尖菱两角，红扑扑枫如血。"还有人生如梦的慨叹："入梦庄周常化蝶，流连处感叹伤嗟。鹤语辽阳，乌衣王谢，纵九死此心难灭。"他承袭马致远"鸠巢计拙"的自我解嘲，更为深刻地抒发"五斗逼人此腰折"的窘困与伤感："乱闯龙潭与虎穴，也算是肝胆英杰。谁曾料五斗逼人此腰折，问今日哭耶？笑耶？"陶渊明不为五斗米折腰，固然是名士风范，笑傲权贵，俯视王侯，而颠沛流离和生计艰辛，则使卢前黯然伤魂。

1937年唐圭璋随任教的中央军校内迁四川，曾经在铜梁安居镇、成都等地任教；1939年应汪辟疆邀请内迁至重庆沙坪坝的中央大学任教，至1946年回南京。他在川居住8年，其间与友人唱和，潜心学问，专心培育英才："在战火纷飞的年代，只身入川，一直未改的，是唐圭璋三尺讲台之上播桃栽李的师者风范和词学瀚海中钻研求学的学者文心。"②

"长自伤神""离怀渺渺"（《减字木兰花》），唐圭璋只身避蜀，不仅饱经颠沛流离之苦，而且备尝与骨肉生离死别之痛，发为辞章，更感人心脾③，而所作词曲"清言雅韵"④，颇合敦厚之旨。

唐圭璋《浣溪沙·黑石山晓行》主要描写游览白沙时所见景致：

> 坡下寻幽露未晞。朝阳初着最高枝。隔江山色锁烟霏。
> 一路紫薇红冉冉，千株黄橘密垂垂，绝无人处自徘徊。⑤

其中既描写白沙长江晨曦的壮观，又有黑石山上黄橘丰收的喜悦。

---

① 卢前：《卢前诗词曲选·散曲选》，中华书局，2006年版，第267—268页。
② 吴智龙、钟振振：《词坛耆硕——唐圭璋》，南京师范大学出版社，2012年版，第52页。
③ 曹济平：《唐圭璋先生对词学的贡献》，《文学遗产》1992年第2期。
④ 吴白匋：《唐圭璋教授墓表》，《中国文化》1992年第2期。
⑤ 唐圭璋：《梦桐词》，江苏古籍出版社，1987年版，第53页。

避难蜀中,唐圭璋与卢前联句,吟咏唱和,以表达身处战争年代的无奈和思乡之情。其《和冀野》曰:

〔正宫鹦鹉曲〕乱离时节天涯住,算是个人间愚父。忆娇儿彻夜无眠,恨煞三更梧雨。

〔幺〕望乡关水远山遥,也拟乘风归去。但愁他蔽日浮风,又却碍夔门险处。①

卢前〔南南吕·懒画眉〕《雨窗夜话同圭璋联句》曰:

渔歌樵唱两流人,(冀)夜雨潇潇那忍闻,秦淮旧梦藉灯温。(圭)呵壁天难问,梗断蓬飘亦凤因。(冀)

一船箫鼓送斜阳,(圭)苍画人家唤酒忙,春衫典尽少年场。(冀)今夕空惆怅,篱角秋蛩合断肠。(圭)②

身处乱世,唐圭璋在诗文中或自称"江南憔悴客"③。或称"流人"④。"流人"者,或指被流放的人,或指离开家乡流浪外地的人,此处二者皆有之。联句中两人回忆起当初一起在南京求学和词的场景,如今因为这国难家仇,"流人"漂泊在外,徒有"断肠人在天涯"的惆怅情思,再无灯影唤酒的洒脱逸致。

(三) 反映大后方重庆文化教育的挣扎和行进

卢前和友人对乡绅邓石泉家族捐资办学的赞美,对聚奎书院传承"传统之书院教育精神"的礼赞,是艰难时局中读书育人之乐的抒发,无不反映出大后方重庆文化教育的挣扎和行进。

白沙生活固然艰辛,朋友之间的吟咏唱和、难忘的执教生涯等白沙记忆在以后的岁月中成为这些文人永恒的记忆。

抗战期间,吴白匋留滞四川,迭遭丧乱,颠沛流离,忧国之思,忠愤之

---

① 《民族诗坛》1941年第4卷第4辑,第64页。
② 卢前:《卢前诗词曲选·散曲选》,中华书局,2006年版,第178页。"冀"代表卢冀野,"圭"代表唐圭璋。
③ 《浪淘沙·过夔门》曰:"自念江南憔悴客,不是英游。"(《梦桐词》第43页)
④ 一同执教于国立女子师范学院的友人胡小石,词曲中亦如是自称。其《"桐泪"二首》其一曰:"朝来万斛经天泪,偏为流人点客衣。"《赠白匋》曰:"今夜驴溪烟树里,空留残月照流人。"(《胡小石论文集》,上海古籍出版社,1982年版,第249页、第258页)

情,往往行诸吟咏。① 这一时期的诗歌后多收入《西征集》和《投沙集》,"一部《西征集》,可作斑斑八年抗战中一个知识分子心史的生动注脚"②。居蜀的吴白匋曾经在位于白沙古镇的国立女子师范学院执教,避难白沙,"独客"吴白匋以文慰"岑寂"③,颇多写景抒怀之作。如《瑞龙吟序》曰:"戊寅春,成都白丝街花近楼,翔冬师为诸弟子说牛首看花之乐,四座黯然,锦江起画杜鹃一枝,磊霞、石斋各题长句。今忽忽且七年,翔师、磊兄墓俱宿草。江潭索处,渺渺愁余,因拈此调,一摅悲怀,寄题锦江新作。"④据序言可知,此文写于1946年,是七年丧乱的总结。叹人事沧桑,生死无常,朋友凋零,颇有《古诗十九首》意味。

1991年12月24日台静龙在致舒芜的最后一封信中写道:"人云老年在回忆中过生活,诚然。弟昨日事今日即忘,而五十岁以前事却历历在目。为此,近日所作诗词,除应酬品外,大率为忆旧,兹录呈数首,即乞吟定。"所谓的"忆旧"作品,如《怀白苍山》曰:"寒山修道院,久雨望新晴。油檠土墙影,钉靴石磴声。茅篷朝受训,竹几夜谈瀛。往日怨艰苦,追思无限情。"这是其对国立女子师范学院教学时的回忆。吴白匋在白沙国立女子师范学院讲授"历代词选",极受学生欢迎,所以多年以后的追忆,"如此艰苦之地,追思起来却有无限之情,其实可念的主要是当年的友朋师生之情罢了"。⑤

第二节 吴芳吉对杜甫的批评

吴芳吉于1923年作《论诗答湘潭女儿》⑥,诗后自注,于中国诗史上渊源所从的大家有屈原、陶渊明、杜甫、丘逢甲四人,濡染四人者"不仅其文,尤在其人。……杜之穷迫饥驱而无绝望之语……此皆某所馨香祷祝,以为创造民

---

① 郑尚宪:《吴白匋诗词集·后记》,吴白匋:《吴白匋诗词集》,南京大学出版社,2000年版,第181页。
② 侯荣荣:《梦窗才调老词仙——读〈吴白匋诗词集〉》,《中国韵文学刊》2003年第1期。
③ 吴白匋《浣溪沙·白苍山居》有"独客能知夏夜长"句(《吴白匋诗词集》第74页);《舒芜集》第8卷《遥祭吴白匋教授》载1991年6月4日吴白匋致信舒芜曰:"此后恐难远行,唯愿老友常寄文麟,以慰岑寂。"(《舒芜集》第8卷,第39页)
④ 吴白匋:《吴白匋诗词集》,南京大学出版社,2000年版,第82页。
⑤ 舒芜:《舒芜集》第8卷,河北人民出版社,2001年版,第39—40页。
⑥ 吴芳吉著,傅宏星编校:《吴芳吉全集》,华东师范大学出版社,2014年版,第143—144页。

国新诗最不可少之资也。"其中赞美杜甫曰:"近古有诗人,君爱杜少陵否?骑驴飘忽半生,君国一腔白首。我曾荒宿草堂,解衣长望南斗。愿绕池树追凉,与君为俦为友。"诗歌赞美杜甫身处逆境却无怨怼之语,依然怀有忠君爱国的情怀。

吴芳吉基于对新诗的建设和探索,论诗以屈原、陶渊明、杜甫、丘逢甲为宗。吴芳吉对杜甫的批评包括三方面:一是对《杜诗镜铨》《八代诗选》《湘绮先生唐诗选》等选集中的杜诗作评注,或圈点杜甫生平及创作背景,或释义诗中重要字词,而更多的是对感慨时事的史诗进行细读,划分其意义层次,总结其主旨,亦对杜甫诗歌的艺术技巧进行评析。二是在创作上受杜甫的濡染,或化用杜甫诗句诗意,或游览杜甫遗迹而触物起兴、吟咏感叹。三是对杜甫忧国忧民人文精神的承袭,包括对人品性情的熏陶,特别是对"三日不书民疾苦,文章辜负苍生多"①的现实主义创作精神的弘扬。

一、吴芳吉对杜甫诗歌的评注

吴芳吉在1921年写给吴雨僧的信中论及湖湘文学对自己心性的浸染与影响,并表达了自己对杜诗的喜爱及承袭:

> 别兄五年,而杜诗批读过七部,此吉之成绩也。来湘后,则多专心《楚辞》,然于杜诗仍乘闲温习之。杜诗之好处在于拙。拙者,忠厚之道。今人不安于拙,因之喜杜诗者极少矣。②

(一)对《八代诗选》③《杜诗镜铨》《湘绮先生唐诗选》中所选杜甫诗歌的评选

1915年吴芳吉在《与邓绍勤》④信中论及读书的重要性:静坐可以延年,读书可以益智。吴芳吉认为读书须得其法,慎择书籍,研习杜甫当以《杜诗镜铨》为要:"《杜诗镜铨》在海上可买得否?吾甚欲得之。冯君前寄之《杜诗说》,其选录多不当,不足以研习,吾已置之家中。读杜诗,仍宜阅《杜诗镜

---

① 吴芳吉著,傅宏星编校:《吴芳吉全集》,华东师范大学出版社,2014年版,第47页。
② 吴芳吉著,傅宏星编校:《吴芳吉全集》,华东师范大学出版社,2014年版,第612页。
③ 吴芳吉收藏了三套王闿运的《八代诗选》,其圈点的是清光绪辛巳(1881)四川尊经书局刊刻本。
④ 王忠德、刘国铭主编:《吴芳吉全集笺注·书信卷》,重庆出版社,2015年版,第67页。

铨》为佳。"吴芳吉收藏有《杜诗镜铨》两套,且有点评。① 另外吴芳吉对杜甫的批评亦有单篇论文。

1. 知人论世,吴芳吉圈点杜甫生平和诗歌创作背景

吴芳吉对杜甫诗歌的评点,或圈点杜甫生平及诗歌创作背景,或释义诗中重要字词,更多的是对感慨时事的史诗进行细读,划分其意义层次、总结其主旨。

吴芳吉细读《杜诗镜铨》所附录的《杜甫年谱》,对其中的年号标示对应的公元纪年,如杜甫"唐睿宗先天年壬子公生",吴芳吉在天头标示"712AD",由是杜甫行踪清晰,为其后吴芳吉以知人论世的方式阅读杜诗打下基础;又在重要的节点作注释,其中特别对杜甫居四川成都、梓州、保宁、夔州的行迹进行详细注释,表示对此期杜诗的关注。所以在现存的两册书中,第五册包括第十一卷到第十三卷,主要是杜甫在蜀中创作的诗歌,亦是吴芳吉重点阅读的篇章,故圈点《杜诗镜铨目录》时,一是在篇目前标示"○""△"表明是重点阅读的篇章,如在卷一《饮中八仙歌》前标识"(○)",在《高都护骢马行》前标识"(△)";二是较为详尽地统计杜甫不同阶段的诗作篇数及总篇数,如第十一卷卷首天头标注有"安史之乱、乱前95篇""乱后122篇";《秦州杂诗二十首》天头标注有"客陇""寓陇诗共59篇";《发同谷县》天头标注有"入蜀""寓居成都共365首""寓夔345首""在蜀作诗共710篇";《白帝城放船四十韵》天头标注有"去蜀""去蜀以后作153篇""杜诗共1407首";又其中有些注释颇有学理,如注释确认开元二十九年(741年,杜甫时年三十岁)为杜甫"始作诗",而天宝四载(745年,杜甫时年三十三岁)为杜甫"专作诗"。

《杜诗镜铨》卷十一所选杜甫《有感五首》系广德元年有感时事而作,吴芳吉对其多有圈点并有夹注,如其章二是叹镇将拥兵而人君急于息战以致国威不振,吴芳吉在首句"幽蓟余蛇豕"夹注认为,此句所指为河北降将"史朝义";章五讽刺藩镇之弊,吴芳吉圈点首二句"胡灭人还乱,兵残将自疑",并加着重号,在"登坛名绝假"句中夹注曰"华而为使,兼官太多",指责诸将

---

① 吴芳吉收藏的《杜诗镜铨》,一是杨伦《杜诗镜铨》十三卷附《年谱》一卷,民国甲寅年(1914)上海著易堂石印;一是杨伦《杜诗镜铨》二十卷附《文集》二卷、《目录年谱本传》一卷,清同治七年(1868)成都志古堂用望三益斋本再校重刊。吴芳吉评注杜诗主要是《杜诗镜铨》1914年印本,本节后文所引用的杜诗皆出于此,不再一一做注。

之跋扈。

2. 阅读感怀，吴芳吉点评杜甫感慨时事之诗

《杜诗镜铨》卷十一选录杜甫《草堂》诗，此诗记载了宝应元年（762）七月四川兵马使徐知道纠集蛮夷为乱之事，吴芳吉对诗中所涉及史事进行旁注，如在《草堂》题注"广德二年四月"，表明写作时间。诗中较为详细地记载了叛乱情形："请陈初乱时，反覆乃须臾。大将赴朝廷，群小起异图。中宵斩白马，盟歃气已粗。西取邛南兵，北断剑阁隅。布衣数十人，亦拥专城居。其势不两大，始闻蕃汉殊。西卒却倒戈，贼臣互相诛。焉知肘腋祸，自及枭獍徒？义士皆痛愤，纪纲乱相逾。一国实三公，万人欲为鱼。唱和作威福，孰肯辨无辜？眼前列杻械，背后吹笙竽。谈笑行杀戮，溅血满长衢。到今用钺地，风雨闻号呼。鬼妾与鬼马，色悲充尔娱。国家法令在，此又足惊吁。"吴芳吉在诗中描写徐知道倡乱而自败的"西卒"二句旁注"李史厚杀（徐）知道"；又在"请陈初乱时"一节天头批注"北齐高敖"，认为诸侯乱政和残暴如同北齐高昂；又在"义士皆痛愤"一节天头引用高昂《征行诗》："龙钟千口牛，蝉连百壶酒，朝朝围山猎，夜夜迎新妇。"①

对于《杜诗镜铨》卷十一所选录的《韦讽录事宅观曹将军画马图歌》，吴芳吉依据《杜诗详注》和《杜诗镜铨》的注释，既补充诗中史事，又总结段意。吴芳吉对此诗的关注点亦同样在最后一段："忆昔巡幸新丰宫，翠华拂天来向东。腾骧磊落三万匹，皆与此图筋骨同。自从献宝朝河宗，无复射蛟江水中。君不见金粟堆前松柏里，龙媒去尽鸟呼风。"或许更多的是"杜诗咏一物，必及时事，故能淋漓顿挫"②，此诗借描写图中骏马想国之盛衰，不胜其痛。

（二）所选杜诗，较为气象阔大，点评颇有新意

《杜诗镜铨》注释"简约"③，吴芳吉对杜甫重点篇章的细读点评，多参照

---

① 据《太平广记》载，高昂，字敖曹，胆力过人，姿采殊异，少不师训，专事驰骋，齐神武起，昂倾意附之，因成霸业，除侍中司徒兼西南道都督。而敖曹酷好为诗，雅有情致，时人称焉。明冯惟讷《古诗纪》卷一百二十载高敖曹《征行诗》曰："垄种千口牛，泉连百壶酒。朝朝围山猎，夜夜迎新妇。"吴芳吉所引诗句他本或有异，其中"牛"或作"羊"，"蝉"或作"泉"，王士祯《池北偶谈》、周婴《卮林》皆有辨，可参。

② 是诗注释引张溍评语。见杜甫撰，仇兆鳌注：《杜诗详注》，中华书局，1979年版，第1156页。

③ 朱珪《杜诗镜铨序》评杨伦注杜诗曰："是编裁择各本，草薙沙汰，以归简约，使读者开卷了然。"郭绍虞《〈杜诗镜铨〉前言》亦曰："杨伦的《杜诗镜铨》以精简著称。不穿凿，不附会，不矜奇，不逞博，而平正通达，自使少陵精神跃然纸上。"（《杜诗镜铨》，上海古籍出版社，1981年版）

《杜诗详注》①。故其点评时有创发，颇有新意；而所选诗歌，较为重视气象阔大者。

吴芳吉喜欢杜甫诗歌气象阔大者，如《杜诗镜铨》卷十一所录杜甫《登楼》，系广德二年春杜甫归成都所作，诗曰："花近高楼伤客心，万方多难此登临。锦江春色来天地，玉垒浮云变古今。北极朝廷终不改，西山寇盗莫相侵。可怜后主还祠庙，日暮聊为《梁父吟》。"吴芳吉以"」"为标示，将诗歌分为两层，在前四句旁注"景"，后四句旁注"情"。诗中"锦江春色"二句，因其写景俯视弘阔，气笼宇宙，气象雄浑，纡徐不失言外之意，故历来受人称颂。"可怜后主"二句，思得诸葛以济世，兴寄微婉，格调高洁，这亦是吴芳吉的精神追求。

吴芳吉圈点批注王闿运《湘绮先生唐诗选》②卷二所选杜甫《渼陂行》，诗曰："岑参兄弟皆好奇，携我远来游渼陂。天地暗惨忽异色，波涛万顷堆琉璃。琉璃汗漫泛舟入，事殊兴极忧思集。鼍作鲸吞不复知，恶风白浪何嗟及。」主人锦帆相为开，舟子喜甚无氛埃。凫鹥散乱棹讴发，丝管啁啾空翠来。沉竿续蔓深莫测，菱叶荷花净如拭。宛在中流渤澥清，下归无极终南黑。」半陂以南纯浸山，动影袅窕冲融间。船舷暝戛云际寺，水面月出蓝田关。此时骊龙亦吐珠，冯夷击鼓群龙趋。湘妃汉女出歌舞，金支翠旗光有无」。咫尺但愁雷雨至，苍茫不晓神灵意。少壮几时奈老何，向来哀乐何其多。」"吴芳吉在篇首补注诗歌涉及地名："陂在鄠县西五里，周一十四里"，同时以"」"为标示，将全诗分为四部分，并总结全诗大义："一段风作"，"二段浪平"，"三段月出"，"四段情生"。《读杜心解》评此诗曰："纪一游耳，忽从始而风波，既而天霁，顷刻变迁上，生出一片奇情。便觉忧喜顿移，哀乐内触，无限曲折。"③吴芳吉亦以简洁的语言点出诗歌诗意的"曲折"。

---

① 如《杜诗镜铨》卷十一选录杜甫《四松》诗，吴芳吉题注："宝应元年七月离去，中经广德元年迄兹。"表明写作时间与背景。谭元春评此诗曰："前云'会看根不拔，莫计枝凋伤'，后云'我生无根柢，配尔亦茫茫'，映带处有无限深情。中云'敢为故林主，黎庶犹未康'，此等蕴藉，定是杜公独步。"上承《杜诗详注》所引谭元春的评注，吴芳吉对其中重要诗句标示下画波浪线，"敢为故林主，黎庶犹未康"，语极超拔；"会看根不拔，莫计枝凋伤"与"我生无根蒂，配尔亦茫茫"，前后映带处有无限深情。杜甫抚松寄兴，喜而兼伤身世，寄托深远，仇兆鳌注曰："命意更觉高超。言我身不能常伴此松，惟有赋诗寄情，聊以遣兴耳。至于千载摩苍，亦何容预为矜羡乎？寓意于物，而弗留意于物，可见公之旷怀矣。"或许此诗句触动的是吴芳吉同病相怜之人生感慨。（《杜诗详注》第1118页）

② 吴芳吉阅读圈点的《湘绮先生唐诗选》系民国十六年（1927）九月游成都时购买的清光绪二年（1876）成都尊经书局十三卷刊本。文中所作符号，均为吴芳吉所加，全书同。

③ 浦起龙著，王志庚校点：《读杜心解》，中华书局，1961年版，第234页。

（三）对杜甫诗歌创作技巧做具体评析

吴芳吉《四论吾人眼中之新旧文学观》[①] 论及作诗技巧、思路、方法等，常常以杜甫作为典范，阐释之，论述之，比较之。

吴芳吉认为写诗当辨诗体，认为杜甫《游子》中"九江春草外，三峡暮帆前"为"直质"，而《西厢记》中"四面山色中，一鞭残照里"则为"伤巧"。

吴芳吉认为写诗可用圆熟语，但不可油滑，如杜甫"细雨鱼儿出"（《水槛遣心》），"鹅儿黄似酒"（《舟前小鹅儿》，吴芳吉认为此二句："独可用之无厌。"仇兆鳌《杜诗详注》评曰："杜诗有用俗字而反趣者，如鹅儿、雁儿，本谚语也，一经韵手点染，便成佳句。如'鹅儿黄似酒，对酒爱新鹅'，'雁儿争水马，燕子逐樯乌'是也。"[②] 此或是吴评所据。

吴芳吉《读雨僧诗稿答书》[③] 一文，在评析吴宓诗歌的同时，常常以杜甫诗歌作为典范来讨论为文为诗之道。

吴芳吉认为吴宓《五月九日即事感赋示柏荣》中"九州局残惊劫急，白日沉昏海上立"之"立"字，与杜甫《谒先主庙》中"旧俗存祠庙，空山立鬼神"中之"立"字一样，"令人披靡"，具有使人警醒的艺术效果。

吴芳吉认为律诗收尾不宜太弱，切勿头大尾小，其气势言语宜"宏厚稳固"。如杜甫《秋兴八首》之六中的尾句"回首可怜歌舞地，秦中自古帝王州"，结语顿挫有力，与首句"瞿塘峡口曲江头"两两相应，具有"何等清醒""何等魄力"之效果。

吴芳吉评吴宓五律，以"浮云西北望，而我有沉冤"一首为代表。其中"薰莸三字岳，骨肉百年恩"，在创作手法上与李商隐"江海三年客，乾坤百战场"（《夜饮》）相似，均用藏头法，通过句中"三""百"数字的强烈对比，造成诗歌意义的反衬。这两首诗皆效法杜甫的"贱子且奔走，三年望东吴。弧矢暗江海，难为游五湖"（《草堂》），追求"余音嫋嫋，不绝如缕"的艺术效果，

---

① 吴芳吉著，傅宏星编校：《吴芳吉全集》，华东师范大学出版社，2014年版，第428—458页。
② 杜甫撰，仇兆鳌注：《杜诗详注》，中华书局，1979年版，第1009页。
③ 吴芳吉著，傅宏星编校：《吴芳吉全集》，华东师范大学出版社，2014年版，第290—298页。又吴宓论诗作诗皆喜追摹杜甫，吴宓的早期作品如《故园集》《清华集》上、下卷以学杜甫为多。其中佳作如《寄仲侯》五古四章、《辛亥杂诗》七律八章、《初秋感事》五古、《寄仲麟西安》五律八章、《暮秋杂诗》五古二章、《读书》五古、《甲寅杂诗》七律三十首、《岁暮书怀》五律二首、《感事》五律八首等，随时就辛亥革命前后国事发抒感慨，多用典故以讽今，其情调、骨格乃至语句词藻等皆近杜甫。

表达战乱所带来的民生疾苦。相较而言，杜甫《草堂》以草堂去来为主，而叙西川一时寇乱情形，并带入天下，铺陈终始，畅极淋漓，堪称"诗史"。"贱子"四句在表达个人离乱的同时，将其与国家的多难联系在一起，《杜诗镜铨》评曰："一片悲悯牢骚，化作和平温厚之言。"

吴芳吉认为作诗炼句须顺忌滑，更忌生涩，即如杜甫"戎马不如归马逸，千家今有百家存"(《白帝》)、"桃花细逐杨花落，黄鸟时兼白鸟飞"(《曲江对酒》)、"纪德名标五，初鸣度必三"(《鸡》)等，皆有写意牵强之嫌。吴芳吉在《四论吾人眼中之新旧文学观》中认为由于诗歌与戏剧体制不同，其语言艺术亦有差别：《西厢》中"四面山色中，一鞭残照里"为五律佳联，但有巧似之嫌；杜甫《游子》"九江春草外，三峡暮帆前"则资直，"乃真诗也"。

吴芳吉认为律诗中用叠字，须灵活自然、忌板滞落俗。如吴宓《甲寅杂诗》中"青山滚滚依云尽，黄叶萧萧带雨来"诗句，以"滚滚"摹山则牵强附会，而杜甫"不尽长江滚滚来"中以"滚滚"状水则浑成自然。最具典范的是杜甫《秦州杂诗》其七，在雄奇阔大的境界中寓含着时代的悲凉，曰："莽莽万重山，孤城山谷间。无风云出塞，不夜月临关。属国归何晚，楼兰斩未还。烟尘一长望，衰飒正摧颜。"首句为"通篇之主眼"，而"莽莽"的运用恰当不苟，引出下文城、谷、云、月之奇警之景，摧颜、长望、斩楼兰、嗟属国之叹，表达出诗人忧边忧国之愁。吴芳吉认为诗人发此"洒落低徊之感慨"，皆由目睹这莽莽之山而来，"惟有此莽莽万重之山，然后有此景，生此情，成为此诗"。

吴芳吉认为写诗运用典故宜"含浑自如"，不可牵强。吴宓《甲寅杂诗三十首》中用典最多，如"俗薄公输羞智巧"牵强凑成，而"胡骑惊传飞海矫，汉庭竟议弃珠崖"用心经营则为上乘。李贺李商隐诗中喜用典，以引典为作诗原料，故其诗"隐僻不可探测"，而杜甫仅以典故为点缀而已，故其诗更为"名贵"妥帖。

二、吴芳吉诗歌创作受杜甫的濡染

吴芳吉在 1931 年写给周光午的信中论及读书应当随年龄阅历的变化而进行选择，"少年极感情之变化，壮年极理智之扩充，迨至老年，其必转移方向，又无疑也"，杜甫诗歌的转变亦然："老杜之诗，皆自四十以后。"吴芳吉再一次强调读书的重要性："吉今所注意者，亦杜诗所云'读书破万卷，下笔如有神'。从前太不读书，兹欲补救之耳。"①

（一）对杜甫诗句诗意的化用

吴芳吉《夔州访古》（其一）曰：

> 永安宫殿暮沉沉，峡影入江百丈深。
> 古渡降兵争饮马，荒村寡妇冷敲砧。
> 两朝日月还多故，鼎足风云欲到今。
> 未许躬耕长没世，鱼龙夜夜动愁吟。②

此诗为1916年吴芳吉游白帝城时感时伤乱而作，诗中化用杜甫《秋兴》诗意。如"荒村寡妇冷敲砧"化用杜甫"白帝城高急暮砧"诗意，"鱼龙夜夜动愁吟"化用杜甫"鱼龙寂寞秋江冷"诗意。

吴芳吉《秋日从家君渡江登玉峰护国寺作》曰："健笔凌云在，浮家四壁荒。"③此二句描摹自己家徒四壁而流浪四方，文笔纵横，书写时事，其中首句直接化用杜甫"凌云健笔意纵横"（《戏为六绝句》）诗意。

吴芳吉《招友》曰："故乡兮清幽，和风兮杨柳。秋山兮弄琴，春雨兮翦韭。"④描写家乡风光的清幽迷人和友人的热情款待，表达诗人对美好生活的珍惜，尾句化用杜甫"夜雨剪春韭"（《赠卫八处士》）诗意。

1921年12月25日，长沙工人、市民和学生一万余人举行游行示威，反对美、英、日、法等国在华盛顿召开的太平洋会议，吴芳吉为之作诗《万岁之声》⑤，其中"万古云霄一羽"直接用杜甫《咏怀古迹五首》诗歌成句，表达出对无限牺牲、无限热血的学生之爱国热忱的礼赞。

吴芳吉《还黑石山作》多有旧地重游、物是人非之慨。其在诗中状山河壮丽之景，感母校师长培育之恩，亦是感时之作。诗曰："书楼见灯火，鸟梦知已熟。我亦深宵比翼飞，飞向长安啄大屋。"⑥最后一句化用杜甫《哀王孙》"又向人家啄大屋"诗意，反用其意，表达诗人回校后的快乐之情。

---

① 吴芳吉著，傅宏星编校：《吴芳吉全集》，华东师范大学出版社，2014年版，第966—967页。
② 吴芳吉著，傅宏星编校：《吴芳吉全集》，华东师范大学出版社，2014年版，第15页。
③ 吴芳吉著，傅宏星编校：《吴芳吉全集》，华东师范大学出版社，2014年版，第42页。
④ 吴芳吉著，傅宏星编校：《吴芳吉全集》，华东师范大学出版社，2014年版，第119页。
⑤ 吴芳吉著，傅宏星编校：《吴芳吉全集》，华东师范大学出版社，2014年版，第127—128页。
⑥ 吴芳吉著，傅宏星编校：《吴芳吉全集》，华东师范大学出版社，2014年版，第239页。

吴芳吉《题江津中学首届运动会》"管他玉垒浮云变古今"①，化用杜甫"玉垒浮云变古今"（《登楼》），认为一地的建设当以教育为本，而教育任务之一是使学生身体强健、身心健康，教育者对此当坚定不移，不管世事沧桑，都应一以贯之。

（二）游览杜甫遗迹而触物起兴、吟咏感怀

卢前《吴碧柳评传》曰："芳吉于诗，最服膺工部。"②并列举其《赴成都纪行》为证。吴芳吉《赴成都纪行》③组诗，以现实主义的笔触，描写其自江津赴成都期间之所见、所闻、所感，堪称史诗。此组诗诗意承袭杜甫，自序曰："杜子美诗：'得归茅屋赴成都，直为文翁再剖符。'题本此。"组诗其二十一曰："锦城指顾间，明朝心上计。涤尘浣花溪，痛哭草堂寺。幼读少陵诗，深识少陵志。一生爱此翁，发愿为翁继。洛下吾车回，耒阳吾舟次。瀼溪吾三宿，杜曲吾频至。兹游仍为翁，翁事犹吾事。"此诗能够充分地表现吴芳吉对杜甫的批评路径和方法，堪称纲领：一是遍游杜甫遗迹，触物起兴，表达思古之幽情，此诗自注曰："老杜所游诸地，今追步殆遍矣。"诗中所列举的洛下、耒阳、瀼溪、杜曲皆是杜甫曾居留之处。二是由品味杜甫诗剖析杜甫志向，感受其忧国忧民的情怀。三是承袭杜甫承担的历史责任，描摹现实，书写民生疾苦，抒发爱国情怀。

民国十四年（1925），吴芳吉执教西北大学，承明德习俗，遍游关中名胜，其《自订年表》载："十一月，续游城南，至韦曲谒杜少陵宅。"作《杜曲谒少陵先生祠》："腊梅香引少陵祠，少陵野老竟何之？诗思空存稷契想，风光不减盛唐时。樊川日霁桑榆暖，太乙云开仙仗移。应与此翁相异处，无穷国运在来兹。"④诗歌表达出诗人对杜甫诗存"稷契想"的赞美，亦是自己的追求。诗歌末二句吴芳吉的原注表达出感时伤乱的慨叹："拾遗生于太平，死于乱世。吾人生于乱世，或当死于太平。末句暗言此意云尔。"又1926年2月8日《与吴雨僧》载："又游少陵，吾谓未读杜诗，必无深切感想，亦谓我不应藐视彼

---

① 吴芳吉著，傅宏星编校：《吴芳吉全集》，华东师范大学出版社，2014年版，第263页。
② 卢前：《卢前文史论稿》，中华书局，2006年版，第147页。
③ 吴芳吉著，傅宏星编校：《吴芳吉全集》，华东师范大学出版社，2014年版，第225—230页。
④ 吴芳吉著，傅宏星编校：《吴芳吉全集》，华东师范大学出版社，2014年版，第189页。刘朴《吴芳吉传》亦载："由西安而南，至韦曲，谒杜子美故宅，绕樊川，憩南山下。"（《吴芳吉全集》第1339页）

等。"①可见吴芳吉居西安期间曾多次游览拜谒少陵祠。

吴芳吉《丙寅元旦率题》②一诗在内容和字句上仿照杜甫《自京赴奉先县咏怀五百字》，吴芳吉化用"穷年忧黎元，叹息肠内热"而为"弱冠遘国丧，喷簿肠中热"。诗歌最后叹息曰："学诗十数载，孤陋困盲聋。今朝欣顿悟，师在我身中。词采吾肢体，恻隐吾心胸。逍遥潜滋长，喜复作蒙童。"吴芳吉甚至认为遍游关中的文化遗迹，遂得诗家三昧的顿悟，认为词采为诗文之表，孟子所谓的"恻隐之心"方为诗歌真谛。诗人独上城楼，畅想华夏文明的璀璨和关中历史的悠久，叹息自己生不逢时："独上城楼望，慨然想千秋。成康此垂拱，文景此怀柔。贞观此强大，开元此优游。我自不相遇，于世欲何求？"吴芳吉1925年执教西北大学，其《与刘柏荣》曰："雁塔在慈恩寺内，玄奘所建，而少陵所登临者，完好如旧。吉此时如返故家，如入宝库，凭吊追思，仰观俯拾，俱觉不能穷矣。"③言及自己循少陵足迹，访周、秦、汉、唐诸迹，三秦文化长廊辉煌，可裨益神智。刘朴《吴芳吉传》亦载："由西安而北，立渭桥以望北原，五陵空濛。自谓如归故乡，启宝库，仰观俯揽，悟悦无涯。"④

三、吴芳吉对杜甫忧国忧民人文精神的承袭

1917年8月18日吴芳吉在《复张仕佐》⑤中谈诗歌之用、为人与作诗关系时认为，孔子察乎世道人心之变，观古今人之诗，确立诗之极则，"致于平治之用"，又曰："然学古人之诗，则必学古人为人。足下近习杜诗，当知杜公忠爱，每饭不忘君国，其人品节操，高出千古，故其诗之雄冠千古，无以加之。秦汉以降，文章叛道日远。吾人今日，首宜求树人救国大计。徒拘拘于雕虫小技，非所望也。"认为为文与为人相关，习杜诗，不在词章小道，而在其忠君爱国的精神，以及高古的节操。

（一）杜诗对其人品性情的熏陶

吴芳吉在《〈白屋吴生诗稿〉自序》中评析自己一生多艰，幼遭家难，长逢国变，但是"余悲剧中之乐观人也"，"所谓悲剧，自断此生之必无幸也。所

---

① 王忠德、刘国铭主编：《吴芳吉全集笺注·书信卷》，重庆出版社，2015年版，第40页。
② 吴芳吉著，傅宏星编校：《吴芳吉全集》，华东师范大学出版社，2014年版，第192—193页。
③ 吴芳吉著，傅宏星编校：《吴芳吉全集》，华东师范大学出版社，2014年版，第771页。
④ 吴芳吉著，傅宏星编校：《吴芳吉全集》，华东师范大学出版社，2014年版，第1339页。
⑤ 吴芳吉著，傅宏星编校：《吴芳吉全集》，华东师范大学出版社，2014年版，第559页。

谓乐观,自信此世之终有为也。明知无幸,故敢自牺牲。既足有为,故无须尤怨。礼义甲胄,忠信干橹,吾将持此以永与斯世战争"①!吴芳吉强调自己在困境中对儒学的执着追求,而这种追求承袭杜甫而来。吴芳吉于1922年孔子圣诞日时在《与吕光锡》中谈道:"人才之出,各有其境。自古文章杰出之士,莫不由饥寒困苦中得来者。以文章系于性情,欲使性情之深厚诚挚,惟饥寒困苦最足磨炼而培养之也。……少陵所以称为诗史,雄视千载者,以此也。"②

1925年吴芳吉在《与周光午》中认为,周的性格性情,恒多幽忧,作诗当效曹植而非学杜甫:"吾人境虽艰苦,而诗则不可稍有寒俭之气。"③所谓的"无寒俭之气"论之于人品,为不怼怒,不怨天尤人。刘咸炘《吴碧柳别传》④曰:"碧柳与冯敬通、刘孝标、汪容甫有同戚,而其为人无名士气。虽百忧交攻,未尝有牢骚愁怨之态。然又非遣以达观,胜以豪情也。其所以处此者,平情率理,归于自责,乃有儒者所未能。"刘咸炘认为吴芳吉性格习儒家心性之道,力主成己成人、自省修身,如果说唐迪风性近"狂",吴芳吉则性近"狷",性情耿直,洁身自好。这种"无寒俭之气",言之于诗歌,则是诗中无个人得失之忧息,无诗风局促之弊,视野开阔,关注现实民生疾苦,关注国运兴亡,眼光深邃,多理性的思考和对人生的感悟。如1921年7月,吴芳吉随侍父母游览南岳衡山作《南岳诗》⑤,踵武杜甫湘中足迹,更多体会到的是杜甫许身社稷、忧国忧民的情怀:"何处更寻耒阳路,寒竹珊珊子美墓?爱汝许身愚且拙,乾坤幸有腐儒顾。"同时感悟三湘圣贤的精神,自己应承担起民族精神振兴的责任:"江东而今犹侠气,关中自古多大儒。振我精神肩我任,请与诸君共前进。定将天道启人心,誓从人力回天运。"

吴芳吉论诗受屈原、陶渊明、杜甫、丘逢甲四人的濡染,"不仅其文,尤在其人",先后作《论诗答湘潭女儿》《再答湘潭女儿》。《再答湘潭女儿》(其一)曰:"此间不合美人居,此间只合老樵渔。一庭春树啼黄鸟,半亩瓜棚读古书。想象应如君洒脱,相逢定笑我迂拘。杜陵诗句平生赏,落落乾坤一腐儒。"⑥诗歌化用杜甫"乾坤一腐儒",表面上自嘲,实则表达隐居湖湘修身怡

---

① 吴芳吉著,傅宏星编校:《吴芳吉全集》,华东师范大学出版社,2014年版,第480页。
② 吴芳吉著,傅宏星编校:《吴芳吉全集》,华东师范大学出版社,2014年版,第630页。
③ 吴芳吉著,傅宏星编校:《吴芳吉全集》,华东师范大学出版社,2014年版,第806页。
④ 刘咸炘:《刘咸炘诗文集》,华东师范大学,2010年版,第47页。
⑤ 吴芳吉著,傅宏星编校:《吴芳吉全集》,华东师范大学出版社,2014年版,第114—117页。
⑥ 吴芳吉著,傅宏星编校:《吴芳吉全集》,华东师范大学出版社,2014年版,第145页。

情的适意愉悦，当然亦表现出对杜甫的礼敬之情。

（二）对"三日不书民疾苦，文章辜负苍生多"现实主义创作精神的弘扬

吴芳吉为文学杂志《湘君》所写的《启事一束》，主张文学创作在内容上应注重三事："文学之道德，个人之精神，国家之责任。"①吴芳吉在创作上对杜甫的承袭，更为重要的是将其忧国忧民人文精神发扬光大。"三日不书民疾苦，文章辜负苍生多"，是其创作孜孜以求的境界。

1926年4月15日，北洋军阀吴佩孚授命刘镇华率十万人攻进关中，合围西安，杨虎城、李虎臣将军率领军民殊死抵抗。西安被围235日，城内病、饿、战死的军民达4万余人，情状惨烈异常。吴宓集吴芳吉、胡文豹、胡步川三人之诗歌汇编为《西安围城诗录》。《西安围城诗录序》②认为，优秀诗篇必须是"时"与"人"合，"以赋性温柔敦厚之人，生值浩劫大乱，处穷愁之境，有忧患之思，而不改其本真，常保其性情之正"，发而为诗，有如杜甫"诗史"，能记忆一段民族的灾难，有补史之用，"各写其所见闻感想，而同著民生之疾苦，丧乱之景况。香山乐府，杜陵诗史，实近之矣"。

吴芳吉有关西安围城的作品多达33首，内容丰富③，其中尤以《壮岁诗》④最为著名。吴芳吉遭西安围城之患，时年三十，生死难料，趁其苟安，有感而作长篇叙事诗《壮岁诗》。此诗诗格芜杂，语稍冗长，备述围城之苦、淑世之志，慨叹"兴亡存败之无不有天也"。诗歌既有国家多难之叹，亦有人生多艰之感；既叙战乱之残忍，又思民族之精神；既有对当下时局混乱的抨击，更有对灿烂文明历史的忧患。如其中回忆初入长安游览关中之乐曰："忆

---

① 吴芳吉著，傅宏星编校：《吴芳吉全集》，华东师范大学出版社，2014年版，第370页。
② 吴宓著，吴学昭整理：《吴宓诗话》，商务印书馆，2005年版，第102—104页。又，吴宓自身诗文创作亦关注民生，书写时事。
③ 吴芳吉在西安围城中所写诗歌极多，《学衡》第五十九期载其《树坤问归期五首》，诗后加编者按云："以上各篇，乃民国十四年秋冬及十五年春，西安城未被围时，吴芳吉君所作，兹并附录于此，以见其全。此下则皆围城后所作也。"西安城未被围时吴芳吉诗作包括《长安寄内》《师梅寄我红叶》《加蒲拉拉》《咸阳毕原瞻拜周陵纪游》《丙寅元旦率题》《过唐东内大明宫故址》《东关故沉香亭下看牡丹》《战中喜得宏度书词即寄》《树坤问归期答之短歌》；围城后吴芳吉所作有33首：《壮岁诗》《围城》《百战》《石仲麟君之弟雨琴以斗米至》《过访李贞白先生对饮》《迭歌二首答长安至好》《长安野老行》《答西北大学讲师郜士脱克夫》《湘居诗十六首》《立秋》《枕上成》《民国十五年八月十七日粮绝》《出门书所见》《哭柳潜》《西安围解始谒仲旗叔父于马师长军次》《报褵仙先生江津中学之聘》《归途》，等等。
④ 吴芳吉著，傅宏星编校：《吴芳吉全集》，华东师范大学出版社，2014年版，第196—204页。

昨长安春早,寒食初度。微云太白天,芳草樊川路。走马韦曲,行歌灞杜。径入少陵之居,花发玄奘之墓。"所见山水形胜、人文荟萃之地,国富民庶,"思汉唐之莫追,睹民物之犹庶",而今经历战乱,萧条荒芜,慨叹:"果何故而煎熬,复何辜而惨遭?"颇多杜甫似的忧国忧民情怀。

诗后自注,一是对诗歌中所涉史事做详尽注释,仿杜甫之诗意,作诗之本义在于慰藉"长安数万冤鬼",记载一段民族的灾难。如孔庙中目睹千年古都繁华、见证过历史沧桑的苍天古树,亦遭战火摧残,旧时儒林讲堂,如今沦为战场。目睹几千年的文明惨遭摧残,诗人忧愤难禁:"孔庙几株太学遗,奇姿古干世无偶。峻岳参差畏日寒,长风嘘噏疑雷吼。华盖灵栖赤凤来,金茎气作苍龙纽。太学人才史册光,不及此树阅年久。当年养老制明经,天子幸临丞相走。羽林骁卫肃桥门,大昌黄钟迟祭酒。历尽沧桑重鼎彝,知还民国侪荆杻。材大难容复易璀,放声哭共杜陵叟。"二是诗人在诗中言及患难中对家乡亲人的思念:"'遥想茅檐际……'以下各行,直至篇末,当日写此时,泪与墨和,至哽咽不能成字。"可谓以血泪而成文字,情感真挚动人。三是诗歌结尾不是怨天尤人之悲怨,更多的是理性思考和道义担当:"侥幸壮年少折磨,皇天于我恩施巧。安能坐视世风颓,叹息空悲徒自保。当为吾亲继志业,当为吾妻慰愠懊。当为吾儿达才姿,当为吾友敷文藻。当为吾民作喉舌,当为先型述仪表。当为海隅苍生导光明,高烧人类灵犀熄烦恼。"整首诗都充盈着浓浓的忧思:"忧我先圣先哲精神黯然隐,忧我人心人道纲维涣然泯。"

吴芳吉1926年作《与吴雨僧》,言及自己处西安围城中,屡遭兵火,以仁义之心观察思考围城中芜秽行径,作形而上的理性思考:

> 吉处此,殊不自惜。但愧无此德力以救此生灵,负此后稷周公创业之邦,自太白、少陵、昌黎、香山歌哭之余,而吉未能为之继武,故亦合受此穷愁也。自经此变,益仰吾兄天性之厚,非人所及,四海难知,三秦无并。吉《壮岁诗》旨,亦在何以招还人类本性,勿使荒亡而已。①

战乱中人心之恶,纷纷杂出。身处周、秦、汉、唐诸迹,诗人更多的是忧国忧民情怀,认为当上承先贤李太白、杜少陵、韩昌黎、白香山,思考如何返回人类本性。

刘咸炘《吴碧柳别传》② 评吴芳吉诗歌曰:"诗之可贵者,亦不在于激昂,

---

① 吴芳吉著,傅宏星编校:《吴芳吉全集》,华东师范大学出版社,2014年版,第832—833页。
② 刘咸炘:《刘咸炘诗文集》,华东师范大学出版社,2010年版,第48页。

而在坚实；不在气，而在骨也。"认为其作诗多"遒挚"的五言，他潜心研读先贤之书，并以所得充盈其诗，诗多思亲哀民之作。

吴芳吉对杜甫的喜爱、批评，考溯源流，或受吴宓的诗学观念的影响。

吴宓论诗作诗主张"借古人之色泽""用新来之俊思"①，其在《吴宓诗集·自识》中表明自己追慕的中国诗人有杜甫、李义山、吴梅村三人，"以天性所近，学之自然而易成也"②。杜甫情怀抱负纯正，为儒家文化陶冶而成，是为千古诗人之典范。吴宓《吴宓诗话·余生随笔·诗之公私广狭，视作者之怀抱如何》云：

> 凡为真诗人，必皆有悲天悯人之心，利世济物之志，忧国恤民之意。盖由其身之所感受而然，非好为铺张夸诞也。如杜工部，如陆放翁，细读其诗，则谓之因公忘私也可。③

吴芳吉1915《忆雨僧兄》赞美吴宓有杜甫情怀，徇人之急，忧国忧民。曰：

> 伯也吾家杰，文章洞古今。庄严荀子上，忠爱少陵深。赴友忘身计，代亲起狱沉。犹闻学忍性，不惜少知音。④

第三节　吴芳吉对金和的文学批评

金和（1818—1885），字弓叔，一字亚匏，江苏上元（今南京市）人，晚清诗人，因亲身经历了鸦片战争和太平天国起义，历兴革理乱、安危顺逆之交，其诗大多反映这些历史事变。金和诗多长篇叙事古体，梁启超认为有清一

---

① 吴宓在生前自编出版的诗集卷端曰："采撷远古之花兮，以酿造吾人之蜜。为描画吾侪之感想兮，借古人之色泽。就古人之诗火兮，吾侪之烈炬可以引燃。用新来之俊思兮，成古体之佳篇"。
② 吴宓著，吴学昭整理：《吴宓诗集》，商务印书馆，2004年，第1页。又吴宓认为，李商隐生活在晚唐衰世，吴伟业处于明清易代之际的乱世，他们在诗中抒写的感受与杜甫的忧伤时多有类似，其诗艺则在继承杜甫的基础上有所发展。此外吴宓敬慕的古人还有陆游、顾炎武，同样是嗣响老杜的诗家。这一系列诗人还有共同之处，即诗风比较纯正，而风格源于诗人天性的温厚和心灵的纯朴，又与后天的儒学修养紧密相关，故能引起吴宓的共鸣与仰慕。
③ 吴宓著，吴学昭整理：《吴宓诗话》，商务印书馆，2005年版，第34页。
④ 吴芳吉著，傅宏星编校：《吴芳吉全集》，华东师范大学出版社，2014年版，第11页。

代的文学创作,以金和与黄遵宪、康有为并举,誉其"元气淋漓,卓然称大家"①,著有《秋蟪吟馆诗钞》等。

　　吴芳吉所收藏、圈点评论的金和《秋蟪吟馆诗钞》②系 1914 年刻本,第一册封面有吴芳吉黑色毛笔题识:"金和《秋蟪吟馆诗钞》(第一)。民国十六年丁卯仲春与彦久同客雨僧京寓因馈,芳吉吟诵。"题识中的"彦久",即胡徵(1907—1976),与周光午同为吴芳吉的学生,上海音乐专科学校器乐系毕业,曾任职于中国科学院图书馆等。1927 年 2 月 8 日刚刚脱离西安围城之乱的吴芳吉随吴宓进京,至 3 月 23 离京赴东北大学,此间寓居吴宓处,与胡徵、周光午多有交游,对此吴宓颇有微词,认为吴芳吉交友不慎,且近"乡愿"③。从题识可知该书系学生胡徵所赠;从时间上看,吴芳吉阅读此书的背景是刚刚经历西安围城之乱,寓居吴宓京城寓所;所谓的"吟诵",则表明历经"危苦"的吴芳吉对于金和的长篇纪事离乱之诗感同身受,故对金和诗歌圈点评析较多,感慨尤深。

　　1927 年吴芳吉执教成都大学,在教学中喜讲金和长诗、王闿运《独行谣》和樊樊山《彩云曲》,讲诗时联系自身经历,"自述身世,愤惋欲绝"④。吴芳吉对金和诗歌的关注,既源于二人对新诗孜孜不倦的探索与勇于创新,更为重要的是源于其较为相似的"坎壈"⑤的人生遭遇和对苦难的"独弦哀歌"⑥。吴芳吉主要从三个方面点评金和的《秋蟪吟馆诗钞》:对金和"史诗"作品的评析,评析充满历史意识和理性思考;基于对新诗的建设,对金和诗歌艺术展开

---

　　① 梁启超《前清学风与欧洲文艺复兴的异点》曰:"(前清一代)其文学,以言夫诗,真可谓衰落已极。……其稍可观者,反在生长僻壤之黎简、郑珍辈,而中原更无闻焉。直至末叶,始有金和、黄遵宪、康有为,元气淋漓,卓然称大家。"(梁启超:《清代学术概论》,上海古籍出版社,1998 年版,第 101—102 页)
　　② 金和诗集现存版本主要有四种:其一为稿本《秋蟪吟馆诗钞》八卷,现藏国家图书馆,《中国古籍善本书目·集部》有著录;其二为光绪十八年(1892)杭州刻本《来云阁诗钞》六卷附《压帽集》一卷;其三为民国三年铅印本《秋蟪吟馆诗钞》六卷附《压帽集》一卷、《来云阁词钞》一卷、《文钞》一卷;其四为民国五年仿宋精刻《秋蟪吟馆诗钞》八卷,为最通行之本。现有胡露精校整理、上海古籍出版社 2009 年出版的《秋蟪吟馆诗钞》,此书即以民国三年刊本为底本,参校其他三个版本而成。(周录祥:《正讹补缺　弥足珍贵——论金和〈秋蟪吟馆诗钞〉稿本的价值》,《中国文学研究》2010 年第 3 期)
　　③ 具体见 1927 年 2 月 27 日《吴宓日记》。吴宓著,吴学昭整理:《吴宓日记》(第 3 册),生活·读书·新知三联书店,1998 年,第 316 页。
　　④ 王峰:《吴芳吉年谱》,中国社会科学出版社,2016 年版,第 225 页。
　　⑤ 金和著,胡露校点:《秋蟪吟馆诗钞》,上海古籍出版社,2009 年版,第 477 页。
　　⑥ 冯煦《秋蟪吟馆诗钞序》评曰:"时赭寇方炽,先生支交岭南,半菽不饱,出没豺狼之业,独弦哀歌。"(金和著,胡露校点《秋蟪吟馆诗钞》,上海古籍出版社,2009 年版,第 452 页)

批评；对金和后期"阅透人情"①之作的圈点，关注士大夫在社会大变革中的生存境遇和命运。

一、对金和"史诗"作品的评析

金和历经嘉庆至光绪五朝，生活在风雨飘摇、内外交困、动荡不安的晚清时期，亲身经历了鸦片战争和太平天国运动等重大历史事变。"兵刃死亡，非徒闻见而已，盖身亲之。"②中国叙事诗向来"善纪时事"，与史事相结合，亲历国事与人生危难的金和继承了这一传统，并以"史笔"为己任。其《写在营诸诗示客题纸尾》曰："笔端何事好讥弹？公是公非欲掩难。尚忍百分为国讳，敢诬一字与人看？歌行未必当乎史，笑骂由来自作官。论著潜夫诗歌后，我今胆大署从宽。"③金和书写众多感时纪事的诗歌，写尽当时"沉痛惨澹阴黑"④的战乱气象，堪称晚清史事的真实画卷，以至于有"诗史"之称。⑤自梁启超评金和之诗为有清一代第一以后，"'诗史'之评，洋溢吟坛"⑥。如胡适评曰："但是这个时代有一个诗人，确可以算是代表时代的诗人。……金和亲自经历过围城中的生活，又痛恨当日军官的腐败无能，故他的纪事诗不但很感动人，还有历史价值。"⑦但驳斥者亦有之，如胡先骕《评金亚匏秋蟪吟馆诗》曰："其侥幸以成名者，厥惟身经粤寇之难，纪述乱离之作特多，骤视之，似若可比附于杜陵之诗史。其气格之凡猥、韵味之寡薄，明眼人自能辨之。"⑧他认为金和之诗固然感时伤乱，但其气格凡猥，辞气轻薄浮滑。而今人钱仲联针对梁启超、胡适、陈衍等前辈的评论，有感而发，认为金和之诗固然记载历史，但其思想价值取向有偏颇，不足以称"诗史"。

金和之诗在成书编辑中，常常有自序或自跋，以对每集诗歌所涉及的创作

---

① 金和著，胡露校点：《秋蟪吟馆诗钞》，上海古籍出版社，2009年版，第463页。
② 谭献：《秋蟪吟馆诗钞序》，金和著，胡露校点：《秋蟪吟馆诗钞》，上海古籍出版社，2009年版，第451页。
③ 金和：《秋蟪吟馆诗钞》第三卷，1914年铅印本。本书后文所引吴芳吉圈点评论的金和诗全部出于此本，此书原无页码，不便注出处，故下引此书，不再一一作注。又如所引金和诗歌句下有着重号，表示系吴芳吉所圈点。
④ 金和著，胡露校点：《秋蟪吟馆诗钞》，上海古籍出版社，2009年版，第456页。
⑤ 《秋蟪吟馆诗钞跋》："时与新会梁任公启超同客京师，承于先集有'史诗'之目。"（《秋蟪吟馆诗钞》第456页）又可参唐元：《从咸丰三年走近晚清诗人金和》，《古典文学知识》，2012年第5期。
⑥ 卢前：《卢前笔记杂钞·柴室小品》，中华书局，2006年版，第113页。
⑦ 胡适：《胡适文集》3，北京大学出版社，2013年版，第187页。
⑧ 金和著，胡露校点：《秋蟪吟馆诗钞》，上海古籍出版社，2009年版，第471页。

时间及社会背景、创作感受予以说明。从这些自序或自跋中可知作者有意识的以时间为序来编纂自己的诗歌，以此记载历史事件的发展和自身的遭遇，表现出自觉的历史意识。吴芳吉对金和诗的阅读主要集中于前六集，其中重点在《然灰集》《椒雨集》（上下）。其中包含的史事涉及英军入侵金陵和太平天国之乱，这些诗是金和感人至深之作。

作为诗史的金和诗歌，记录时事内容颇为广泛，对此吴芳吉圈点亦较广泛。① 金和《椒雨集上·南师九首》是对平息太平天国之乱的湘蜀等南方兵勇的批评。吴芳吉圈点全诗，其中重点是其七和其八：

近来骄子似寇仇，上将咸声尽罢休。
磨盾传先书货殖，枕戈乡竟号温柔。
猪奴戏具钱连屋，莺粟花膏火竞篝。
循例绕城频挑战，睡醒犹喜戴吾头。（其七）

一片刀光惨黑埃，千村万落半成灰。
军威却有吾民畏，贼过何曾似此来。
绣野经时行路断，冤禽随处哭声哀。
只应报道红巾至，魑魅犹能暂吓回。（其八）

吴芳吉在此诗天头批注曰："格调虽俗，皆信史也。较花月应酬之作为高矣。"所谓的"格调虽俗"，批评诗歌语言的浅俗，不尽精炼；所谓的"信史"，称赞诗歌的纪实性。又如圈点其一中的"四年不信七经略，万里从无一战场"二句，批评清兵昏庸、惧战及无谋略与血性之勇；圈点其四中的"家肥自感君恩厚，师老仍夸士气雄"二句，揭露清兵狂语欺天、亏空军储；点逗的其七系批评南兵吸食鸦片、文恬武嬉；点逗的其八系记载南兵的扰民和残暴行径。

吴芳吉圈点《然灰集·围城纪事六咏》长篇叙述组诗，包括《守陴》《避城》《募兵》《警奸》《盟夷》《说鬼》等六篇。本组叙事诗从不同的角度，比较全面地反映了鸦片战争期间，英军逼近南京时，清王朝各级官吏的丑态和社会

---

① 如圈点金和《然灰集·芦花衣》末二句"傥是芦花衣也无，儿行履霜骨已枯"，揭示战乱对民众带来的贫困和民众的无奈和愤懑；而圈点《然灰集·陈忠愍公死事诗（公讳化成，福建人，官江南提督。壬寅五月，英人入吴淞口，公死之）》一诗关注两个方面：一方面较为集中描绘陈化成抗击英军孤军奋战、英勇杀敌、宁死不屈壮举："千声万声敌火急，火光照海海水赤，将军一人当火立。众人争请将军行，将军竟行谁守城，弃城而去何颜生？"另一方面表达出金和独特的生死观："臣功在生不在死。""是臣之节非臣心。"陈化成的以身殉国，其意义在于以一己之死唤醒民众血性之勇，在晚清大敌入侵之际，此点尤为重要，当然更为突出的是表达出中华民族精神，以及士大夫对民族气节的执守。

动乱景象，诗含讥讽和悲愤。如圈点《守陴》"老翁腰间被劫财，脚下蹴死几幼孩"二句，揭露南京守城将军德珠听闻镇江被攻陷、仓皇闭城开城、导致民众被踩踏伤害的事件；圈点《警奸》"从此里巷纷如麻，人人切齿嗔朝鸦。平日但有微疵瑕，比来尽作虺与蛇"四句，抨击官军捉拿英夷细作而连坐百姓、冤屈布衣的行径。其中吴芳吉重点阅读《说鬼》《避城》两篇，并有评注，通过对吴芳吉圈点评注的解读，可以看出金和诗作的两个特点。

（一）对历史事件深邃的评析和理性思考

《说鬼》以漫画的手法描绘外国侵略者奇异的装束和风俗，隐晦地表达了对"西鬼"的憎恶之情，同时批评国人的奴性。吴芳吉勾画"三大臣盟江上回，侍从亲见西鬼来。白者寒瘦如蛤灰，黑者丑恶如栗煤"四句，既描绘西人面目与中土迥异，又表达对签订丧权辱国的南京条约的伊里布、耆英、牛鉴等为代表的投降派官僚们的憎恨；又"居然人鬼无疑猜"一句，讽刺了个别百姓的愚昧。而此诗天头批注曰："毫无大国民气度，亦鬼语也。"一语中的，既有对投降派朝臣的懦弱和卖国行径的鞭挞，又有对个别百姓的贪利失节的奴性的讥讽。① 王蘧常《国耻诗话》评曰："(《围城纪事六咏》) 描写慌乱及无耻情状极真，《说鬼》一首尤趣。惜遣辞未能尽雅。"② 胡先骕《评金亚匏秋蟪吟馆诗》进一步从内容深入评析曰："至《说鬼》诗中，如'白者寒瘦如蛤灰，黑者丑恶如栗煤。发卷批耳髭绕腮，羊睛睐睐秋深苔'，又'鬼官日日游相陪，父老奔走携童孩。随行饱唉欢若雷，居然人鬼无疑猜'等辞句，当时读之，或觉其揶揄西人，淋漓痛快；至今日观之，适为吾国士大夫不识时务、夜郎自大之铁证，读之不禁为之汗颜。诗史云乎哉？"③ 胡评颇有见地，吴芳吉之评与其互为表里。

《椒雨集上·北去之贼自江浦过滁州出临淮渡河陷归德围汴二首》曰："此贼江南去，当时谁守江？生平向公子，国士欲无双。列账关蹲虎，先鞭夜避龙。只今归不得，未战莫疑降。""竟出中原路，由来古战场。岂知千里远，更少一军当。无限杞人意，忧非在洛阳。去天今尺五，步步要金汤。"吴芳吉圈点每首诗的三四句，并在天头批注曰："三四极恶。"表达对江山胜地而少守关

---

① 唐晓旭：《金和叙事诗研究》，西北师范大学2016年硕士论文。
② 金和著，胡露校点：《秋蟪吟馆诗钞》，上海古籍出版社，2009年版，第468页。
③ 金和著，胡露校点：《秋蟪吟馆诗钞》，上海古籍出版社，2009年版，第472页。此段所引《说鬼》诗句中，"睐睐""唉"，金和原诗写作"睒睒""嗷"。

国士的破败时局的批评，素有国士之称的向荣将军何以任由贼军千里纵横，是备战还是畏葸？金和《椒雨集下·双拜冈纪战》讽刺清军蜀楚两军为争夺妇女而内斗丑行，吴芳吉圈点其中"直似父母仇，岂但酒肉怒？从来攻城时，未见今日武"四句，讽刺清军抵抗外侮时的懦弱胆怯与内斗时的"英勇"，从相互对比中揭示主题；又圈点诗尾"门中一幼妇，颓颜自呼冤。我亦不必问，汝亦不必言"四句，意味深长，有余音袅袅之味：不必言清军的荒唐与腐败，不必言民众的痛苦和遭遇，不必言战争给人类的创伤。吴芳吉在此四句天头批注曰："曾国荃辈如此，安得不令今人毁其祠宇。"一语中的，揭示诗歌的内涵，讽刺深刻。

（二）由评析历史延伸至当下，以古鉴今

《避城》以直陈时事的手法，真实地描绘了城中百姓因听闻入侵者淫掠妇女而引发恐慌，当地乡霸借机敲诈之事。吴芳吉圈点其中"不见邻妇头鬖鬖，无钱能赁香筍篮。膝前有女年十三，中夜急嫁西家男，身携布被居茅庵"几句，揭示统治者的无能给民众带来的痛苦；又在天头评注曰："按丁卯三月，党军攻陷南京，欧美妇女咸被污辱，距此凡八十五年，亦循环也。"①点评颇有对历史深邃的反思，表达了对人类命运的理性思考："兴，百姓苦；亡，百姓苦。"战乱给妇女带来的永远是无尽的伤害，人类的循环为恶何时方休？

又吴芳吉圈点《椒雨集下》中《将问》《兵问》《双将行》，三首诗前后相续，前两首讽刺懦弱无能的清军官兵，后一首则讴歌勇战的全玉贵和张国栋两位将军，作者的褒贬之情及价值判断在对比中得以清晰呈现。圈点《将问》中"神州之兵死亿万，以罪以病不以战。大官之钱费无算，公半私半贼得半。奏捷难为睡后心，酬粮几夺民家饔"，将军本当为国之"熊罴臣"，应尽力歼敌以求阁图麒麟，但军兴四年，费糜军费无数，夺民钱粮，官兵畏战不见寸功。《兵问》则是对懈怠懦弱将士的拷问，责问将士"年年用国如山钱""事事弓刀尽儿戏"，鞭挞官兵"烟床鸩毒甘，博局枭彩负。帐下蓄村童，路上诔村妇"的污秽行径。吴芳吉在此四句诗天头批注曰"今南北军队，视此何如"，由是可知，这种丑行还在延续。而《双将行》专记全玉贵和张国栋，盛赞他们顽强抵抗、不畏牺牲的精神。全玉贵横槊杀敌，威不可挡："贼以千刀来，一槊已入刀中呼。贼以万火来，一槊已出火前趋。贼惧贼且退，一槊阑贼当沟渠。贼

---

① 此处吴芳吉所记载丁卯三月党军攻陷南京之事不可考。

败贼乞命，一槊驱贼如羊猪。"张国栋两刀飞舞击贼，所向披靡："捉刀稍前贼走急，贼走未步刀已及。刀旁众贼环而泣，但闻刀声风习习。不知所杀若干级，衣上半边人血湿。"如是勇武之人面对贼军的狠冲豕突，奋力抵抗，故诗人在补识中断言："他日吴中尸祝之报，窃以为不在向督师，而在君也。"这是对国之栋梁的高度礼赞。

这种史诗类纪事诗，是金和对中国传统文论的继承和弘扬。诗酒跌宕、性格奇倔的金和，其记述丧乱之诗颇得风人之旨。徐世昌《晚晴簃诗汇》评曰："凡《清人》之翱翔，《黍离》之颠覆，身亲目睹，故言皆实录，可当诗史。"① 金和讽谏"当时"则不乏袭杜甫、白居易之遗。王赓《今传是楼诗话》评曰："金陵沦丧，君举家陷贼中，备历危苦，故所为诗皆沉痛惨淡，有少陵《同谷》之遗。集中多长篇纪事，亦可当咸、同间诗史读也。"② 胡云翼《唐代诗学》评曰："白居易诗四类中，以讽谏与纪事，影响于道咸同光间者最大，有金亚匏与杨柳门。"③ 金和自铸伟辞、自成一家，取法于黄遵宪，章士钊《论近代诗绝句》评曰："亚匏自是英雄手，自敛堪师人境庐。"④ 而吴芳吉同样对这类作家作品表示出高度的关注和喜爱。前文所论吴芳吉论诗以屈原、陶渊明、杜甫、丘逢甲、金和等为宗，取其爱国精神和以诗记史。吴芳吉1929年《覆女生某》曰："至谓艺术家，常是贫者弱者的好朋友，常是贫者弱者的安慰者，常是无可告诉的弱者的代辩者。中国自《三百篇》以至少陵、香山、放翁、仓海诸公，谁谓其不以天地之心为心者也？"⑤ 强调文学是属于"发愤著书"，贫弱者有深切的人生感叹，借诗以抒胸中块垒，不拘一己得失，以天地之心为心。

二、对金和诗歌艺术展开批评

金和《椒雨集上·痛定篇十三首》组诗，以日记的形式记录了从太平军攻占南京前后近一年南京城内的状况。作者以亲身经历感受大时代的混乱与伤痛，"如今痛定矣，请歌痛定篇"（其一），"长歌痛定篇，能定阿谁痛"（其十三），是为痛定思痛之作，既有不堪回首的往事再现，又有触景生情的理性思

---

① 金和著，胡露校点：《秋蟪吟馆诗钞》，上海古籍出版社，2009年版，第461页。
② 金和著，胡露校点：《秋蟪吟馆诗钞》，上海古籍出版社，2009年版，第463页。
③ 金和著，胡露校点：《秋蟪吟馆诗钞》，上海古籍出版社，2009年版，第486页。
④ 金和著，胡露校点：《秋蟪吟馆诗钞》，上海古籍出版社，2009年版，第464页。
⑤ 吴芳吉著，傅宏星编校：《吴芳吉全集》，华东师范大学出版社，2014年版，第913页。

考,情感真挚,意蕴悠长。吴芳吉的圈点亦关注此两点。如圈点其五诗句:"贼既全入城,我门更深闭。不知门中人,今所处何世。""母呼坐近床,儿女各牵袂。阿嫂将一绳,系婢还自系。谓死亦同归,神定都不涕。"诗歌描绘太平军入城给民众带来的"求死无死所,求生则此辱"(其十)的痛苦,表达出底层民众在战争中的惶恐不安和生命的卑微。圈点其七诗句:"香欲将军迎,酒欲将军馈,食念将军食,睡说将军睡。""得见将军面,命即将军赐。谁料将军忙,未及理此事。"吴芳吉诗后旁注曰:"三月十四日候晚饭时。"表明系吃饭时触动的情思。诗歌记载百姓对官兵入城平息叛乱的殷切希望,以及对和平的向往,可惜清军更多的是内斗、昏聩懦弱和对百姓的虐待。"谁料将军忙,未及理此事",既是作者的慨叹和惋惜,更是百姓的伤心和失望。点逗其四,诗歌批评守城清军内斗,内外城八旗守兵各自为政。诗人用一连串的比兴手法,表达精诚团结和全城一体防御的重要性,皮之不存,毛将焉附?勾画其十三:"何期贼命长,我力难断送。"金和表达自己出城向清军献奇计但不被重用、最终劳而无功的伤感。吴芳吉在诗尾旁注曰"丁卯七月初二日读蓑衣滩",表明对此首诗的点逗是在家乡完成的。从艺术上讲,《痛定篇十三首》是日记体长篇叙事诗,诗人用笔记的方式,以散文句式入诗,故能增强诗歌的纪实性。金和《椒雨集下跋》亦对此有论述:"是卷半同日记,不足言诗。如以诗论之,则军中诸作,语宗痛快,已失古人敦厚之风,犹非近贤排调之旨。……亦觉申申詈人,大伤雅道。"以日记的方式写诗,所求的是纪事,嬉笑怒骂,酣畅淋漓,纵论天下,尽管这种书写形式和内容不尽合大雅之道,已失温柔敦厚的诗教传统,金和自嘲其诗为"聊自娱悦",其实有敝帚自珍之心。① 后人对此褒贬不一,胡适《五十年来中国之文学》认为这种形式的诗很有革新的精神,有利于新诗的构建。而徐英《书秋蟪吟馆诗后》②则认为这种诗歌语言不尽典雅,如《痛定篇》"吾固谓此贼,不称星天狼"中"星天狼"即"天狼星"之谓也,是属于"牵辞就韵,以至僻涩而不可通者",又评《痛定篇》"其余十数官,先后死其印"二句"丑恶已极",是属于"喜造作硬语,晦涩怪诞而不可通"。钱仲联《人境庐诗草笺注序》认为金和诗歌才力虽雄伟,然品格未高,诗歌粗犷,缺少精致和诗意,"吊诡促数"③,不足俦于古之作者。

---

① 何晓燕:《诗人金和研究》,苏州大学 2007 年硕士论文。
② 金和著,胡露校点:《秋蟪吟馆诗钞》,上海古籍出版社,2009 年版,第 483 页。
③ 金和著,胡露校点:《秋蟪吟馆诗钞》,上海古籍出版社,2009 年版,第 489 页。

金和《奇零集》主要收录诗人于丁卯至乙酉（1867—1885）十余年间所作之诗歌。《奇零集序》曰："即或结习未忘，偶有所作，要之变宫变徵，绝无家法，正如山中白云，止自怡悦，未可赠人。乃知穷而后工，古人自有诗福，大雅之林，非余望也。"此间作者目睹劫后衰败，所到之处皆劫灰满地，衰病索居，遭疾几殆，以致生趣竟尽，诗怀亦孤。偶有所作，以为自娱而已，不敢期望入大雅之林。在这里诗人又一次强调作诗"绝无家法"，应力求创新。王赓《今传是楼诗话》认为金和在清诗萎靡"举世不为之日"，自开户牖，戛戛独造，其功亦伟。①

梁启超《秋蟪吟馆诗钞序》赞美金和诗歌的革新精神曰：

> 其格律无一不轨于古，而意境、气象、魄力，求诸有清一代，未睹其偶；比诸远古，不名一家，而亦非一家之境界所能域也。呜呼！得此而清之诗史为不寥寂也已。②

金和诗歌格律"不轨于古"，境界不拘于一家，意境、气象、魄力自成一派。无独有偶，基于新诗的建设，梁启超对吴芳吉新诗的写作亦颇有好评。吴芳吉《哭柳潜》诗后自注：

> 梁任公先生读此，致书长兄曰："《壮岁诗》瑜不掩瑕，《哭柳潜》三首纯乎其纯，将来必为诗坛辟新世界，请得介绍而友之也。"③

处于时代和诗体鼎革之际，吴芳吉踵武梁启超、胡适等，基于对新诗建设的期盼，其对金和诗歌在艺术的探索多有评点。

（一）评析金和诗歌语言

金和《然灰集·弃妇篇》通过"弃妇"第一人称的视角，运用倒叙的手法，描写了一个贤妻是如何沦落为弃妇的。吴芳吉圈点其中的诗句，且在天头评注曰："礼教末流，致压迫妇女如此，诚哉，其当打倒矣。收句意虽忠厚而语欠端庄。"吴芳吉对其圈点评注包括两方面：一是对诗歌所描绘的弃妇遭遇的评点，抨击礼教压抑下妇女的悲剧命运。如圈点开篇四句"威凤不逐凰，文鸳不辞鸯。如何人世间，乃有弃妇郎"。以比喻人世间夫妻当长相厮守，以反

---

① 金和著，胡露校点：《秋蟪吟馆诗钞》，上海古籍出版社，2009年版，第463页。
② 金和著，胡露校点：《秋蟪吟馆诗钞》，上海古籍出版社，2009年版，第454页。
③ 吴芳吉著，傅宏星编校：《吴芳吉全集》，华东师范大学出版社，2014年版，第215页。

诘句表达诗人的愤激。中间又圈点弃妇勤俭持家、善待新人、孝敬公婆的诗句，而最后得到的是"郎将阿妹归，逐妾出门去"的悲惨结局。二是对结尾诗句的用语和意义的批评："回头哭向郎，阿妹与妾殊。阿妹似欲哭，莫亦疑郎无。"所谓的"意虽忠厚"，是认为诗尾"阿妹似欲哭"二句，认为一个遵守妇道、勤俭持家的女子最终沦落为弃妇，不仅是当下弃妇的悲剧，更暗示在这种夫权至上的背景下妇女被抛弃的命运或许仍旧会延续下去。对此，吴芳吉于1919年亦作对新时代的弃妇命运探索的《婉容词》，词中婉容的性格就刚烈得多，最终以死明志。所谓的"语欠端庄"，是认为诗歌语言不端庄，似乎太露，缺少蕴藉之美。① 徐英《书秋蟪吟馆诗后》评《弃妇篇》亦曰："惟《弃妇篇》修词觅句，较能稳妥，叙事亦能宛转。然语语露骨，实伤于刻。"金和的叙事诗总体呈"刻"的艺术风格②，所谓的"刻"，就是尖刻犀利，陈子展评金和的诗歌有"近于绍兴师爷可怕的刻毒"③；胡先骕批评金和讽刺时弊之诗辞气浮滑，口吻轻薄，锋利太甚，缺诗人之高致。④

金和《然灰集·初夏六咏和兄荷生》组诗，包括《扫花》《刨笋》《赠扇》《垂帘》《饲蚕》《放鸭》六首。诗人以简洁的笔触描写初夏闲居生活的简单与快乐，语言清新素朴。吴芳吉圈点其中部分诗句，如《扫花》中"扫花装枕头，魂梦共清绝"；《刨笋》中"一枝露头角，便有人锄去"；《垂帘》中"红日有骄态，竹帘清若水。始信绿棠阴，庇人亦如此"。并在天头评注曰"警语"，可见吴芳吉对金和短诗中警醒之句的喜爱。

吴芳吉亦圈点金和的其他诗歌，如《然灰集·入暮》的"浓斟女婆酒，细校父谈书"，抒发闲居读书之乐；《然灰集·雨后泛青溪》的"青溪雨过湿濛濛，画舫轻移似碧空"，描写雨过天晴后青溪清幽的景色；《然灰集·初游朴园》中"一片鸟声供劝酒，四边花气替熏衣"，描写月夜饮酒之乐；《然灰集·送春日寄吴次山扬州》中"无沽酒处犹余冷，尽落花时更不愁"，表达对远行朋友的留念。

而这种所谓的"警语"亦包括用典的诗歌，吴芳吉圈点如下诗歌：
《椒雨集上·初六日将辞诸营而去》：

---

① 钟翌晨：《金和诗歌中的穷苦描写和意象表达》，《安徽文学》（下半月）2018年第8期。
② 马亚中：《中国近代诗歌史》，复旦大学出版社，2011年版，第227页。
③ 陈子展：《中国近代文学之变迁》，上海古籍出版社，2000年版，第16页。
④ 金和著，胡露校点：《秋蟪吟馆诗钞》，上海古籍出版社，2009年版，第479页。

> 旁观不觉举棋频，枭鸟声多渐惹嗔。
> 吾舌能令金马泣，军心只似木鸡驯。
> 侯嬴有剑难从死，伍员无箫欲救贫。
> 徒赚北堂占鹊报，猜儿已作后车人。

《椒雨集上·马总戎龙闻余将去欲以一帐处之并有馈金意书此见志》：

> 徒以余生贷，难忘越俎愚。
> 本无貂可敝，休问鲋将枯。
> 此去从佣磨，谁人肯滥竽？
> 但烦他日念，吾说或非诬。

《椒雨集上·初七日去大营拟寄城中诸友》：

> 十万冤禽仗此行，谁知乞命事难成。
> 包胥已尽滂沱泪，晋鄙惟闻嚄唶声。
> 自古天心悭悔祸，虽余人面错偷生。
> 一身轻与全家别，何日残魂更入城？

此三首诗抒发金和献攻城奇计而未被重用、劳而无功的伤感。诗歌语言一反常态，精警而整严，特别是妙用典故，意蕴悠长。如"包胥已尽滂沱泪"二句，用申包胥九顿泣秦庭以救楚、晋鄙嚄唶而勇悍，来书写自己勇于担当、殚精竭虑献奇计的行径和心态；"本无貂可敝"二句，用季子貂敝、涸辙之鲋来书写自己奔波劳碌却功名不遂、处境困顿之境况；"侯嬴有剑难从死"二句，用侯嬴救赵而自刭、包胥无箫的典故，书写自己虽历经千辛万苦为国出力却无功的伤感。郭则沄《十朝诗乘》评《椒雨集上·初七日去大营拟寄城中诸友》曰："怨而不怒，忠厚之遗。"[①]诗歌用典，语言精警，蕴藉含蓄，意味悠长。

（二）评析金和诗歌文体

金和《然灰集·题兄荷生杂诗后》曰：

> 先生姑妄言之耳，如古所云则谬矣。
> 六合以外千秋前，安在奇闻不如此。
> 贤奸万辈冤狱多，一二大略在青史。

---

① 金和著，胡露校点：《秋蟪吟馆诗钞》，上海古籍出版社，2009年版，第464页。

> 铄金粪玉歧中歧，谁能曲折写诸纸？
> 苟有得于当日情，欲决黄泉问枯鬼。
> 至于淫渗气所钟，百怪甘人角而齿。
> 禹鼎一一虽铸之，腥秽肝肠恐未死。
> 其间亦各能言语，但我不及解而已。
> 悲来忽作荒唐词，哭向苍天眼无水。
> 欲将此意振聋聩，先生听然笑曰止。

诗意不尽明朗，似是对历史记载真伪的质疑。吴芳吉勾画诗歌开篇的"先生"二句，并在天头评注曰："无体制。"金和以散文入诗，议论纵横，是其所长，可酣畅淋漓的表情达意，又是其所短。主张以新思想入旧格局的吴芳吉对此颇有批评。胡先骕《评金亚匏秋蟪吟馆诗》亦批评金和诗歌文体混用，诗格不纯，如《原盗》一诗，"其气势矫健、言辞犀利，诚有足多者。然终嫌议论过多，有以行文之法作诗之病"①。

（三）评析金和诗歌格调

吴芳吉在金和《椒雨集上·酒人船歌》天头批注曰："格调似吴祭酒七古。"吴祭酒指明末清初诗人吴伟业，善写长篇七古，"及乎遭逢丧乱，阅历兴亡，激楚苍凉，风骨弥为遒上"②。吴伟业作诗巧于剪裁，简繁得当，高度精练，将近体诗的含蓄精练融入传统的叙事诗，增加了婉转含蓄典雅之美。而金和的《酒人船歌》通过书写蒋姓船夫的人生起落，反映太平天国之乱带来的社会兴衰，构思巧妙，语言含蓄，诗意浓郁。如记载昔日船夫常常载文人雅士游览于青溪数里，饮酒歌舞，吟诗垂钓，风流闲适："船前天上月华生，月为船多不肯明。移船我却寻明月，北出青溪即仙窟。酒力醉人欲化云，月意侵人都入骨。"吴芳吉特别圈点其中充满诗情画意的两句诗，由是可见太平盛世文人的风流，而这一切随着社会的大动荡不复存在："青溪罗绮半烟尘，何论青溪船上人。船是鲸吞遗下物，人是鹃啼死后身。"其诗既有传统长篇叙事诗的语言浏亮，又旨意遥深。

---

① 金和著，胡露校点：《秋蟪吟馆诗钞》，上海古籍出版社，2009年版，第472页。
② 永瑢等：《四库全书总目》，中华书局，1965年版，第1520页。

三、对金和后期"阅透人情"之作的圈点

金和早年颇有古代士大夫的狷狂,束允泰在《金文学小传》中评曰:"金君放情诗酒,跌宕自喜,近于狂。"①《清史稿·忠义传七》亦载:"(金和)性兀傲,工诗赋,好声色。纵酒,饮则数斗。"②历经苦难的金和在晚年还有讥讽时事的豪气和不羁,冯煦《秋蟪吟馆诗钞序》载:"一日,遇先生桑根师坐上,先生年垂六十,意气遒上如三四十人,抵掌谈天下事,声觥觥如巨霆。得失利病,珠贯烛照,不毫发差忒,镌呵侯卿,有不称意者,涕唾之若腥腐,闻者舌挢不得下,先生夷如也。"③

胡先骕《评金亚匏秋蟪吟馆诗》④认为,讽谏纪事之诗,其格调分为三等,"以至诚恻怛为上",如杜工部新乐府之伤离怨乱、悱恻动人;其次"深恶痛恨、正言切责",如吴野人《临场歌》披肝沥血,大声疾呼;下品"轻薄讥讪之言",如金和纪述乱离之作。认为金和诗有记载历史之功,且犀利痛快,言无不尽,才气横溢,言辞犀利,诚有过人之长,但是其诗韵味寡薄、气格凡猥。杜甫、苏轼当年亦遭际屯塞难堪,"然其所遭困厄,适足使之动心忍性,见道益真,其诗格益以高骞,绝无颓丧失志之语"。而金和则不然,迹其平生遭遇,"粤寇初兴之候,其意气方张,故其诗虽欠蕴剪,尚余豪气。自后则流亡转徙,所遇益困,意气益索,其诗益渐露颓丧之气象"。如《奇零集·出门示两儿》中"身经湖海狂名重,心切饥寒直道难"二句,"见不一见,几有终日皇皇但求温饱之概"。

金和后期诗歌固然有颓丧气象,但是通过对文本的细读,我们发现在衰颓气象的背后,其实更多是一种堪破人情的理性思考。谭献《秋蟪吟馆诗钞序》载:"光绪初元,乃与君相见于盋山。时君已倦游,少年抑塞磊落之气殆尽,而同气犹相求也。造访逆旅,密坐倾衿。予盖习闻金陵义士翻城之盟,微叩之,君蹙頞不欲尽其辞。清言谈艺,逾晷而别,固未得读其诗也。"⑤谭献在光绪初年所见到的是倦游的金和,不复有少年时代的狷狂和豪气,但其"清言谈艺"和"蹙頞不欲尽其辞"的背后,更多的是痛定思痛后欲说还休的沉思,多

---

① 金和著,胡露校点:《秋蟪吟馆诗钞》,上海古籍出版社,2009年版,第447页。
② 赵尔巽撰:《清史稿》,中华书局,1977年版,第13632页。
③ 金和著,胡露校点:《秋蟪吟馆诗钞》,上海古籍出版社,2009年版,第452—453页。
④ 金和著,胡露校点:《秋蟪吟馆诗钞》,上海古籍出版社,2009年版,第471—478页。
⑤ 金和著,胡露校点:《秋蟪吟馆诗钞》,上海古籍出版社,2009年版,第451页。

了一份历经沧桑后的静想和对苦痛的咀嚼。

由云龙《定庵诗话》评金和诗曰："崎岖困苦,诗犹阅透人情矣。"①南社诗人姚锡钧《姚鹓雏剩墨·梦湘阁说觚》评析金和遭际屯塞,穷老以没,"虽然,蓬转诸州,干戈丧乱,拔剑跅地,呼酒问天。世与我而相违,独郁郁其谁语？读者固可以哀其志而略其迹也矣"②。后期的金和与很多处于社会大变革时期的士大夫一样,面对同样的人生困惑：是为稻粱谋而屈意,还是求文人的风雅与狂放？

金和《壹弦集序》曰："事在簿书、钱谷之间,日与驵侩、吏胥为伍,风雅道隔,身为俗人,虫鸟之吟或难自已,则亦独弦之哀歌也。"③《南栖集序》亦载："日已昃而未食、鸡数鸣而后寝者,盖往往有焉,文章之事束之高阁而已。"④ 晚年的金和,为生计忙于簿书钱谷等吏胥之事,将文章风流束之高阁,所写诗歌"独弦之哀歌",可见士大夫内心的痛苦。

吴芳吉自评为"余悲剧中之乐观人也"⑤,生逢乱世,屡遭艰难,却无怨无怼,能秉承忠信礼义,坚守道义。所以吴芳吉特别圈点金和《秋蟪吟馆诗钞》中《残冷集》《壹弦集》《南栖集》中诗歌,集中反映金和对曲折和阴郁人生的慨叹。

（一）文人的痛苦,既有际遇的缺失,或许更多的是饥寒的威胁

《残冷集·校溆浦舒伯鲁秦郎中遗稿题后二首》曰："汉室郎官年最少,长沙才子哭偏多。"文人不遇,是对古人的伤感,亦是自悼;《壹弦集·偶得旧陶集读之漫书》曰：

> 我欲方陶令,书生更可怜。
> 看花谁有酒？种秫况无田。
> 难讳闲情赋,长歌乞食篇。
> 穷愁两无赖,或附古人传。

晚年隐居的陶渊明,生活贫窭,但亦是"穷愁"诗人金和钦羡的对象,看

---

① 金和著,胡露校点：《秋蟪吟馆诗钞》,上海古籍出版社,2009 年版,第 463 页。
② 金和著,胡露校点：《秋蟪吟馆诗钞》,上海古籍出版社,2009 年版,第 469 页。
③ 此集主要收录诗人丙辰十月至己未冬（1856—1859）所作的 200 余首诗歌。
④ 此集主要收录诗人咸丰十年至同治六年（1860—1867）所作的 270 余首诗歌。
⑤ 吴芳吉著,傅宏星编校：《吴芳吉全集》,华东师范大学出版社,2014 年版,第 479 页。

花无酒，种田无秫，穷愁交织，长歌只有乞食篇，为文哪能闲情赋。

（二）文人的痛苦，是为生计而失节屈意所带来的内心的痛苦

《残冷集·解嘲》曰：

> 岂宝柱下言，而欲学守雌。
> 莲宗重忍辱，亦自非吾师。
> 半生斲斲儒，养气尤自欺。
> 琴弦若动杀声在，长剑未驯梦捉之，问卿何为不男儿？
> 君不见仲孺屈意请蚡宴，正平犹闻媚表词，其他忍泪事可知。
> 厕中胯下非难处，只要饥寒失路时。

此诗为诗人借以自嘲的愤激之词，面对生计的艰辛，气节于文人意义何在，哪怕是身为游侠的灌夫和恃才傲物的祢衡，亦要屈意于权贵，韩信的胯下之辱，李斯的厕鼠之叹，这是文人的失节，还是时代的悲哀？

《壹弦集·渡江口号》亦曰：

> 悔倩江神渡梦过，近来尘汗赭如何？
> 服盐自笑非骐骥，争食谁知亦鸳鹅。
> 君辈才都居我上，余生恩只负人多。
> 男儿不是饥寒累，铁骨何由寸寸磨？

为饥寒所累，为生计所迫。男儿铁骨何在？骥负盐车、鸡鹜争食又何妨，无关气节守，只缘稻粱谋。诗歌在愤激中带有无奈，更见士大夫内心的压抑和矛盾。

（三）文人的痛苦，是为生计而渐渐失去文人的狷狂和文名

《壹弦集·喜含山庆子元光亨来江阴见访即以言别四首》其二至其四曰：

> 何况书生志，相期大将才。
> 但凭怒发上，亦可作风雷。
> 频岁向天哭，何人如汝哀？
> 横胸兵甲在，从不壮心灰。
>
> 我已销声久，甘埋万古悲。
> 天涯余几辈，能读近年诗？

> 君至催沽酒，酣歌似旧时。
> 旧时更狂态，江上月曾知。
> 可惜饥驱急，明朝我又行。
> 茫茫江海路，无此剧谈声。
> 有地筹军国，知君忘死生。
> 岁寒珍重意，休以一身轻。

朋友相见，在重逢的喜悦中，旧时的狂态、雄心和饮酒作诗的风雅，始终抵挡不住饥寒的驱遣，前路茫茫，身归何处？

人生"茵溷"，可以不计较遭际如何，居无定所才是"大恨"。《壹弦集·落花》曰：

> 万点残红谢故枝，漫天匝地受风吹。
> 余生茵溷都无恨，恨是飘零未定时。

《南栖集·漫成》曰：

> 敢言笔札似君卿，苦海文章得失轻。
> 一事南来差可喜，渐无人说旧才名。

《南栖集·广州晤同乡吴九帆湘明经出诗稿见示奉题》曰：

> 南来尤寂寂，独客敢论文？
> 况以伤心甚，颓唐已十分。

苦海文章无复年少豪迈，更无年少壮志豪情。金和四处漂泊，南来粤东乞食残羹冷炙，诗歌是个人艰辛生活"了了萍踪"的书写（《残冷集序》），更是士大夫在战乱中的蹇涩人生的写照。

当然，尽管其遭际困窘，但金和一心向上。

《残冷集·将之松江子岷以诗送行作此酬之四首》其三曰：

> 旧学分明在，相期凤好敦。
> 文章关寿命，忧患亦天恩。
> 努力酬先德，清声副大门。
> 由来珍重意，仕隐且休论。

同为儒林中人，文章关系声誉，无论仕隐，清声好敦，是自勉更是共勉。

第四节　陈伯澜、吴宓、吴芳吉对丘逢甲的文学批评

丘逢甲（1864—1912），又名仓海，字仙根，号仲阏、蛰庵，台湾苗栗人。近代著名的爱国诗人，清末民族志士和教育活动家。光绪十五年（1889）进士，授职工部主事。日本割台后，丘逢甲组织义军抗日，事败后内渡大陆，热心举办教育，培养新进人才；与时俱进，参与救国富民活动。著有《岭云海日楼诗钞》①，积极响应"诗界革命"的倡议，长于七言律诗和长篇歌行的创作，多忧时伤世之作，慷慨放言，为"诗界革命一巨子"②，诗歌苍凉沉郁中腾跃英气，雄强激荡而又明朗自然。

《吴宓自定年谱》载：

> （民国四年）惟在此碧柳居沪之大半年中，（一）宓曾以姑丈《南帆集》诗稿寄示，碧柳即抄写一份，自存读。（二）宓又以宓历年之全部诗稿寄去，求其评改。碧柳所评正者，今全载《吴宓诗集》卷首。（三）宓兼以丘逢甲《岭云海日楼诗钞》（一部，四册）等近人诗集数种寄与之。碧柳皆带回家中存读。③

师从关中大儒刘古愚的陈伯澜，作为维新派的志士，寓粤期间，与丘逢甲皆为两广学务公所的同事，热心教育、实业救国，二人诗歌唱和，情谊深厚。受陈伯澜的举荐，吴宓、吴芳吉阅读批评丘逢甲诗歌。吴宓或评析丘逢甲"以志节为诗"④，诗格高尚；或评析丘逢甲负经济之才，其诗为"英雄之诗"⑤；或评析丘逢甲诗歌对新诗诗人王越的影响，其诗慷慨悲哀，激昂奋发。吴芳吉批评丘逢甲诗歌为至情至文，"足以挽流俗，匡末运"⑥；艺术上空灵雄健，峥

---

① 关于丘逢甲传世之作的编印，较有影响的是1913年丘瑞甲根据丘逢甲生前自编手稿所编订的《岭云海日楼诗钞》十三卷。收录丘逢甲作品最全面的当属广东丘逢甲研究会编定的《丘逢甲集》，岳麓书社2001年出版。本文所引的丘逢甲诗文皆出于此。
② 梁启超著，舒芜校点：《饮冰室诗话》，人民文学出版社，1982年版，第30页。
③ 吴宓著，吴学昭整理：《吴宓自定年谱》，生活·读书·新知三联书店，1995年版，第145页。吴宓原文中"丘逢甲"作"邱逢甲"，今径改。后文所引《吴宓诗话》《吴宓日记》亦径改。
④ 吴宓著，吴学昭整理：《吴宓诗话》，商务印书馆，2005年版，第44页。
⑤ 吴芳吉著，傅宏星编校：《吴芳吉全集》，华东师范大学出版社，2014年版，第554页。
⑥ 吴芳吉著，傅宏星编校：《吴芳吉全集》，华东师范大学出版社，2014年版，第553页。

嵚豪放，五言古风"遒美有奇气"①，排律"朴茂深厚"②，"用典之多而且合法者"③，为今世诗文之正宗④。

一、陈伯澜与丘逢甲的交游

陈伯澜对丘逢甲诗文特点及诗学地位评价极高，据1915年8月6日《吴宓日记》载："读《岭云海日楼诗集》，丘仓海（逢甲）先生遗著也。先生事业雄伟，其诗亦雄伟。澜丈谓近二百余年来，无此气格。下里卑靡之音，何足道哉！"⑤《吴宓诗话·余生随笔·丘逢甲岭云海日楼诗钞》载："陈伯澜姑丈谓晚近诗格卑靡，若公诗大声鞳鞳，乾坤正气，允推独步。"⑥《吴宓诗话·〈艮斋诗草〉后序》曰："予少学诗于三原陈伯澜姑丈（涛），并以传之碧柳（吴芳吉）。"⑦陈伯澜极为推崇丘逢甲诗歌对民生疾苦的关注和慷慨悲壮的诗风，且不遗余力举荐给后学"两吴生"：吴宓、吴芳吉，深深影响二人的创作，有助于他们思考对新诗的建设。

陈涛（1866—1923），字伯澜，号迹陶，自号审安斋主人。清末西安府三原县人，幼年受学于关中大儒刘古愚，1889年乡试中陕西第一名。甲午战败后，陈伯澜在京参与"公车上书"，痛陈对日割地、赔款的严重后果，提出拒和、迁都、变法三项主张。后受刘古愚委托，前往武汉、苏州、上海等地考察实业救国，先后流寓广东、上海、北京等地。陈伯澜于诗文之外，兼课时务，如1905年，在广州创办广东高等工业学堂，多次东渡日本，买回先进的教学设备，培养人才；辛亥革命以后，他先回到上海，后又到北京，在北洋政府财务部任职，考察外省财政事宜，但属闲职，不能发挥其才智。宗弟文燮季涛甫《伯澜宗兄像赞》曰："公之貌清而癯，公之怀实若虚，公之学问，治新旧而一炉，惜乎生不逢唐与虞，权利弊，筦机枢，大抒伟抱，筹国储，身后徒留数卷

---

① 吴芳吉著，傅宏星编校：《吴芳吉全集》，华东师范大学出版社，2014年版，第616页。
② 吴芳吉著，傅宏星编校：《吴芳吉全集》，华东师范大学出版社，2014年版，第454页。
③ 吴芳吉著，傅宏星编校：《吴芳吉全集》，华东师范大学出版社，2014年版，第393页。
④ 关于丘逢甲与陈伯澜的交游、丘逢甲对吴宓和吴芳吉的影响，丘铸昌先生《丘逢甲交往录》（华中师范大学出版社2004年版）中有论，惜乎意犹未尽，本文踵武先生申论之。
⑤ 吴宓著，吴学昭整理：《吴宓日记》（第1册），生活·读书·新知三联书店，1998年版，第475页。
⑥ 吴宓著，吴学昭整理：《吴宓诗话》，商务印书馆，2005年版，第44页。
⑦ 吴宓著，吴学昭整理：《吴宓诗话》，商务印书馆，2005年版，第259页。

书，后之读者，作南车唏嘘。"① 现存《审安斋遗稿》，包括《拟请设立国税局条议》《裴氏和约私议赘言》《南馆文钞》《粤牍偶存》《入蜀日记》《审安斋诗集》等。

陈伯澜寓粤期间，与丘逢甲皆为两广学务公所的同事，热心教育实业救国，志坚而识卓，"专以培植后进、灌输革命为宗旨"②，同为维新派的志士，基于一样的救国图强变革的人生理想，又有共同的志趣。二人情谊深厚，多有交游，特别是参与"钟诗会"，往来唱和，不乏风雅情怀。③

康有为《〈烟霞草堂文集〉序》赞美关中大儒刘古愚曰："笃行而广知，学古而审时，至诚而集虚，劬躬而焦思，忧中国之危，惧大教之凌夷而救之，以是教其徒，号于世，五升之饭不饱，不敢忘忧天下。"④ 陈伯澜承袭师训，又问学于康有为，致力于图强维新，丘逢甲对此有评析。丘逢甲《赠伯澜》曰："乘兴曾游大海东，樱花开处唱秦风。归来小试经纶手，一卷《周官》补《考工》。"⑤《短歌赠陈伯澜》曰："终南太华遥相望，从天东下黄河黄。千年王气久消歇，秋陵思哭秦汉唐。三原陈生胸有史，东随黄河观海水。茫茫海水扬胡尘，嗟哉何止秦无人！"⑥ 两首诗歌赞美陈伯澜有深厚的国学功底，又有开阔的胸襟，到日本游学，习富国强兵之道，气势宏达，志向高远。

陈伯澜《赠丘仓海》曰：

> 飓风激荡海水立，十万王师虫沙泣。
> 汉家下诏捐珠崖，田横义士同悲哀。
> 义旃一日举海上，功虽不成气亦壮。
> 吁嗟乎！鳞甲修养蛇成龙，爪牙摧落虎变鼠。
> 我侪聚鹬作玉冠，邻家介鸡为金距。
> 眼中黑白棋分明，更着一子向何许。

---

① 陈伯澜：《审安斋遗稿》，成文出版社，1968年版，第4页。陈伯澜诗文中"丘逢甲"均作"邱逢甲"，"丘仓海"作"邱仓海"，今径改。
② 《丘逢甲集》，岳麓书社，2001年版，第967页。
③ 关于此，据丘逢甲1906年《丙午日记》所载，有较为详尽的统计，可参。如九月十五日日记载，丘逢甲到高等工艺学堂访问伯澜、孝方，三人皆有诗歌；九月十六日"往伯澜处作诗钟一唱"（丘铸昌：《丘逢甲交往录》第98—99页）。
④ 任大援、武占江：《刘古愚评传》，陕西人民出版社，1997年版，186页。
⑤ 《丘逢甲集》，岳麓书社，2001年版，第542页。又尾句原诗自注曰：伯澜，姓陈，名涛，时为两广工业学堂监督。
⑥ 《丘逢甲集》，岳麓书社，2001年版，第569页。

>英雄成败事偶然，胸有奇气化云烟。
>
>新诗脱口万众传，如听风雨鸣龙泉。①

陈伯澜在诗中既赞美丘逢甲举义旗保家卫国的壮举，又评价其诗风格悲壮，根源在于其爱国情怀。

丘逢甲《南园感事诗》（五首）曰：

>南园在文明门外，水木明瑟，为前明粤中前后五子赋诗高会地。后人即供俎豆于旧坛坫间。旁有宋三忠祠，故伊墨卿以"君臣三大节，词赋十先生"题其门，陈东塾为重书以揭之。其旁复有广雅书局，皆南园地拓也。两广学务处已借以治事。广东学务公所仍之。前后在事诸子，暇辄为诗钟之会。当其寸香甫烬，钟声铿然，斗捷夸多，争执牛耳。复创为表格，以积分法高下之。体制虽纤琐乎而与会者皆兴高采烈，以为此乐不减古人。年来伤离叹逝，意兴非昔。然其事尚不辍至今。今年公所始迁地，重重影事，思之怃然。张生六士有诗，为广其意和之，并索前在园诸子同作。
>
>一代风骚起海湄，千秋忠愤剩荒祠。兴亡并作斜阳色，如此江山合赋诗。
>
>五百年间几劫灰？南园非复旧池台。溶溶玉带河边水，曾见张乔照影来。
>
>岂独伤心为古人，五年前事迹俱陈②。青青几树河桥柳，不待飞花已送春。
>
>女墙残月度钟声，捉鼻微吟笑洛生。不信风流今歇绝，夜乌啼雨过春城。
>
>春潮欲上水松阴，春梦迷离不可寻。人去堂空帘不卷，碧阑干外昼沉沉。③

南园为广州名胜，历来为粤中士人游览圣地。如明代粤中前后五子，在此结诗社唱和，"相与发愤千古之事"。丘逢甲追慕前贤行谊风流，再度在南园结社吟诗，泼墨挥毫，颇得江山之助。丘逢甲诗中所记载，或为对南园风光及文

---

① 陈伯澜：《审安斋遗稿》，成文出版社，1968 年版，第 426—427 页。

② 诗原注："预诗钟会者：方子顺太守、陈午星太令、姚伯怀观察、高啸桐太守先后俱逝，余亦多远官四方，升沉异趣。"

③ 《丘逢甲集》，岳麓书社，2001 年版，第 613—614 页。

化活动进行实体性的文学书写，或为回忆南园人与事的虚拟性文学书写。南园既是丘逢甲游览悠闲之地，如《南园》记载诗人重游南园的期待与忐忑："玉带河边万柳丝，跨河楼阁郁参差。重来只恐风光异，再为南园住少时。"①《次韵南园小山遇雨》载诗人雨中游览南园的闲适与快乐："横看成岭侧成峰，怪石参差地足容。正喜园林饶气象，忽惊雷雨起蛟龙。半池新水花初落，旧壁残题薜未封。归去更欣逢夕霁，东南回首海云浓。"②《南园对月》既有对优美的月光咏叹，更有人世沧桑的慨叹："南园一片娟娟月，曾照诗人更美人。穷海未应人物尽，中天还见月华新。百年耆旧谁高咏？万劫光明此法轮。应有姗姗环珮影，夜归来吊柳梢春。"③

南园更是见证了丘逢甲与志同道合的士人的行谊风流，《二十三叠韵，学使所居为南园，豹君方伯与新学使沈君子封（曾桐）皆能诗》抒发的是送别朋友的依依惜别之情：

飞虹双跨隔河楼，尽把南园古迹收。
五夜德星占上界，一时名士聚南州。
风神落落王平子，文采翩翩沈隐侯。
不负昔贤坛坫地，江山休送别离愁。④

《山寺（南园诗社题。玉盒格，底面俱限字）》（二首）依声填词，书写游览古寺的禅悟：

秋来何处托吟鞭？古寺寻碑踏暝烟。
柳外断霞峰十二，花间凉月界三千。
西流星汉临高塔，南戍云山倚梵天。
风定相轮铃不语，下方人望佛灯然。

秋入高林晓色鲜，晨钟敲彻寺楼烟。
柳边洗钵僧三两，塔顶看云象万千。
西竺尘埋三世佛，南宗花散四禅天。
风幡不动心何动，宴坐空山意黯然。⑤

---

① 《丘逢甲集》，岳麓书社，2001年版，第541页。
② 《丘逢甲集》，岳麓书社，2001年版，第545页。
③ 《丘逢甲集》，岳麓书社，2001年版，第546页。
④ 《丘逢甲集》，岳麓书社，2001年版，第587页。
⑤ 《丘逢甲集》，岳麓书社，2001年版，第609页。

《旅夜书怀（用〈杜禹庙〉韵，南园诗社题）》则为相思之作：

> 一身万里云无定，孤馆残更月欲斜。
> 湖海频年思弟妹，干戈余劫起龙蛇。
> 九秋客况愁中酒，四海人心散后沙。
> 倚枕不眠思故事，汉朝终始在三巴。①

陈伯澜居住在广东期间，与友人亦浏览南园胜地，吟诗唱和，借助南园这个文学空间展开文学记忆。② 如《和丘仓海南园留别诗》曰：

> 花木芬芳水石清，庐陵诗简始经营③。梦回故国山河远，岭外夕阳一片明。
>
> 堂前后校各蜂房④，南北宗风互主张。开遍梅花吹遍笛，七年一觉梦痕凉。
>
> 落机山前海水浑，惊涛如屋撼征魂。嗣皇未起元丰党，可有新书上至尊⑤。
>
> 阳城斥去刘蕡死，枉负人间著作材。风谊我兼师友雅，生刍一束有余哀⑥。
>
> 翩翩俊鹘振霜翰，俯笑榆枋冷眼看。何事云霄生蹭蹬，古来蜀道上天难⑦。
>
> 文章家法有前型，左海真能菲六经。谁信江南冠盖里，浮云犹蔽少微星⑧。
>
> 好花经雨忽披离，肠断临江握别时。闻道桂林山水好，强开襟抱学伸眉⑨。⑩

---

① 《丘逢甲集》，岳麓书社，2001年版，第609页。
② 陈恩维：《空间、记忆与地域诗学传承——以广州南园和岭南诗歌的互动为例》，《文学遗产》2019年第3期。
③ 诗原注："广雅书局为张南皮创建，与南园毗连，学务公所兼两处之胜，同人结诗社，朝夕谦集于此。"
④ 诗原注："书局内分前后南北各校书堂及陈范堂、十峰轩、罗浮精舍，各处同人分居焉。"
⑤ 诗原注："龙门刘鸣伯。"
⑥ 诗原注："长乐高啸桐。"
⑦ 诗原注："诸暨周孝怀。"
⑧ 诗原注："东台陈星南。"
⑨ 诗原注："建德徐叔度。"
⑩ 陈伯澜：《审安斋遗稿》，成文出版社，1968年版，第427—429页。

这组诗为唱和丘逢甲诗歌,取其意,描写游览南园的风雅,书写送别友人之情,如其五为送别友人周善培①游宦巴蜀之作,首句"翩翩俊鹘振霜翰"化用杜甫《朝》"俊鹘无声过,饥乌下食贪"二句,称美周善培如矫健之鹘,性酷而刻,任事果断,既能潜心治学,濡染国学,又能学习欧美知识,实业救国。

二、吴宓对丘逢甲的批评

受到叔父陈伯澜的影响,吴宓对丘逢甲的诗歌多有批评。

(一)评析丘逢甲"以志节为诗",诗格高尚

《吴宓诗话·余生随笔·丘逢甲岭云海日楼诗钞》②为评析丘逢甲的长篇论文,秉承知人论世的文论传统,概述丘逢甲生平行踪,评析其诗歌特点,曰:"公生平作诗至逾万首,惟乙未以后诗仅存。公倜傥豪雄,负经济才。其人与事,均类陆放翁。而诗中多从军之什。感怀旧迹,伤心时变。激宕不平之气,真切流露,则尤酷剑南。陈伯澜姑丈谓晚近诗格卑靡,若公诗大声鞺鞳,乾坤正气,允推独步。盖公以志节为诗。"丘逢甲"伟岸有奇气",豪迈不羁,有济世之才,一生心系天下。甲午割台事起,丘逢甲为筹划独立而殚精竭虑;内渡南粤,主持教育,以增植尚武精神为志;辛亥事起,议定时局,多所匡扶。基于此,其诗歌内容是戎马生涯写照,"绝少咏物与酬应之作,多关国故"。其诗风慷慨沉雄,真情流露。

吴宓《吴宓诗话·余生随笔·赵瓯北》认为:"以新理想、新事物、熔铸于旧风格。"③黄遵宪、丘逢甲等皆是典范。《吴宓诗话·余生随笔·诗意与理贵新,格律韵藻须旧》④就新诗构建中如何处理新与旧、承传与创新的关系,提出"诗意与理贵新,格律韵藻须旧",认为应秉持雅正之旨,寻求美与词工相结合。诗须真性情、真怀抱者能作,多读书,为储才植本之图,而诗词文章,均与一时之国力、民情、政教风俗息息相通,须写时事,"昔人推尊诗史,

---

① 周善培(1875—1958),号孝怀,祖籍浙江诸暨,随父亲宦游到四川后定居。周早年与梁启超、刘光第等维新人物有接触,曾奉命带20名学生赴日本留学,重点考察新式学堂、警察制度等。清末新政能臣,倡导实业救国。(陈稻心:《周善培与晚清成都警察》,《文史杂志》2009年第2期)
② 吴宓著,吴学昭整理:《吴宓诗话》,商务印书馆,2005年版,第44—48页。
③ 吴宓著,吴学昭整理:《吴宓诗话》,商务印书馆,2005年版,第19页。
④ 吴宓著,吴学昭整理:《吴宓诗话》,商务印书馆,2005年版,第32—33页。

亦以其善传时代之事物与其精神"；但是诗须守韵律，尚精炼，拒绝晚近诗界革命中的粗浅油滑之调，力戒措词纤巧，叠韵斗险，雕字镂句。故其所选录丘逢甲的诗作，多用典故，意蕴深厚。如所选录的《乙未偶题》曰：

> 化碧三年血有痕，当年哀感满乾坤。
> 鹑维剪后天方醉，无路排云叫九阍。
>
> 此局全输莫认真，东南风急海扬尘。
> 世间倘有虬髯客，未必扶余属别人。
>
> 残山剩水冷斜晖，独向西风泪满衣。
> 皂帽藜床成底事，全家辽海管宁归。
>
> 人间成败论英雄，野史荒唐恐未公。
> 古柳斜阳围坐听，一时谈笑付盲翁。①

诗人有感于甲午海战，以诗言志，书写兴亡之感：或用苌弘化碧的典故表达对故土沦陷的悲愤；或化用杜光庭《虬髯客传》典故，表达收复台湾的信心；或以山水斜晖起兴和化用管宁隐居的典故，表达诗人的悲秋情怀和颠沛流离的清贫；或化用陆游《小舟游近村舍舟步归》诗句，冷峻中有沉痛。历史都以成败论英雄，诗人焦虑于自己的正义事业能否被后人所理解。诗歌用典娴熟，含义隽永，情感深邃。② 又选录的《山村》曰："重倾浊酒定惊魂，通德来归故里门。年始二毛逢丧乱，家余百口幸生存。眼中精卫无沧海，劫外鹪鹩有小园。跃马鸣骹豪气在，布衣耕钓自山村。"③ "眼中"句化用《精卫填海》典故，"劫外"句化用《庄子·逍遥游》"鹪鹩巢于深林，不过一枝"典故，表达诗人历经劫难后隐居山野、耕钓山村的无奈：虽有精卫填海之志，但故土沦陷，只手难以撑天；唯有如鹪鹩巢林一枝，安身养性。

吴宓《余生随笔·诗之公私广狭，视作者之怀抱如何》④ 认为诗人情怀与诗之功用相系，真正的诗人，如杜甫、陆游、弥尔顿、华尔华兹等皆可因公忘私，"凡为真诗人，必皆有悲天悯人之心，利世济物之志，忧国恤民之意"，夫如是，才能到达诗之功用，"造成品德，激发感情，砥砺志节，宏拓怀抱"。故

---

① 《丘逢甲集》，岳麓书社，2001年版，第151页。此诗《丘逢甲集》题名为《有书时事者为赘其卷端（四首）》，吴宓所录诗歌文字有误者据《丘逢甲集》校改。
② 邢哲夫：《诗词中的中日甲午战争》，《新浪历史》2014年12月3日。
③ 《丘逢甲集》，岳麓书社，2001年版，第162页。
④ 吴宓著，吴学昭整理：《吴宓诗话》，商务印书馆，2005年版，第34页。

所选丘逢甲的诗，为诗人触景感兴之作，表达出对时局的忧虑和英雄失意的愤懑，具有强烈的艺术感染力。如所选录的《话旧》曰："大海惊涛似昔时，高台同听不胜悲。五年乡泪愁中制，半夜军声梦里驰。铁弩何时开越国？素车终古走灵胥。如闻鹿耳鲲身畔，毅魄三更哭义旗。"① 高台多悲风，此诗为诗人于夏夜同友人夏同龢（字季平）同游海滨萧氏台听涛有感而作。台湾割让五年之恨何时方休？有对故土的梦萦魂绕和"铁马冰河入梦来"的回忆，有勾践卧薪尝胆的雪耻复国的志向，更有素车白马的伤痛，对英烈的深深悼念。涛声引起了诗人的乡思和对因抗击日本而牺牲的战友的怀念，全诗浸透了诗人内心深沉的悲痛。

（二）评析丘逢甲负经济才，其诗为"英雄之诗"

吴芳吉《答某生》载：

> 又闻诸雨僧曰：三原陈公伯澜之诗，丘公以后大家，较丘公工力尤胜。丘公之诗，乃英雄之诗。陈公之诗，则真诗人之诗。譬之古人，丘公似放翁，陈公则如子美。②

吴宓评析丘逢甲其人其诗颇似陆游，是"英雄之诗"。如《吴宓诗话·余生随笔·丘逢甲岭云海日楼诗钞》选录的《秋怀》曰：

> 中原王气黯东迁，叹凤嗟麟意惘然。
> 人物真成一邱貉，文章更噪六朝蝉。
> 绕篱晚菊寒谁采？补屋秋萝冷自牵。
> 消尽美人迟暮感，素书一卷独编年。
>
> 斜阳围听说场词，我亦曾驱十万师。
> 破碎河山开国史，飘零风雨出军诗。
> 海中故部沉苍兕，云里残旌失素蜺。
> 岁自周天天自醉，红墙银汉隔秋思。③

此诗在《岭云海日楼诗钞》卷十中题名为《秋怀（次覃孝方韵）》（八首），

---

① 《丘逢甲集》，岳麓书社，2001年版，第371—372页。此诗《岭云海日楼诗钞》卷五题名为《夏夜与季平萧氏台听涛追话旧事》。
② 吴芳吉著，傅宏星校：《吴芳吉全集》，华东师范大学出版社，2014年版，第554页。此处吴芳吉引用吴宓评语"丘公"作"邱公"，今径改。
③ 《丘逢甲集》，岳麓书社，2001年版，第554页。

此处引用其三和其四。其三与其五反映出诗人浓浓的悲秋情怀，表达的是"老我秋风无一事，十年雄剑不曾磨"的自责：故国破碎，采晓篱晚菊的文人风雅何用？美人迟暮，时光流逝，故土何日能恢复？其四与其六更多的是对往事的追忆，自己曾带兵驰骋沙场，有"豪杰济艰难"的壮举，如今时光荏苒，唯有对故部英烈的深深缅怀。

又《吴宓诗话·余生随笔·丘逢甲岭云海日楼诗钞》附录中，特别评析与丘逢甲道义交的英雄唐景崧其人其文。

附录中抄录圈点唐景崧诗歌两首，可见其志：

> 附录陈寅恪斋中所悬南注生手书诗横幅云：为人作书，口占二绝，冬阴已久，立春忽晴，亦快事也。
>
> 苍昊沉沉忽霁颜，春光依旧媚湖山。
> 补天万手忙如许，莲荡楼台镇日闲。
>
> 盈箱绢素偶然开，信手涂鸦负麝煤。
> 一管书生无用笔，旧曾投去又收回。①

陈寅恪先生在句后有按："唐公归来后，家居桂林之环湖边，故云莲荡。光绪戊戌春间，全国竞言改革，公自伤闲居，无缘补天也。"诗歌抒发唐景崧退隐后闲居而无缘补天的忧伤。

又吴宓认为丘逢甲、唐景崧二人英雄相惜，同气相求。吴宓圈点丘逢甲为唐景崧《请缨日记》所作骈文序中的重要文句，并评析其文笔"工丽"：

> 我维卿方伯夫子，三垣奎宿、早耀文光；八桂名流，凤饶奇抱。于蛮触交争之日，正和战未决之秋。贾谊上书，请系匈奴于阙下；陈汤献策，将维属国于关西。始则一介行边，终乃偏师捣穴。于是本子云之典册；写小范之心兵。纪事成书，编年仿体。以一身之涉历，关全局之转移。
>
> 则此记也，谓之相斫之书则过；拟之以大事之记非夸者也。今者，银河洗甲，凯旋而柳色当楼；瀛海开藩，判毕而芸编满案。始搜伍籍；将付手民。子长酒肉之簿，饶有史材；髯仙嬉笑之词，皆为文料。盖一时兵交之事，一人战迹所经，而属国兴亡之局，兵家胜败之机，胥于是乎

---

① 吴宓著，吴学昭整理：《吴宓诗话》，商务印书馆，2005年版，第45页。

寓焉。①

观此两段文笔及吴宓的圈点，可见吴宓所谓的"工丽"，是认为此文遵循文赋的特点，对仗精工，巧用典故，文意典雅。就圈点的文句内容来看，或为赞美唐景崧的保家卫国的英雄壮举②，或称美此日记的史料价值，记载一段中法战争历史，提供历史借鉴。③

（三）评析丘逢甲诗歌对新诗诗人的影响

《吴宓诗话·空轩诗话·陈涛（伯澜）》曰：

> 陈伯澜姑丈之诗，予以私授碧柳。碧柳秉其至性卓才，读之而受益，蔚为大诗人，更以传之其友其徒。即丘仓海《岭云海日楼诗》知者初不多，予得之于姑丈，传之于碧柳，碧柳大事赞扬。十余年后，予更以授王越君。凡读碧柳与王越之诗者，盖莫不重丘公。此岂丘公生前所及料？④

王越，字士略，广东梅县人，曾就读燕京大学，后在北京大学研究所国学门师从黄节研究汉魏乐府诗，著有《汉代乐府校释》《汉代乐府释音》。《吴宓诗话·空轩诗话·王越》评价其学术渊源与文学创作的关系时曰："君既沉浸于汉魏乐府，又上追杜工部，得力于吴梅村，故有志继承其乡先贤黄公度先生（遵宪），为奇伟之创造。今能作成长篇事诗，而发扬吾中华民族精神者，遍观海内，必当首推王越君也。王君勉乎哉！"⑤在思想价值取向和文学艺术上，王越取法杜甫、吴梅村、黄遵宪等人。

---

① 吴宓著，吴学昭整理：《吴宓诗话》，商务印书馆，2005年版，第45—47页。又吴宓在丘逢甲为唐景崧《请缨日记》所作骈文序前有按语，且有圈点，可见对唐景崧的英雄之举的赞美。

② 对此朱和钧《跋》亦曰："窃叹公出关以来，跋涉数千里，无尺寸凭借，惟以忠义相激发，从容樽俎，指挥大定，安反侧，驭桀骜，拊循慰勉，固结一心，以械钝粮竭之众，转战深入，蒇斩精锐，俘获酋房，不可数计。厥后宣光之役，法军挫衄阽危，全圻震动，驯至告警乞援，法之国会议兵议饷群起交讧，宰执避位。综西报之缕列，实与公是编相表里者也。和钧循览数过，怅触旧怀，谨缀数语，以为曩日军情时事之一证云。"（唐景崧著，李寅生、李光先校注：《〈请缨日记〉校注》，上海古籍出版社，2016年版，第456页）

③ 对此唐景崧《跋》亦曰："或曰：中外用兵，盖以此次为最久而接战为最烈也，不可不记；南交忽属泰西，为二千年未有之大变，不可不记；泰西我国仇，咸丰庚申后刘永福首起击之，不可不记；书生走万里，驭异域枭将，提一旅偏师，转战三年，目睹兵戎始末，不可不记。于是搜辑军报，编缀旧稿，得十卷，名曰《请缨日记》。虽不免庞芜绐漏之病，而军事之宏纲要迹始卒兼赅。其中得失是非，足以备鉴来兹，有神时务，而事必征实，尤可为后世史官得所依据焉。"（唐景崧著，李寅生、李光先校注：《〈请缨日记〉校注》，上海古籍出版社，2016年版，第461页）

④ 吴宓著，吴学昭整理：《吴宓诗话》，商务印书馆，2005年版，第182—184页。

⑤ 吴宓著，吴学昭整理：《吴宓诗话》，商务印书馆，2005年版，第245页。

1932年7月11日《大公报·文学副刊》第236期刊载吴宓《评王越〈风沙集〉》①长文，文中吴宓认为作诗之指南针与评诗之标准当以"熔铸新材料以入旧格律"为正法，因此，真正的诗人必须具备四点特质：其天性"真挚而热诚，锐敏而多识"，感情极丰沛，观察力丰富，更以学问、修养、经验、道德诸端融汇；对于旧诗艺术"深通而久习，能运用自如"；生长于民间，旅处各地，考察体味民情社情；其描写民生疾苦，乃用直接而具体之方法，不可浑言虚情。以此标准衡量，"则近世中国之诗人，前有黄遵宪（公度），后有吴芳吉，允宜推崇"。且二人还皆具有伟大之志趣怀抱，最能代表发扬中华民族之精神者。可喜之处还在于今日有"继武者"王越，作诗之途"趋正"。

《吴宓诗话·空轩诗话·王越》②则对王越诗文做了具体的批评。以此彰显其踵武丘逢甲对新诗的建设和贡献。王越诗歌关注社会现实，如国难既起，民国二十一年夏刊行《风沙集》，王越乃将怨别伤离之作，尽行删弃，唯存描写民生疾苦之叙事诗。吴宓特别列举其中描叙陕西旱灾的《逃荒》和批评资产阶级压迫劳动阶级的《主与驴》两首诗，并评析曰："其格调则出于《左传》及《诗经》，而经济压迫、社会革命、民生实况、时代消息，悉于此寄托，言近而旨远也。"《逃荒》是对旱灾给民众带来的灾难的控诉，吴宓特别圈点"买得灾儿女，长绳犬牵车。崎岖潼关道，日夕有啼声"，揭露商贾买卖儿女的惨状。《主与驴》则用问答体，描写劳动阶级受尽奴役而反抗，吴宓特别圈点"旷野苍茫，明星有烂。蹇驴长鸣，声闻霄汉"四句，饱含对光明的向往。而在艺术上，前首诗有乐府的流畅，后一首用四言，则有《诗经》的古雅之美。

"九一八"国难起，王越作长诗，集结为《抚时集》，取意于杜甫《观公孙大娘弟子舞剑器行》"感时抚事增悲伤"之意。诗歌多咏唱时事，吴宓列举两首长诗，一为《失地将军歌》，批评张学良、汤玉麟，伤东北三省及热河之失也。吴宓特别圈点其中讽谏之语，如果说圈点"古言善战者服上刑，将军毋乃惧此经。今言和平者不抵抗，将军恃此优游而自放"四句，是在讽刺中语带戏谑，那么圈点的文尾诗句，则是愤激和控诉："是时帐下偏将军，离宫虎镇扪腹眠。梦入宝山岂虚返，满车瓯窭行行行。芙蓉夹道临风树，千里红云摇玉露。将军潇洒能爱花，采之摘之复盈筥。盈筥盈筐何处归？九天倏忽鸣巨雷。胡刀霍霍莽氛埃，将军惊起芙蓉堆。一驰十日无崔巍，芙蓉犹向将军开。"一

---

① 吴宓著，吴学昭整理：《吴宓诗话》，商务印书馆，2005年版，第169页。
② 吴宓著，吴学昭整理：《吴宓诗话》，商务印书馆，2005年版，第243-244页。

为《五百大刀队》,是对民国二十二年三月中旬宋哲元部大刀队五百人殉国于喜峰口的歌颂,"神勇悲壮,冠绝人寰,是不可以不咏"。吴宓特别圈点其中描摹英雄悲壮之举的诗句:"西人东人山钟应,今见大刀耀长城。以一敌百刀飞腾,狂风吹雪刀将迎。镇枪威炮刀纵横,刺胸溃血刀殷殷。大刀之锋决巨鲸,大刀之精威鬼神。大刀一出猛敌奔,大刀再出日月明。昆仑山高风浩浩,大刀永与西方壮士并作千秋鸣。"这是对民族英雄的礼赞,是对民族精神的弘扬。从艺术上,吴宓评价两首诗曰:"国人读之者,谅必慷慨悲哀、激昂奋发也。"

三、吴芳吉对丘逢甲的批评

吴芳吉《自订年表》载:"(民国五年)始读丘仓海《岭云海日楼集》,意甚羡之,亦长兄所授也。"①吴芳吉《初夏赴丈人田舍看插秧》末段曰:

> 醉把《南帆集》,茅檐展读书。新萤飞腐草,皎月皱行鱼。太华多奇士,陈公诗丈夫。滩声凉入耳,念古意踟蹰。

自注曰:"《南帆集》,三原陈伯澜先生诗,今入《审安斋全集》中。时先生尚在北京,故长兄得以先生手写全稿相授。某于现代诗人所受影响甚深者,秦中前辈,一为陈伯澜先生在粤中诸诗,一为于右任先生在俄蒙诸诗也。"②

由是可知吴芳吉对丘逢甲诗歌的阅读源自陈伯澜,且对其诗评价极高。

吴芳吉1923年作《论诗答湘潭女儿》,诗后自注曰:于中国诗史上渊源所从的大家有屈原、陶渊明、杜甫、丘逢甲四人,濡染四人者"不仅其文,尤在其人。……丘则处积弱之势、衰敝之秋,而能发扬民族精神、祖国文化,以与时代俱进,此皆某所馨香祷祝,以为创造民国新诗最不可少之资也"③。由是可见丘逢甲其人其诗对民国新诗建设的影响。

吴芳吉对丘逢甲其人其诗,极为礼敬和仰慕,如1916腊月二十三日《日记》载:"梦亡友邓伯勋就吾问诗。吾以丘仓海诗示之。"④吴芳吉喜读丘逢甲的诗歌,据1917年五月十五日《日记》载,吴芳吉曾经欲著《天人之书》,分为《人才论》《学术论》《真理论》《家庭论》《政府论》,是日因催债与母亲有

---

① 吴芳吉著,傅宏星编校:《吴芳吉全集》,华东师范大学出版社,2014年版,第467页。又,现存的吴芳吉藏书中,其点评的丘逢甲之书阙如,甚憾。
② 吴芳吉著,傅宏星编校:《吴芳吉全集》,华东师范大学出版社,2014年版,第38—39页。
③ 吴芳吉著,傅宏星编校:《吴芳吉全集》,华东师范大学出版社,2014年版,第143—144页。
④ 王忠德、刘国铭主编:《吴芳吉全集笺注·日记卷》,重庆出版社,2015年版,第149页。

所争执，遂思考母子、家庭、道德学问等问题，深感忧虑："上下交征，要在于私。私在一国，则一国乱，私在天下，则天下乱，此世之所以不治，道德学问所以颓败而无已乎？暮读丘公诗一卷。"①又同年八月十八日《日记》亦载："午后，雨滂沛，气寒袭人。读丘公诗至暮，复静坐一时。"②

吴芳吉更以传承发扬丘逢甲爱国精神、振兴道德纲纪和繁荣诗文为己任。1916年冬月二十九日《日记》载："梦见丘仓海先生，峨冠博带，古道照人。先生语吾曰：'吾老矣，振祖国之纲维者，子矣。'吾曰：'尝闻先生死，先生其不死欤？'曰：'二十年后，子自知之。'"③又1917年七月初十日《日记》载："夜与父纳凉屋上，又梦与丘仓海先生于渝。教吾以诗，曰：'子，诗国中之大将才也。'继又见绮笙师，曰：'丘老之诗，浮而不实，幸勿惑之云。'惊而醒，方子夜也。"④

吴芳吉对丘逢甲《岭云海日楼诗钞》中的诗歌多有批评。

（一）对丘逢甲诗歌内容进行批评

吴芳吉在《论诗答湘潭女儿》中赞美丘逢甲曰："并世有诗人，君爱丘逢甲否？汉廷自弃珠崖，十万雄师解纽。我曾踏雪莫愁，伤心廊庙芜菁。愿将岭云海日，与君为俦为友。"⑤

黄遵宪、梁启超皆评价丘逢甲的诗歌为"天下健者"⑥，所谓的"健"，即内容多忧世之作，"闻鸡欲舞谁相与？神州陆沈剧堪虑"⑦；"平生稷契怀，自信穷益坚"⑧。

吴芳吉1916年《答某生》⑨认为丘逢甲为杜甫、陆游之后以诗书写时事

---

① 吴芳吉著，傅宏星编校：《吴芳吉全集》，华东师范大学出版社，2014年版，第1095页。
② 吴芳吉著，傅宏星编校：《吴芳吉全集》，华东师范大学出版社，2014年版，第1143页。
③ 王忠德、刘国铭主编：《吴芳吉全集笺注·日记卷》，重庆出版社，2015年版，第148页。
④ 王忠德、刘国铭主编：《吴芳吉全集笺注·日记卷》，重庆出版社，2015年版，第267页。
⑤ 吴芳吉著，傅宏星编校：《吴芳吉全集》，华东师范大学出版社，2014年版，第144页。
⑥ 1920年黄遵宪在给梁启超的信中评价曰："此君诗其天下健者。"梁启超《饮冰室诗话》曰："吾尝推公度、穗卿、观云为近世诗家三杰，此言其理想之深邃闳远也。若以诗人之诗论，则丘仓海（逢甲）其亦天下健者矣。"（《饮冰室诗话》第30页）
⑦ 《丘逢甲集》，岳麓书社，2001年版，第434页。
⑧ 《丘逢甲集》，岳麓书社，2001年版，第294页。
⑨ 吴芳吉著，傅宏星编校：《吴芳吉全集》，华东师范大学出版社，2014年版，第552—554页。

之人①，且身体力行，治学救国。其《岭云海日楼诗钞》乃英雄之诗，空灵雄健，峥嵘豪放，为今世诗文之正宗："至情而为至人，至人而为至文，足以挽流俗，匡末运，日月经天、江河行地之作也。"反躬自身创作，有茅塞顿开之透悟："吉昔谬习为诗，自读《岭云海日楼集》，内顾不学，无行可述，徒自叫嚣，以彰其恶，自是不敢为诗。比年放乎江海之间，稍有所得，不过以管窥天，略有意味而已。"认为丘逢甲在近代诗歌发展史上占有重要地位。1920年吴芳吉《提倡诗的自然文学》②将当今文学分为新、旧、调和新旧等三派，并对其进行评析。三派都无艺术可言，"新派文学之能战胜，不是他的神通广大，乃由旧派文学之自身堕落"，甚至极为偏激地断言，自丘逢甲之后，中国旧诗已走入穷途末路，旧派诗人所作诗内容无聊至极，毫无时代的风气与气息。

（二）具体赏析丘逢甲诗歌艺术

丘逢甲的诗，凌厉雄迈，既悲且壮，在悲痛沉郁中表露出一股豪迈之气。其诗歌各体皆备，承袭杜甫，律诗工整而不露雕琢的痕迹；歌行体和排律则吸取了李白积极浪漫主义的精髓，气势豪放、跌宕自然；五、七言绝句则格调清新。③吴芳吉更偏爱其古雅庄重的五言古诗。

1922年3月8日《与吴雨僧》曰：

> 丘仓海诗集，自民国五年，吾兄寄授我时，曾择其洽意之作，圈点一过，总计不过二十余篇。今六年矣，从头翻读，觉昔日所爱好者，迄今视之，仍无差失。集中以五言古风为最道美有奇气。《罗浮》《说潮》《文信国公生日》三篇，尤所心服。盖情趣、美感、识度、气魄、音节、艺术，无论从何方面视之，皆有可取者也。④

丘逢甲主张新诗需要开拓新视野，寻求新题材，常常以史学为诗，寓兴亡

---

① 丘逢甲内渡后亲历国难家仇之痛，又身受飘零坎坷之苦，于是其诗文承袭杜甫，内容多表现民情、评述国事，艺术上沉雄阔大。甚至刻意学杜，作七律《拟杜诸将五首用原韵》《秋兴》《秋怀》和五言古诗《说潮》等（黄志萍、徐博лов：《试析丘逢甲诗歌的艺术特色及其诗歌理论》，《台湾研究集刊》1987年第2期）。如《和平里行》曰："手酹睢阳守臣洒，口吟杜陵野老诗。"（《岭云海日楼诗钞》卷五）《题菽园看云图》曰："看云不作杜陵翁，许身稷契仍诗穷。"（《岭云海日楼诗钞》卷六）《次韵答伯瑶》曰："杜陵乐府老更成，休作开元天宝声。"（《岭云海日楼诗钞》卷八）
② 吴芳吉著，傅宏星编校：《吴芳吉全集》，华东师范大学出版社，2014年版，第300—301页。
③ 邱铸昌：《丘逢甲诗作中的爱国主义精神及其艺术特色》，《华中师院学报》1982年第1期。
④ 吴芳吉著，傅宏星编校：《吴芳吉全集》，华东师范大学出版社，2014年版，第616页。

之感。如《说潮》①组诗共计五古二十首,"大江日夜东,流尽古今事",全诗长文歌咏东南古雄镇潮州历史上的爱国英烈。如有"夕贬潮州路八千"的廉吏韩愈,其明于义利之辨而"独无金银气";有两度为相而"气作山河壮"的赵元镇;有时艰国危"九死来岭东""报国志未终"的文天祥;有"平倭著奇功"坚贞不屈、孤忠死节的南宋大将军马发;有"死谏节已卓"终身讲学乡里的明正德年间进士薛侃;有性忠孝、刚勇任事"风节更雄倬"的明代将军翁万达。全诗吊古忧时,托古警世,内容厚重,气韵沉雄。

丘逢甲《题兰史罗浮纪游图》②,为读诗人潘飞声《罗浮纪游图》有感而发。"南粤"罗浮为粤东名胜,诗歌用以比中国,抒发维新志士救亡图存、济世济民的情怀。罗浮或为仙山而"作诗人娱",或因人文荟萃而为胡人所思,"各思圈地逞势力,此邦多宝尤觊觎"。生当乱世更需仁人志士保家卫国:"但须世界有豪杰,太极虽倒人能扶";士人若想名留丹青,须昂扬奋发、心忧天下:"留名山石石且枯,岂有丹青能不逾?人生若作千秋万岁想,固应自立昂藏躯。"全诗气势宏大,意境雄奇开阔,以古文家伸缩离合之法抒写情怀,构思奇巧,满腔孤愤,一腔拳拳爱国之情溢于山水之间。③

丘逢甲歌行体和排律则雄劲豪迈,元气淋漓,纵古论今,熔抒情、叙事、议论于一炉,势如大江东下,一泻千里,壮阔雄浑,卓然大家风度。④吴芳吉在《四论吾人眼中之新旧文学观》中分诗歌为主气象和主神韵两派,当下则主气象。所谓气象,并非语句之豪迈慨慷,居今求气象之佳者乃不易睹:"若彼闽人郑氏之诗,气象沉雄,而未博大。南海康氏博大矣,而不端凝。今若披沙拣金,求之逝者,其以王湘绮之《独行谣》四千字,丘仓海之《祝文信国生日》五篇,朴茂深厚,殆最近之。"⑤诗歌气象岩岩者如王闿运《独行谣》、丘逢甲《祝文信国生日》五首可当之。其中《己亥五月二日东山大忠祠祝文信国公生日》(五首)⑥是诗人祭拜文天祥有感而作。潮州东山有祭悼文天祥的信国祠,诗人于"河山易破碎"之时,"私淑怀愚衷",高度赞美文天祥在"朝纲正颓坠,正士多丧沦"易代之际,忠肝发古谊,独支残局:"安知国多难,飘

---

① 《丘逢甲集》,岳麓书社,2001年版,第258—266页。
② 《丘逢甲集》,岳麓书社,2001年版,第525—526页。
③ 黄遵宪亦有同题词作《双双燕·题潘兰史〈罗浮记游图〉》,具体内容可参张宏生:《诗界革命:词体的"缺席"》,《南京大学学报》(哲学·人文科学·社会科学版)2006年第2期。
④ 杨桦:《丘逢甲及其诗歌》,《学术研究》1983年第1期。
⑤ 吴芳吉著,傅宏星编校:《吴芳吉全集》,华东师范大学出版社,2014年版,第454页。
⑥ 《丘逢甲集》,岳麓书社,2001年版,第383—385页。

萍感身世。艰难道路间，将相名空寄。当题词东山，已表殉忠志。天倾不可柱，孔孟付仁义。"诗人祭拜一代英烈："落日望帝啼，血洒英雄泪。宜振者人心，宜作者士气。所愿藉公灵，斯道或不匱。寿酒跻公堂，敬表希贤意。"祝愿："同持忠义心，以为治平基。运会值大同，一统兼华夷。"诗歌元气淋漓，英灵轮囷肝胆形诸笔墨之间。

吴芳吉《再论吾人眼中新旧之文学观》①认为古代诗歌用典必须达到适当而不可移动、显豁而不晦涩破碎、自然而不著痕迹、普遍而不背僻、寄托而不徒逞才，为此吴芳吉举例丘逢甲《古别离行送颂臣回台湾》，认为其为"用典之多而且合法者"，并高度评价此诗："此诗仅十三韵，凡用典八起，而无不适当，无不显豁，无不自然，无不普遍，无不深有寄托。倘知丘公之身世者读之，则其滋味以用典而益浓厚。是以典非不可以用，只看各人能不能用。"如诗歌开篇曰："乍愿君如天上之月、出海复东来，不愿君如东流之水、到海不复回。有情之月无情水，黯然消魂别而已；况复一家判胡越，百年去乡里，关门断雁河绝鲤，万金不买书一纸。"②一连串的用典，分别化用李白《将进酒》、江淹《别赋》、《汉书·苏武传》中鸿雁传书和《古诗十九首·客从远方来》中鱼传尺素、杜甫《春望》等，以此表达作别故土的伤感、对家乡深深的思念和对山河破碎的忧虑。

据吴芳吉民国六年五月初四日《日记》载："登大旗山，千门万户皆在足下，得饱观龙舟竞渡之景。南望燕头诸峰，大气堂堂，若不可一世。丘公诗谓'名山如英雄，自具大本领。'观于吾乡诸山，信其造句之奇险也。"③吴芳吉诗中所引的诗句出自丘逢甲《游罗浮》（二十首）其十五④，诗歌描绘岭南第一山罗浮山雄伟壮丽的自然风光和人文荟萃之盛。

卢前《浪淘沙》曰：

梦寐海中山。何限凋残。岭云大句最辛酸。四百万人同一哭，别矣台湾。　　点将昔登坛。苦战乡关。一朝割弃恨无端。五十年前游钓地，今始能还。

家祭愿无忘。遗语心伤。中原北定复南疆。地下有知翁应喜，一统炎

---

① 吴芳吉著，傅宏星编校：《吴芳吉全集》，华东师范大学出版社，2014年版，第393页。
② 此诗《丘逢甲集》题名为《古别离行送颂臣》。《丘逢甲集》，岳麓书社，2001年版，第197页。
③ 贺远明、吴汉骧、李坤栋选编：《吴芳吉集》，巴蜀书社，1994年版，第1142页。
④ 《丘逢甲集》，岳麓书社，2001年版，第649页。

黄。　　天际海苍苍。白日辉煌。灵旗黑虎尚飞扬。建座祠堂招毅魄,来享蒸尝。①

组词序曰:"书丘逢甲《岭云海日楼集》后,时述庭将随陈公洽长官赴台湾,即送其行。"由是可见卢前对丘逢甲的礼敬,读其诗,为其忧国忧民的内容所感动。

吴芳吉逝后三年,卢前为《白屋遗书》作叙,深切悼念亡友吴芳吉,称美其诗歌的贡献:"你把个杜少陵平生祝祷,你把个陆务观歌行拜倒,更爱个岭海诗翁格调高。兼众善,去铺糟,才能独到。"②认为吴芳吉诗歌兼众善而自成一家,其人品熔杜甫、陆游、丘逢甲一体,忧君爱民。

又《民族诗风之倡导者》③认为"民国诗歌"应当有自身的特点,"以活泼、生动之形式与格调,扬示我民族特有的雍容博大之精神,为民主政治时代之产物,发四万万五千万民众之呼声。纵从历史观,上不同于汉魏唐宋明清之诗;横从地域观,并亦异诸英法、德、印度、波斯之诗。于是,而有不蹈袭古人,不规抚域外,堂堂正正卓异独立之'民国诗'"。卢前罗列三位民族诗风倡导者:民族诗雄丘逢甲、于右任、白屋诗人吴芳吉,其中评价丘逢甲之诗,"至其诗之不拘于古法,极生动活泼,有创新体之倾向者,如《古别离行》不见于琮选,而实为先生之代表作"。

第五节　吴芳吉与学侣刘咸炘交游考④

刘咸炘(1896—1932),字鉴泉,号宥斋,四川双流人。少从父、兄读书求学,学成先后任教于尚友书塾、成都大学、四川大学等,著述宏富,总名《推十书》,讲贯雍容,海浸膏润,为近代蜀中硕儒。吴芳吉上承黄遵宪,以丰富的创作实绩针对新诗突变过甚之弊,探讨新诗之法,"乃决意孤行,自立法度,以旧文明的种子,入新时代的园地,不背国情,尽量欧化,以为吾诗之准

---

① 卢前:《卢前诗词曲选·中兴鼓吹》,中华书局,2006 年版,第 158—159 页。
② 卢前:《卢前诗词曲选·散曲选》,中华书局,2006 年版,第 245—246 页。
③ 卢前:《卢前文史论稿》,中华书局,2006 年版,第 295—303 页。
④ 本节文章由笔者和重庆文理学院黄元英老师合作完成,已发表于《中华文化论坛》2018 年第 2 期。

则"①。又对新文化运动纠偏,"矫正伪新派文学之失"②。

据刘朴《吴芳吉传》③记载,刘咸炘初不识吴芳吉,读吴氏《赴成都纪行》诗至"衣食灭情性,追念以日稀",惊曰"天性一醇至此",遂缔交。关于吴芳吉与刘咸炘的学侣交游之事,吴天墀先生《刘咸炘先生学术述略——为诞辰百周年纪念及〈推十书〉影印版而作》和刘复生先生《刘咸炘与学侣交往补述》有论。④今据新近出版的文献如刘咸炘《推十书》《吴芳吉全集》等,以及新整理的吴芳吉藏书等⑤,续补二人学术交游之事,以期加深对蜀中学术发展的研究。

吴芳吉与刘咸炘深崇儒术,欲拯横流,居常论学,契合无间。二人在学术上多有交游,包括谈艺论道,相互批评对方的诗文,学术思想上相互吸收,特别是秉承杜甫思想,在治学和创作上主张"察势观风"。且他们风雨一堂,丽泽交资,寻圣绪的目的是躬身践行,或尽性内省,平和宽容;或烂熟五经,不乖养正之道;或尊礼祭孔,传播儒学。

一、谈艺论道,相互吸收

吴芳吉晚岁曾发宏愿,意欲屏居,创立表现中华民族悠久文化的民族史诗。刘朴《吴芳吉传》评曰:"自华夏诗人以来,未有琦玮若芳吉者也。"欲完成如是长诗,必假诸当下学人:"资于梁漱溟《东西文化及其哲学》,柳先生诒徵《中国文化史》,蒙文通《古史甄微》,唐烺《孟子大义》,刘咸炘《内书》《外书》,刘永济《文学论》,及欧阳先生渐之《阐竺典》,以益不足,则将为辅者也。"⑥由是可见吴芳吉在学术上与近代蜀儒相互吸收与借鉴。

文守仁《蜀风集》记载:"民国十六、七年间,余负笈国立成都大学。双流刘鉴泉先生、江津吴碧柳先生先后授本班国文,宜宾唐迪风先生亦在讲席,三先生俱深崇儒术,欲拯横流,居常论学,契合无间,而唐迪风先生尤究心性

---

① 吴芳吉著,傅宏星编校:《吴芳吉全集》,华东师范大学出版社,2014年版,第469页。
② 吴芳吉著,傅宏星编校:《吴芳吉全集》,华东师范大学出版社,2014年版,第208页。
③ 吴芳吉著,傅宏星编校:《吴芳吉全集》,华东师范大学出版社,2014年版,第1344页。
④ 吴天墀文见《文献》1997年第4期,首发端倪,文章末节题为"学侣附记",简要介绍了刘咸炘与四位学侣蒙文通、彭云生、吴芳吉、唐迪风的交往。刘复生文见巴蜀书社2011年版《蜀学》第六辑,踵武先师,以更为详尽的史料,补续刘咸炘与诸位学侣的学术交往,以期对刘咸炘的学术思想和治学经历有更为深入的了解。
⑤ 2014年,笔者承担重庆市社科联课题"文化视野下重庆聚奎书院研究"以及参与编纂《吴芳吉全集笺注》,又对吴芳吉藏书进行整理,重点是对吴芳吉读书笔记进行整理。
⑥ 吴芳吉著,傅宏星编校:《吴芳吉全集》,华东师范大学出版社,2014年版,第1345页。

理，旁通释典，其所极诣，刘吴二先生皆以为不可及也。"①

1927年，吴芳吉与刘咸炘、蒙文通、彭云生、卢前、唐迪风等人同时受聘于成都大学教授，诸君子交游繁多，情谊深厚。

（一）诗文互评

吴芳吉《岁暮示诸生》曰：

> 我受父兄托，与君犹父兄。
> 如何充恻隐，为汝启屯蒙？
> 岁暮朔风起，摵摵下梧桐。
> 遭逢虽甚浅，道义应无穷。
>
> 君喜我亦喜，君忧亦我忧。
> 庄严殊外表，体贴在心头。
> 憨然闻戏舞，辄欲共沉浮。
> 何当气深稳，不逐乱潮流。
>
> 相感复相观，问眠还问餐。
> 护惜如花草，玲珑见肺肝。
> 知者畏我严，不知谓我宽。
> 宽严均未允，惟尔身心安。
>
> 使吾愁病者，君心鲜自知。
> 闻善莫能就，嫉恶不曾离。
> 何处堪容汝，无疑竟无思？
> 浮生宁几度，少壮岂多时？
>
> 岭海虎狼斗，关原日月昏。
> 叹息龙江上，雪卧惨不温。
> 云谁为继起？念尔实本根。
> 本根不自保，枝叶将何存？②

此诗应当为诗人执教东北大学时为抗日的学生而作。刘咸炘《与吴碧柳书

---

① 王峰：《吴芳吉年谱》，中国社会科学出版社，2016年版，第232页。
② 吴芳吉著，傅宏星编校：《吴芳吉全集》，华东师范大学出版社，2014年版，第263页。

(辛未十二月十八日)》①评曰:"蕴缠绵之情于简穆之句,邈然想见吾兄清真之骨。"由是论及为文之气纯净的重要性:"凡文气稍有未纯,则词必稍有未净。养气者贤哲之所难。"刘咸炘《吴碧柳别传》评吴芳吉诗歌曰:"诗之可贵者,亦不在于激昂,而在坚实;不在气,而在骨也。"②吴芳吉五言诗"遒挚",在于潜心究先儒之书,并以所得充盈其诗,诗多思亲哀民之作。

刘咸炘《追悼吴碧柳先生纪念册征文启》③一文盛赞吴芳吉为"拔俗人"也,"文章已传,咸称诗伯。位业所在,是曰良师。若其经百苦而声闻朔南,无一官而感孚遐迩,节士之烈,文人所希",为文为"诗伯",授业是"良师",做人为"节士",为此广泛征集同仁传记笔语,哀诔韵文,都为一集,布之四方,"不独渊明集首列萧、颜之文,定知叔度传中大书陈、郭之语"。吴芳吉有陶渊明、黄叔度的超脱气节,刘咸炘征文追悼吴芳吉之举更多的是表达对节士的钦羡、赏识和认同。

1931年刘咸炘在致吴芳吉的信函中说:"《风骨集》前劳审定,兹已印成,寄吾一部。"刘咸炘《风骨集序》云:"江津吴君碧柳盛有诗名,公能远于余而首肯余所持论,因乞审定,去取颇有增删,相与商榷,从之者十七八。初本张华、陆机、潘岳、张协、柳恽、卢仝各有一首,盖欲备家数而吴君删之。又谓,既选卢照邻《长安古意》,则骆宾王《帝京篇》亦当选。余则竟欲俱弃而又吝之,终疑所加,如是则当加者不止此,亦可见标准虽明而去取仍不易齐絜也。要之,宁漏毋滥而已。"《风骨集》为刘咸炘编选的汉唐诗歌选集,选成于1928年6月,1930年孟冬付印,其间邀请吴芳吉审定,虽然二人去取观点不尽相同,然而两位先生对学术的真切态度令人感佩。④

(二) 学术商榷

老子《道德经》第六十七章曰:"我有三宝,持而保之:一曰慈,二曰俭,三曰不敢为天下先。"⑤刘咸炘读此悟道,认为当今社会所谓紧急问题者,曰家庭,曰经济,家庭以慈,经济以俭,而不敢先又治本之总术。故所撰《三宝书》,包括《地财》《家伦》《反复》,可见刘咸炘的经济学和社会学思想。刘咸

---

① 刘咸炘:《刘咸炘诗文集》,华东师范大学出版社,2010年版,第184—185页。
② 刘咸炘:《刘咸炘诗文集》,华东师范大学出版社,2010年版,第48页。
③ 刘咸炘:《刘咸炘诗文集》,华东师范大学出版社,2010年版,第161—162页。
④ 刘复生:《刘咸炘与学侣交往补述》,《蜀学》第六辑,巴蜀书社,2011年版。
⑤ 陈鼓应:《老子注译及评介》,中华书局,1984年版,第318页。

炘《复吴碧柳书》①认为梁漱溟关于"村治""合作主义"的论述稍显空乏，而极力提倡自己《地财》篇中的社会主义，倡导俭德，对自己的理论颇为自得："此义似陈而实，万古常新；似浑而实，无处不切。"且欣喜地认为自己所倡导的节俭，"与弟素怀相同。笙磬同音，闻之喜跃"，可见二人的认识相通。

刘咸炘《地财》②三篇，自诩为"依经济学家论法论之"，其立论既述古训，又参西学，视野不谓不广，论述不乏思辨性，但其观念稍显偏颇，主要是基于儒学而对现代经济弊端的批评。他在文中特别强调三点：一是守节生财，这是全篇的总论。《淮南子》曰："廉俭守节，则地生之财。"孔子《论语》曰："不患寡而患不均，不患贫而患不安。"《礼记·大学》篇曰："生之者众，食之者寡，为之者疾，用之者舒。"刘咸炘综合诸先贤之意旨，认为"曰均，曰安。食寡用舒，曰节而已，节然后安，安然后均，故莫先于节。"社会财富有限，而人类欲望丛生，消费不节，故争斗不断，应当节俭。二是重农抑商。其《横观综论》第八段，列表分析中世纪以前和近代以来"生产""人工""经济制度""阶级""国家"的异同，而《地财》中篇申论之，重点批驳近代经济贱农贵商，本末倒置。农之异于工商者在于用天之道而顺应时节、因地之利、尽人之力、得物之全。农业生计之特长在于大同而不争、各足而不聚、静而不险、啬而不困。所以农为食之源，工商之基，财富之本。三是德本财末，分配平均。财物分配不均则起纷争，欲使财平，必先修德。刘氏最后总结曰："吾侪所能为者，惟相劝以节贫而能乐，无妒富慕奢之习，富能好礼，有裒多益寡之效，以必需励生产，天然之方与人工皆无耗费之忧。"

二、治学、创作与"察势观风"

吴芳吉、刘咸炘上承先贤读万卷书、行万里路主张，力主治学、创作与"察势观风"相结合，须观览感悟地域文化、体验人生疾苦。③

刘咸炘总结自己的学术渊源，源于其祖父槐轩（刘沅）和章学诚，"家学祖考槐轩先生，私淑章实斋先生"。论学最重遗传、土风、时风。刘咸炘《治史绪论》引用《汉书·地理志》辨析土风与时风之差异："刚柔缓急，声音不

---

① 刘咸炘：《刘咸炘诗文集》，华东师范大学出版社，2010年版，第183—184页。
② 刘咸炘：《刘咸炘学术论集·哲学篇》，广西师范大学出版社，2010年版，第960—982页。
③ 刘咸炘《治史绪论》："《记》曰：'疏通知远，《书》教也。'疏通知远，即察势观风也。"（《刘咸炘学术论集·文学讲义编》，广西师范大学出版社，2007年版，第229页）

同，系水土之风气，故谓之风。好恶取舍，动静无常，随君上之情欲，故谓之俗。"① 时风与土风分别受到地理环境和政治教化的影响，治史应特别明晰此理。如刘咸炘《蜀学论》② 总结自周秦以来，源远流长的"蜀学"主要表现为易学、史学、文学三个方面：蜀学的学术特征有两点："统观蜀学，大在文史。""蜀学崇实，虽玄而不虚。"其中又特别强调蜀学的文化特征与地理环境之间有着密切关系："夫民生异俗，土气成风。扬州性轻则词丽，楚人音哀则骚工，徽、歙多商，故文士多密察于考据；常州临水，故经师亦摇荡其情衷。吾蜀介南北之间，折文质之中，抗三方而屹屹，独完气于鸿濛。三古多士，悉数难终。就概见而尚论，将俟百世之公。"

刘咸炘《四书赞（补录）》曰："书林浩浩无津涯，寡识徒持学与才。手披云雾青天开，兀然独出章实斋。配以谭献称私淑，评议群籍明双目。"③ 此诗高度评价章学诚的史学成就，特别是章氏揭示出记史义例，影响深远，如对地方修纂家谱极为重视，而其修谱体例精纯而易行。刘咸炘史学上承袭章学诚，在《简阳游氏谱序（甲子五月）》《夏氏谱序（丁卯八月）》《华氏族谱序》④ 等文中多论述修方志的重要性。承蜀中先贤苏洵"奉先睦族之义"，强调修谱有奉先思孝、和睦亲族之大用，"夫谱，家史也，岂仅甲乙名簿而已。盖将传先人之行事，以示来者，非独孝弟之心由是而生，德业之传，亦托于是"（《华氏族谱序》）。所以鼓励后人"勇且勤"地编著族谱、家谱，立德垂文。⑤

不独治学如此，刘咸炘文学创作亦须"察势观风"，在《与吴碧柳书（辛未十二月十八日）》⑥ 中论及自己的游览计划曰："今年南游嘉、眉，明年拟西游岷山，北游绵、剑。成渝路将缩近，东游当不远矣。"后来刘咸炘按计划游览巴蜀山水，多有感兴之作。如壬申年七月冒暑北游，奔走山川之间，非为"富强尊闲"之避暑，在于"以观察天地，锻炼身心为志"（《北游日记》）⑦，

---

① 刘咸炘：《刘咸炘学术论集·文学讲义编》，广西师范大学出版社，2007年版，第229页。
② 刘咸炘：《刘咸炘诗文集》，华东师范大学出版社，2010年版，第1—5页。关于刘咸炘《蜀学论》的研究，可参刘复生《刘咸炘〈蜀学论〉及其学术史上的意义》，《社会科学研究》2006年第3期。
③ 刘咸炘：《刘咸炘诗文集》，华东师范大学出版社，2010年版，第249页。
④ 刘咸炘：《刘咸炘诗文集》，华东师范大学出版社，2010年版，第18—21页。
⑤ 不独刘咸炘对章学诚的《文史通义》关注，吴芳吉亦然，吴芳吉收藏有1925年成都志古堂章学诚《文史通义》重刊本，有六册，内容包括章学诚的《文史通义》八卷、《校雠学通义》三卷、《文史通义补》一卷，以及刘咸炘《文史通义识语》。
⑥ 刘咸炘：《刘咸炘诗文集》，华东师范大学出版社，2010年版，第184—185页。
⑦ 刘咸炘：《刘咸炘学术论集·文学讲义编》，广西师范大学出版社，2007年版，第319页。

其间创作有《绵阳道中》等十四首诗歌。① 如游江油窦团山,喜见一方风俗:"风送锣声出丛竹,村农唱戏赛青苗"(《下圌山》);拜谒七曲山文昌祠,祝愿蜀中英才辈出:"杯珓今非问科第,愿教江汉发英灵"(《往来七曲山谒文昌祠》);或抒发游走在剑阁古蜀道翠柏长廊的人生悠闲之情,"北来三日骄阳炙,赢得浓荫一觉眠"(《柳沟》);或写入古寺的得道之乐,"怪伟观中寻静地,暮烟入寺定心魂"(《宿务山极乐堂》)。

吴芳吉《骊山谒秦始皇帝墓诗》② 中有"两川今希腊,三秦古罗马"诗句,此诗后自注指明系吴宓所论巴蜀、陕西地域文化异同,吴芳吉申其意,认为陕西之似罗马亦有四端:"罗马多古迹,陕西亦多古迹,一也。罗马有大西院,陕西有梨园,二也。罗马以法制著名,陕西自古多出法家,三也。罗马多征服异国之人,陕西多统一全国之人,四也。"四川之似希腊有四端:"希腊人性中和,不趋极端;四川人性秉南北之长,刚柔并具,一也。希腊艺擅雕刻,尤富诗歌;四川美术发达,向为产生诗人之地,二也。希腊好娱乐集会,四川人喜宾客,三也。希腊以山海阻塞,每起局部之争;四川地险,长为割据之势,四也。"所以吴芳吉对巴蜀文化和文学多有赞美和自豪,在《笼山曲》题下《小引》③ 曰:"我是四川人,所以诗中注重乡土的色彩。原来四川文学与中国文学之关系,其重要亲切,犹如苏格兰的风物,在英国史诗中之位置。试看唐之李杜,宋之苏黄,远古之屈宋,近世之张王,莫不直接间接与四川生些文学上的纠葛。"究其原因有二:一是四川山水别有境界,多磅礴、险峻、幽渺、寂寞等动心骇目之象,由是易于触动作家的感兴。二是由于我们的祖宗向往秘密的西方,总是莫名其妙,不知不觉便养成一点返本之思,所以吴芳吉期盼现今的新诗人,"要得诗境的变化,不可不赴四川游历"。

吴宓评述吴芳吉曰:"君性好游,年暑假必出游南北各地,而所至必有诗写叙之。"其中民国九年(1920)入湘,任长沙明德中学教员,居其地凡五载,此数年中,"君广读古书,为君一生学问进步最多之时期"④。此期吴芳吉行吟

---

① 刘咸炘:《刘咸炘诗文集》,华东师范大学出版社,2010年版,第317—320页。
② 吴芳吉著,傅宏星编校:《吴芳吉全集》,华东师范大学出版社,2014年版,第182—184页。
③ 吴芳吉著,傅宏星编校:《吴芳吉全集》,华东师范大学出版社,2014年版,第93—94页。
④ 吴芳吉著,傅宏星编校:《吴芳吉全集》,华东师范大学出版社,2014年版,第1332页。

三湘山水①,陶醉于荆楚文化的醇厚。如《〈罗山诗选〉导言》曰:"三湘自屈子以还,素以骚人词客、志士健儿称雄海内。"称美屈原:"君之志节天下知,莫言直道误。君之禀赋一身孤,岂是党人妒?"②"一人之精神,民族之性根。"③1925年9月至1926年2月,吴芳吉执教西北大学,遭遇军阀混战,"为君一生遭遇最危苦之时。而君生平所为诗,则以此期为最佳,后此莫能及"④。此期吴芳吉遍游三秦文化遗迹,品味三秦文化的灿烂悠远,"所至必有诗"⑤。如《访未央宫故址》载未央宫为萧何疏龙首山石而为之,"远望遗址,如图画雅典神庙",自豪于两汉文化的辉煌:"此时震旦如荼锦,西邻骄子尚鸿荒。"《过唐东内大明宫故址》则是对大唐盛世王朝的礼赞:"不有文章昭永世,龙池凤阙得谁猜?"

三、相交相游,寻圣绪而身践行

1927年,吴芳吉与刘咸炘、蒙文通、彭云生、卢前、唐迪风等人同时受聘于成都大学,诸君子相交相游,情谊深厚。如刘咸炘《复吴碧柳书》曰:"冀野世家子,资质殊佳,又无恶习,与弟论文,亦颇相契也。今春与冀野、铁风游谈,有诗一首,特呈乞教,亦足以见其心境。"⑥文中所指"游谈"一事,即辛未(1931)正月初四日刘咸炘、唐迪风、卢前三人游览成都支机石公园,刘咸炘在《初四日与迪风、冀野谈于支机石公园,归作》⑦一诗中有载。诗歌刻画了唐迪风的古道热肠、豪爽与善辩:"宜宾唐子气熊熊,辟邪自命能摧锋。相逢必说说不断,大声往往骇奚僮。"诗歌更多记载三人畅谈的"相

---

① 卢前《吴芳吉评传》亦载:"庚申,长沙明德学校校长胡元倓求师于沪,得芳吉。七月遂入湘。明年春,游汨罗,探屈原墓,登神鼎湖源诸峰,轻舟泛洞庭上君山,绕岳阳返长沙。留湘者五年,结湘君社,每岁于岳麓开红叶会。湘乡曾广均为盟主。"(卢前:《卢前文史论稿》,中华书局,2006年版,第144页)
② 吴芳吉著,傅宏星编校:《吴芳吉全集》,华东师范大学出版社,2014年版,第105页。
③ 吴芳吉著,傅宏星编校:《吴芳吉全集》,华东师范大学出版社,2014年版,第106页。
④ 吴芳吉著,傅宏星编校:《吴芳吉全集》,华东师范大学出版社,2014年版,第1332页。
⑤ 卢前《吴芳吉评传》载:"十四年改就西北大学教授,遍游西安,至临潼,浴于华清池,登秦始皇墓。赴咸阳,谒文武成康诸陵。又至曲江、雁塔,访皇子陂、玄都观。更自长乐坡、芙蓉苑,至乐游原,往韦曲谒杜少陵宅,绕樊川,憩终南山下。所至必有诗。"(卢前:《卢前文史论稿》,中华书局,2006年版,第144—145页)
⑥ 刘咸炘:《刘咸炘诗文集》,华东师范大学出版社,2010年版,第184页。
⑦ 刘咸炘:《刘咸炘诗文集》,华东师范大学出版社,2010年版,第297—298页。

契",刘咸炘为人内敛,虽不喜交结应酬与人高谈阔论①,但是与志同道合者则尽兴畅谈:"岁初相唤探春色,金陵卢子新相识。三人坐话古梅边,方作笑声俄太息。闲谈本似潦纵横,文章牵引到人生。颓风南北同披靡,常道古今无变更。骨鲠出喉良一快,却忆去冬曾感慨。屡因仗酒发狂言,顿使相知惊变态。空谈世久诋先儒,道学人人笑伪迂。"卢前《述刘鉴泉》曾经回忆此事而评此诗曰:"读其诗,可以知其人也。"②

吴芳吉与刘咸炘、唐迪风诸君子,风雨一堂,丽泽交资,不仅是文人风雅游览,吟风弄月,更多的是寻圣绪而躬身践行。③

(一)尽性内省,平和宽容

吴芳吉从唐迪风、刘咸炘身上学习为人处世之道,多反躬内省,有平和宽容之度。如吴宓曾劝吴芳吉与妻子树坤离婚④,吴芳吉在1929年《与吴雨僧》复信中认为树坤性情虽褊狭急躁,但极善烹调,较之一般世俗妇女只知索钱打牌,有其可贵之处,不必求全责备,而如是齐家、夫妻相处之道,源于唐迪风所重视的儒家"善善""恶恶"之论:"铁风告我,儒家于善善之心,充量发达,恶恶之心,务求减少。否则一身以外,皆可杀也。有味哉,有味哉!"⑤1931年2月6日吴芳吉致信刘咸炘,谈尽性内省与"齐家"、处理伦常之关系,文章反躬自省,感悟朋友唐迪风"市井之人多好利,江湖之人多好名"之言,亦是自身之病,而对刘咸炘曾经畅谈的儒家"成己成物"之说,更是感慨良多,齐家之道亦当如此,从如何妥善处理母亲、妻子、儿子三者间的关系中,吴芳吉更多地认识到,"今知室人之不能善处吾母,要皆我之不能善处之也。感召由己,何暇责人"⑥。

吴芳吉非常重视齐家之道,故对刘咸炘祖父刘沅《大学古本质言》中"欲治其国者,先齐其家"一节细读点逗,特别圈点"国与天下广狭不同,其平治

---

① 刘咸炘《与蒙文通书(丁卯九月)》载,刘咸炘曾对其挚友蒙文通说:"应酬简省,结纳无由。又赋性劣弱,勇于杜门仰屋之思象,而怯于大庭广众之谈辨。日亲故纸,固已不暇交游。"(《刘咸炘诗文集》第173页)
② 刘咸炘:《刘咸炘学术论集·文学讲义编》,广西师范大学出版社,2007年版,第353页。
③ 刘朴《吴芳吉传》载:"梁漱溟著《中西文化及其哲学》,于是宜宾唐烺、双流刘咸炘,蹶寻圣绪,日引月申,躬体戮践,为蜀儒者。"
④ 吴宓著,吴学昭整理:《吴宓日记》(第4册),生活·读书·新知三联书店,1998年版,第165页。
⑤ 贺远明、吴汉骧、李坤栋选编:《吴芳吉集》,巴蜀书社,1994年版,第993页。
⑥ 贺远明、吴汉骧、李坤栋选编:《吴芳吉集》,巴蜀书社,1994年版,第1046—1047页。

之道一也";所谓齐家之"齐"者,"各尽其道而已",具体言之,父母之道在于"夫妻之道得,何患父母之道不修";兄弟之道在于"代父母而全齐美";夫妻之道在于"和而得正"①。

对吴芳吉的这种人生态度,刘咸炘《吴碧柳别传》②认为吴芳吉性格近狷,与冯敬通、刘孝标、汪容甫有同戚,而其为人无名士气,虽百忧交攻,未尝有牢骚愁怨之态。然又非遣以达观,胜以豪情也,其所以处此者,"平情率理,归于自责,乃有儒者所未能"。

(二)烂熟五经,不乖养正之道

刘咸炘将龚自珍"五经烂熟家常饭"作为其人生的理想,认为读书的目的在于修身而不为功名,批评韩昌黎"《读书城南诗》乖养正之道",《友人王亦潜、蓝义宣、表兄王养初从事军中,延蓬溪老儒胡含三教其子,随营设塾,书来索纪勋之辞,率成六绝》其四曰:"不为功名始读书,言之虽易念难除。恶衣恶食何堪耻,莫笑昌黎羡府居。"③所以刘咸炘在博览群书体味大家精微朗畅的思想的同时,更多强调的是身体力行,反对腐儒的闭门读书,"学以腐而伪,道以狭而伤",读书养气壮志,"吾读张文端,曲背吞津坐愈安。吾读陆子静,昂首直喉胸欲挺。始知语挚能感人,其功不独知之真。若将此境作权概,多少格言皆废话"。④

吴芳吉《再论吾人眼中之新旧文学观》强调贵于文学者,非仅学为文章而已,"学以养性情,学以变气质,学以安身立命,学以化民成俗者也"⑤。吴芳吉《与刘鉴泉》⑥载,1932年3月,吴芳吉在江津中学开始为学生讲授《人谱》《论语》《孟子》、朱子《小学》《大学衍义》等儒学经典,讲授时"但举实证,不作空淡",真气淋漓,声如洪钟,以期在此乱世培植一二读书种子,为

---

① 刘沅(1767—1855),四川双流人,字止唐,是川中三百年来特立独行博通三教之大儒。吴芳吉收集保存刘沅著述包括《俗言》一卷、《大学古本质言》一卷、《子问》二卷、《又问》一卷、《子疏》十四卷附《附录》一卷,并对《大学古本质言》进行阅读圈点。吴芳吉在正文首页天头批注,表明其后圈点义例:"符号:一名言……○○○;二 定理 __。"在对具体内容圈点中,吴芳吉注意三点:一是赞同刘沅对大学之道的重视,二是极力称赞刘沅由"存心养性"达于"至善""纯一""天人合一"的学说,三是强调养性实践,智者需要知身心性命之理,亦需践行日用伦常之道。
② 刘咸炘:《刘咸炘诗文集》,华东师范大学出版社,2010年版,第47页。
③ 刘咸炘:《刘咸炘诗文集》,华东师范大学出版社,2010年版,第213—214页。
④ 刘咸炘:《刘咸炘诗文集》,华东师范大学出版社,2010年版,第270—272页。
⑤ 吴芳吉著,傅宏星编校:《吴芳吉全集》,华东师范大学出版社,2014年版,第404页。
⑥ 吴芳吉著,傅宏星编校:《吴芳吉全集》,华东师范大学出版社,2014年版,第973页。

国大用。吴芳吉在与刘咸炘的信中说:"未知二三十年之后,有三二可靠人否?"吴芳吉《致汉骧汉骥》①载,执教江津中学,他亲自改编《人谱》,手写石印,每周六晚,集合全校学生讲授。他强调学问便在立品,"凡有学问之人,莫不由诚信恭谨得来"如讲至诚信章明山宾货牛之事,有一年幼学生,为明山宾之诚实品行所感动,竟至击掌不已。

吴芳吉特别圈点刘沅《大学古本质言》中"先天后天"之说,"明其明德者,以后天之性杂于情、纷于欲,不尽先天之本然,必有学以明之也"。智者需要知身心性命之理,亦须践行日用伦常之道。"格物"之格即扞格之意,扞而去之。"格物止是定静之时一念不生,觉此心虚无清净,自然外物不扰于中。""以忠恕之心行仁义之事,一言一行皆讲明此理,是知也。"

(三)尊礼祭孔,传播儒学

吴芳吉、刘咸炘皆接受过书院教育,力主继承传统,均主张并参与祭祀孔子,传播儒学。

刘咸炘作为硕儒,又曾执教于书院,故常常尊礼而礼敬孔子。《书塾孔子生日会祭摄影题》载:"岁在玄默掩茂仲秋之月,孔子生日,会祭于尚友书塾。牲馔既彻,帷幕斯垂,师弟宾朋集于堂下,摄影制纸,以当画图,所以习礼乐朋也。"②习古礼,明己不忘本也。刘咸炘《孔圣生辰,民善书塾祀礼恭纪次叔兄仲韬师韵》③曰:"此日相期千载英,莫言礼乐待时成。一壶自得无之用,百世谁当述者明。幸有遗经嗟懒读,空存尸祝比先耕。雨生风杳微言绝,拜起难忘思古情。"就次韵而言"一壶"一联佳。诗后刘咸炘自注,书院的三事之一即祭祀,作者在微雨细风中祭孔,不乏思古之情。刘咸炘认为孔子对后人的影响在于如何修身,徒非文学,其在《孔子生日作》中说道:"孔子人道极,岂止先群儒。陋哉读书人,奉为文学初。"④

吴芳吉《鹃声》⑤曰:"不如归,天涯客久有何为?朔望香花朝孔子,晨昏揖拜重师威。故乡儿女总相催。"此诗序言曰:"四川旅湘学会既制鹃旗为会帜,吾因感作《鹃声》十首,悉以蜀音为韵,历陈故乡服食游戏人物风土之

---

① 吴芳吉著,傅宏星编校:《吴芳吉全集》,华东师范大学出版社,2014年版,第970页。
② 刘咸炘:《刘咸炘诗文集》,华东师范大学出版社,2010年版,第52—53页。
③ 刘咸炘:《刘咸炘诗文集》,华东师范大学出版社,2010年版,第198—199页。
④ 刘咸炘:《刘咸炘诗文集》,华东师范大学出版社,2010年版,第281页。
⑤ 吴芳吉著,傅宏星编校:《吴芳吉全集》,华东师范大学出版社,2014年版,第173—174页。

美，以娱众云。"蜀学的灿烂与蜀人尊孔尊师风俗浓厚有关。生于斯长于斯的吴芳吉亦然。1917年10月，二十一岁的吴芳吉于兵乱戒严中，与邓绍勤一同溯驴溪而上，攀坳岩，逾绝境，渡深潭险瀑，而后至一高丘，沐手焚香，布衣麻履，北望曲阜三拜，并读祭孔之文《丁巳祀孔子记》：

> 夫子之道，莫晦于今日矣，亦莫著于今日矣。夫子之道者，仁之道也。仁者，天地、鬼神、人伦万化之道也。天地、鬼神、人伦万化之道不熄，仁之道不尽，夫子之道不灭，彼邪说诬行，暴政残贼，假仁义之言以盗天下者，特天地、鬼神、人伦万化之一变。变无常焉，终返其本。夫子之道，何损于今日哉！某等凉德，幸生二千年后，敢以戎马倥偬废夫子祀？祀亦末也，惟心惟宅。世之祀夫子者，千百其人也。夫子之来也，非必千百其身也。我念夫子，则夫子在吾心。仰观俯察，则夫子弥六合。故曰参天地赞化育也。吾奚自暴弃哉！①

观祭文，吴芳吉是有感而发，他认为当时天下暴政残贼，皆源于孔子仁义学说的衰亡。

第六节　吴芳吉对近代湖湘文人的批评

1920—1925年吴芳吉入湘，在长沙明德中学担任教员。刘朴《吴芳吉传》载吴芳吉在长沙执教明德中学，其间遍游湘中文化遗迹与名山大川，赞美湖湘文化的灿烂，品味湖湘先贤的济世救民之志：

> 践而善陟，遂东至萍乡之安源，北至黄鹤之楼，洞庭君山、谷山、神鼎、湖源诸峰，求屈平冢，流连汨罗。南至昭山、衡山，侍父坐祝融巅，观瞰东海、九疑、南岳，数泛涝湖，游五里堤。二处因芳吉，湘人遂有常踪。……居校中楼，岳麓黄、蔡墓表，隔湘皜曜。穆然弥佩湘军先贤之拯天下，而悟在川所见朔方及滇黔兵，出川所见博士名人，无文武，鲜为济世之具，而安贫去伪肩事救民之志益坚。刻心曾文正铭罗忠节神道碑云："不忧门庭多故，而忧所学不能拔俗而入圣；不耻生事之艰，而耻无术以

---

① 吴芳吉著，傅宏星编校：《吴芳吉全集》，华东师范大学出版社，2014年版，第298页。

济天下。"故为《罗山诗选》。①

吴芳吉1921年《与邓绍勤书》曰：

> 吾自来湘，颇收集湘中诗家，自屈原以下，迄最近之曾涤笙、王壬秋辈诗集读之，乃竟未有胜于敬安之八指头陀诗集者。可知困穷之益入神智，正自不浅。愿谢君之勿自弃捐，而力求向上也。②

吴芳吉入湘后广泛搜集阅读近代湘文人著述，以提倡气节，砥砺廉耻。吴芳吉主要收藏圈点了九位近代湖湘文人著述③，包括隆观易、罗润璋、曹耀湘、邓辅纶、王闿运、廖树蘅、吴敏树、梅钟澍、罗泽南等，重点圈点阅读王闿运④和罗泽南⑤的著述。

吴芳吉《〈罗山诗选〉导言》⑥由衷地赞美湖湘文化的灿烂，"三湘自屈子以还，素以骚人词客、志士健儿称雄海内"。三湘之地文人志士称雄海内外，更为重要的是他们对儒家文化的传承，"湘军之系于中国，不在其武功，而在其文事。不在其使清运之中兴，而在其为孔教之小用"，具体言之，"孔教之影响乎湘军者，风俗醇厚是也。……夫有醇厚之风俗，乃有醇厚之人心，与醇厚之文学也"，其典范如王闿运、罗泽南。

吴芳吉对罗泽南等人的批评重在道德与事功，而对以王闿运为代表的湖湘派诗人更多的则是文学批评。针对湖湘派诗人的修身养性与文学创作，吴芳吉更多的是对其思想的吸收与融合。

一、对罗泽南道德事功的批评

吴芳吉圈点的近代湖湘文人，在道德、事功上皆有成就，他们不仅理学学

---

① 吴芳吉著，傅宏星编校：《吴芳吉全集》，华东师范大学出版社，2014年版，第1337—1338页。
② 吴芳吉著，傅宏星编校：《吴芳吉全集》，华东师范大学出版社，2014年版，第611页。
③ 吴芳吉所评点的九位湘文人的生平、吴芳吉收藏评点他们著述的版本情况详情见本书第三章第三节。
④ 王闿运（1833—1916），晚清经学家、文学家，字壬秋，又字壬父，号湘绮，世称湘绮先生。咸丰七年（1857）举人，曾任肃顺家庭教师，后入曾国藩幕府。1880年入川，主持成都尊经书院。后主讲于长沙思贤讲舍、衡州船山书院、南昌高等学堂。授翰林院检讨，加侍读衔。辛亥革命后任清史馆馆长。
⑤ 罗泽南（1807—1856），晚清湘军将领，理学家，太平军进犯湖南后，以在籍生员的身份率生徒倡办团练，次年协助曾国藩编练湘军，转战江西、湖北、湖南三省。擅诗，为湖湘诗派的重要代表。
⑥ 吴芳吉著，傅宏星编校：《吴芳吉全集》，华东师范大学出版社，2014年版，第371—375页。

养深厚，还注重经世致用。吴芳吉学生、历史学家陶元珍曰："先生为学，宗横渠、二曲、船山、罗山。诗宗老杜及近代黄公度、丘沧（仓）海诸家。寓道于文，有悲天悯人之怀，富忠国爱民之感，至性奔放，不拘格律。"① 罗山即罗泽南，吴芳吉收藏罗泽南理学著述有五种，文学著述一种。吴芳吉对罗泽南著述多有圈点和述评，其评述内容承袭曾国藩《罗忠节公神道碑铭》的批评②，重点表现在三个方面。

（一）罗泽南遭际艰难，乐天知命，志行弥坚

曾国藩《罗忠节公神道碑铭》评罗泽南心忧天下，志行弥坚，曰："不忧门庭多故，而忧所学不能拔俗而入圣；不耻生事之限，而耻无术以济天下。"罗泽南身世多蹇，"十年之中，连遭期功之戚十有一"。

吴芳吉《〈罗山诗选〉导言》评价罗泽南"士生困厄如此"，却能"乐天知命"。又在阅读《周易附说·罗忠节公年谱》③时，特别阅读圈点罗泽南十四次课童和三次读书的经历，表达了对罗泽南在人生艰难中通过课童养家、读书养性，对儒家之道的执着追求。如《年谱》曰："十二年壬辰二十六岁，馆张宅，正月次子辛夭，三月长子丙殇，先生哭儿诗有云：'夜台有伴兄随弟，妆

---

① 陶元珍：《题吴白屋先生西京游踪图真迹》，《青年生活》1947年第18期。陶元珍（1908—1980），字云孙，四川安岳人，成都大学预科甲部肄业，毕业于武汉大学史学系、北京大学研究院文科研究所史学部。1938年至1949年，先后在中山大学、浙江大学、西北大学、湖南大学任教，1949年任台湾大学历史系教授。著有《魏晋史丛考》《三国食货志》《中国人物新论》《云孙随笔》《云孙文存》等。

② 曾国藩：《曾国藩全集·诗文》，京华出版社，2001年版，第274—276页。曾国藩与罗泽南以学行相勖，又相于金革，申之以婚姻，故撮其大节，撰写《罗忠节公神道碑铭》，品学论人，高度评价曰："大本内植，伟绩外充。兹谓豪杰，百世可宗。"

③ 罗泽南文学著述《罗忠节公遗集》，有清同治二年（1863）长沙刊本，这是吴芳吉重点阅读的著述，本章后文所引用罗泽南诗文皆出于此刊本，不再一一作注。又吴芳吉圈点《罗泽南遗集》有一定的义例，点逗文句，或在重要句子下画波浪线，或在句子下加着重号，或在某段话的天头标示"△"以示重要，或将某段话前后用『』标示。如吴芳吉点逗罗泽南《游龙山记》全文，又读书仔细，在文中"俄而风寒起"句中"风寒"一词旁标注"?"，且用"∽"质疑此词或当为"寒风"。又勾画如下文句："方余之来游，固欲极宇宙之大观，揭造化之奇秀。今既不能获矣，而其游山之心，自若彼浮云之卷舒，初何与于我哉。"且在此句天头标示"△"以示重要。吴芳吉点逗《罗忠节公遗集》卷五中《游南岳记》《游龙山记》《罗山记》《此君楼记》《觉梦轩记》《思孝堂记》《重修叉鱼亭记》《重修濂溪先生墓记》《号悔泉说》《悔过铭》等文。其中圈点的游记类文章，罗泽南在文尾常有悟道文句，吴芳吉尤为注意此类文章，如点逗《罗山记》全文，并勾画文中描写作者居住的罗山上的龙蔽石句子"皆雄伟特立，无柔媚态"，而本文末尾作者慨叹曰："人于修业之暇，时相与眺览之，最足以涤尘垢，宣堙郁，以条达其广大高明之气。是山据湘之上游，磅礴郁积，其魏然于外也。万仞壁立，高不可逾，其闷然于中也。宽平舒泰，无一物凝滞。投之不能得其间，窥之不能尽其藏，其殆有类于有道者与！"吴芳吉在"有道者"加着重符号。

镜无心母哭儿。药岂伤人疑有误，德难宜子只增悲。'词旨凄怆，不忍卒读，然忧伤中具见达人知命之概，九月再游南岳。"吴芳吉评注曰："六次课童，长子次子齐殇，再次游南岳。"罗泽南命运多蹇，仍能乐天知命，在事功、学术上有所成就。

《罗忠节公遗集》卷六所载《寄谢大春池书》论述"贫士"曰："饥寒交迫，变故频加，泽南之贫较阁下为更甚。然而人有所甚不贫者，其尊也，超乎势利之外；其荣也，得之有生之初。故气数之命，操之自天，人所不能强也。义理之命，予之自天，操之自我，我欲为之，天不得而限之。"罗泽南半生历尽险阻崎岖，而能强自支持，复性祛欲，向道之心勃然。吴芳吉勾画此段并且在此段天头标示"△"以示其重要性。

在吴芳吉收藏的湖湘文人著述中，其中有着同样遭际和品行的还有梅钟澍和隆观易。隆观易少时父亲为里豪构陷遇害，避仇半生漂泊颠簸，遭际忧苦。其诗诗才清妙，诗文幽苦，陈三立《隆易观传》评曰："业业隆生，狂狷之间。固穷无恶，猎艺斯专。观俗秦坂，咏志湘川。风犹孔硕，留规后贤。"王闿运《隆观易小传》评曰："自军兴以来，搜求振拔文武之材多矣，曾侯尤好文，一介之士，一语之善，未尝不知赏也。余居家亦汲汲于遗才，自谓无遗焉矣。乃初不知有隆生，知之矣，不知其厄穷之由。夫文章易见耳，当吾之身，百里之内，而使斯人颠倒侘傺以终。可不悲乎！"①

王闿运《梅礼部家传》载，梅钟澍幼颖悟端谨，敦品励学，弱冠即举于乡，文名赫赫，然困于公车二十载，四十终成进士入翰林，"布衣食贫，艰苦卓绝，不以文自矜，唯以廉隅自砥，羁旅陉穷，忍人之所难堪。……君之介节固然，亦其艰苦奔走不得家食，诚贞苦之士。"廖树蘅《梅氏遗书序》亦曰："梅先生霖生，立身立言，庶几于有耻矣。""诗文皆抗心追古，情深温婉，无哜名求悦之心。""其一生学行，无一不从艰苦困难得来，而立身行己，较然不欺本，先裕矣。"其中特别赏析梅氏家书，评曰："家书于极繁细中，弥见守道之严，闲家之正，令阅者敛佚志而生道心，人情纵能致饰于外，必不能匿情于妻子之前，观此益知先生之为人也。"②吴芳吉重点点逗梅氏家书第二册《薜花崖馆家书·与兄弟书》中《道光丁亥》《庚寅》《壬辰》《癸巳》《甲午》等篇目，其文内容丰富，文笔亲切，文章或为描摹蜀中阅卷之状，形象生动，如

---

① 徐一士：《一士类稿》，中华书局，2007年版，第203—207页。
② 王闿运《梅礼部家传》和廖树蘅《梅氏遗书序》二文具见《梅氏遗书》宣统三年刊本卷首。

《庚寅》曰："少顷，有笑者，有骂者，有以鼻息叹者，有掷笔免冠去，瑷瑓扶烟，具伸腰离座往来室间者，不得佳卷，比自己做不出好文时光景更烦恼，其或得之，则开眉点首，拍膝摇足，持示他座共赏之，即或他座不暇顾，亦自喜自语自诵，虽聒他人耳，亦不暇顾，此时光景又比自己作出好文时更爽快。"或叙游宦在外，思乡思家之情，如《甲午》曰："腊尾年头，思家倍切，不曾做过远客人，大约就不晓得此等苦衷耶。"或慨叹兵乱时节，安贫乐道，不做非分做官妄想，如《壬辰》曰："我辈得长为太平之民，不见水旱，不见兵戈，贬食省用，不至于举家冻馁，子弟读书知礼，不至失业为非，只须常常如此，便是福分，若富贵逼人来，则其自来者也。"或论及勤俭持家之道，如《甲午》曰："当此之时，天南地北，到处荒歉，我辈略有饭吃之家，宜如何贬食省用，谨谨慎慎，以图保守。……我家出息日少，食指日繁，境地较从前何如？南中水涝，灾黎四出，时势较从前何如？当斯时，处斯境，便说不得处处讲究，便说不得要讲究十分了。"其中吴芳吉特别圈点《甲午》如下文句："都不接家眷，到过年过节时。门无逋课，瓮有余粮。"并且在此句天头批注："芳吉愧此。"由是可知，吴芳吉对梅钟澍家书的圈点，更多的是基于同病相怜之感，为二人在逆境中对道义的坚持所触动。吴芳吉《〈白屋吴生诗稿〉自序》评析自己"余悲剧中之乐观人也"，尽管人生多艰，在困境中尤需坚守礼义。

（二）罗泽南"为学主于性理，而求经世"

钱穆《中国近三百年学术史》[①] 评罗泽南曰："其为学主于性理，而求经世，盖一时湘学风气然也。"罗泽南学术大率推本横渠，归于孟子，"以民胞物与为体，以强勉力行为用"。

曾国藩《罗忠节公神道碑铭》曾批评罗泽南"穷年汲汲，与其徒讲论濂洛关闽之绪，瘏口焦思，大畅厥旨"；著述繁复，可将其旨归为"躬修以保四海"，内修性理，外保四海；罗泽南平叛功绩显赫，在于洞彻天人，潜晞往圣，朝出鏖兵，暮归讲道，素所蓄积，评曰："公在军四载，论数省安危，皆视一家骨肉之事，与其所注《西铭》之指相符。其临阵审固乃发，亦本主静察几之说。而行军好相度山川脉络，又其讲求舆图之效。君子是以知公之功，所蓄积者夙也，非天幸也。"钱基博《近百年湖南学风·罗泽南》评价罗泽南是"以醇儒笃躬行"，罗泽南义勇奋发，本之问学，故能蹈难不顾、智名勇功、彪炳

---

① 钱穆：《中国近三百年学术史》，商务印书馆，1997年版，第656—658页。

于世。①

吴芳吉重点阅读罗泽南理学著述《姚江学辨》，如红笔点逗："无善无恶心之体，有善有恶意之动，知善知恶是良知，为善去恶是格物。"用铅笔圈点："工夫有一毫之不至，本体即有一毫之不尽，是本体之外无工夫，工夫正所以完其本体也。知本体为至善，即工夫即本体矣。"《西铭讲义》书首有道光二十九年（1849）闰四月二十一日罗泽南《叙》，其中吴芳吉用铅笔圈点点逗如下一段："是以古之君子亲亲而仁民，仁民而爱物，必皆有以尽其当然之则。向使于分殊之处，一毫有所未善，则此一理之浑然者，遂有所亏而莫周。义之不尽，又何以为仁之至哉？"

吴芳吉非常关注罗泽南批评科举的文章，如圈点《罗忠节公遗集》卷三中《文章》、卷六中《复某友书》《答刘克庵书》《寄谢健庵书》等文章。罗泽南指出首先士人要明白国家科举取士的目的，朝廷以文章取士，非徒欲其能为文，而是要其读书明理，扩展识见，端正身心，知经济权谋，以为天下国家用（《答刘克庵书》）。其次，士人应当以豁达的态度对待考试结果。认为既然当下取士，必由科举，故士人只有按期课文，至于能否考中，亦只须尽人事而已，"技之售不售，是固有命存乎其间"（《复某友书》）。"惟尽我之所当为，勿冀命之所未至。惟思我之所以报君，勿冀君之所以荣我。致知力行，朴实地做去。庶内重者外轻，其德业未可量矣。古人云：'透得名利关，便是小休歇。'"（《寄谢健庵书》）最后，他深刻认识到今日科举首重经义，尤足以发明圣贤之蕴奥，"举业固无碍于圣学，圣学实有益于举业也"（《文章》）。罗泽南将士人之品分为三品："有富贵之士，有功名之士，有道德之士。"具体而言，富贵之士，就学汲汲于诵读词章之学，工文字，讲声律，以之为登科之具，一旦得志，政事懵然不辨，又私意物欲沸腾，以致干谒攀附，患得患失；功名之士，慨然有大志，攀龙附凤，冀勒功钟鼎，垂勋竹帛；道德之士，尊德乐义，明体达用，出则陈敷纲纪，有辅佐才，不出则讲学明伦，待时而动。为此士人当明辨德道与功名之异："夫道德者，功名之本也。功名者，德道之华也。德道囿于功名，则其道德不宏；功名出于道德，则其功名乃大。"（《复某友书》）这正是罗泽南对士人修举业，只重模拟而求工妙，不读四书五经，对朝廷安危、生民利病毫不关心的揭露与反对。

---

① 钱基博：《近百年湖南学风》，上海古籍出版社，2012年版，第18—20页。

（三）罗泽南文以明道和行道

《罗忠节公遗集》卷八中所载《殇侄殇子哀辞》一文，情感真挚，遭际可伤，吴芳吉读而泣下，有切身之感，切肤之痛。当然更为重要的是吴芳吉从文中感受到生命的勃发、哲理的感悟和精神的升华。《〈罗山诗选〉导言》①评曰："夫士生困厄如此，而所为诗，乃能乐天知命，欣然自得，无矜持之习，无乞怜之态。"所以认为较之于当下浅俗的新诗，罗泽南诗歌，"诗中无所谓生命，然读辄令人感动。更无所谓哲理，然比哲学为尤真"。

吴芳吉勾画《文章》中如下的句子：

> 三代以上，合文与行而一之，而其文之理益精；三代以下，离行与文而二之，而其文之理益杂。试观秦汉、晋宋、隋唐之间，其卑靡、漫缓、诡吊、繁缛、富丽者，无论矣。即有所谓言道之文，论道德则舍本而求末，论政治则迂王而杂霸，求其有合于圣人之旨者，不数数见。何也？其道未体之于身心，无圣贤之德而欲为圣贤之言。不能也。

吴芳吉圈点《罗忠节公遗集》卷六中《答云浦书》，罗泽南倡导文行合一，吴芳吉勾画如下文句："夫文章道德，本合而为一者也。……盖文为载道之器，道即为作文之基也。"古代圣贤之学，追溯源流。明体达用，性命之精微，身心之功用，政治之得失，古今之兴废，无一不了然于心，故其施之躬行者，为不朽之德业；形诸简册者，为不磨之文章，所以士人当穷身心性命之源，加以涵养察识之功，异日充实其学，方能以杜欧韩苏之文，发濂洛关闽之旨，文行和道德并重。

郭嵩焘《罗忠节公遗集序》②评析罗泽南上承古之君子，修身、著文、济世于一体："修之身而无歉，著之文而不疑于其心，施之国家天下而无待外求，传之后世而俟人之取则焉。"学者道德之归，文章事功之盛，系夫其身之自重，罗泽南自命以劳定国，以勤死事，以一身奠安天下，泰然而自任，事功显赫，在于修身养性："公之学出于《西铭》。博求夫仁之体，而得其理一分殊之用，研之精而辨之晰，而其为道又在夫严理欲之防、而明义利之辨。其于富贵、贫

---

① 吴芳吉著，傅宏星编校：《吴芳吉全集》，华东师范大学出版社，2014年版，第375页。又罗泽南《殇侄殇子哀辞》一文甚长，其情可哀，感人至深。吴芳吉《〈罗山诗选〉导言》不吝全文引用，可见喜爱，又点校全文，用"」"对全文分层，读书仔细。

② 罗泽南撰，符静校点：《罗泽南集》，岳麓书社，2010年版，第3页。

贱、祸福、死生,泊然无足动其心者。"

二、对王闿运的文学批评

以王闿运为代表的湖湘诗派,在创作上沉酣于汉魏六朝,尽管其诗有"极端的模仿古人"①之弊,但其影响深远。吴芳吉《与吴雨僧》曰:"湘中文学之盛,在近代中国实推第一。"②其在《南岳诗》中赞美王闿运文采卓越,品行高洁:"何处更寻王湘绮,盖代文才南国纪。可笑布衣操土音,束书见帅不知礼。"③

吴芳吉颇为关注湖湘派诗人特别是王闿运的著述及主张④,吴芳吉民国七年(1918)三月初五日《日记》载:"初学诗者,不宜研究唐律。足下有意于此,除诗三百篇楚辞之外,近人如沈归愚之《古诗源》,王壬秋之《八代诗选》,最要细味。"⑤力主初学写诗须熟读《古诗源》《八代诗选》等诗歌选本。吴芳吉民国七年四月初十日《日记》载:"早得张仕佐君寄赠尊经版《楚辞》二卷,王壬秋长尊经书院时所注者,刻镂精明,古色灿然。"⑥吴芳吉收藏有王闿运《楚辞释》,对其中注释颇为赞赏,如王闿运《高唐赋》注释中,对屈原"忠谋奇计"做政治化阐释,吴芳吉称之为"此真屈宋之解人也"。

吴芳吉《四论吾人眼中之新旧文学观》⑦中强调新诗的主要任务是重视诗人修养与诗体辨识。将诗风分为神韵、气象二体。神韵气象的标准,吴芳吉取杜甫《咏怀古迹》中"风流儒雅"言之,"风流者神韵之妙谛,儒雅者气象之正宗"。而气象何由而得儒雅,其途为"脱体与得体"是也,"脱体在于去俗,得体在于复古"。吴芳吉1915年《与邓绍勤》⑧曰:"若初步学陶潜,未免躐等,不可不慎。六朝之诗,宜多读。吾拟信回家,请将《八代诗选》寄来。则六朝之诗可得而细味矣。"六朝之诗神韵深长,故其收藏王闿运的《八代诗

---

① 陈子展:《中国近代文学之变迁》,上海古籍出版社,2000年版,第31页。
② 吴芳吉著,傅宏星编校:《吴芳吉全集》,华东师范大学出版社,2014年版,第612页。
③ 吴芳吉著,傅宏星编校:《吴芳吉全集》,华东师范大学出版社,2014年版,第115页。
④ 又如吴芳吉收藏有同为湖湘派诗人邓辅纶《白香亭诗集》,邓辅纶倡导汉魏六朝诗派以"选体"为宗和"拟古"主张,法度精严,文辞骚雅典丽,情义深挚恳切,风格或"肆",激昂豪迈,或"醇",平淡浑朴(邓绎《白香亭和陶诗序》)。关于湖湘诗派的研究可参肖晓阳《湖湘诗派研究》,苏州大学2006年博士论文。
⑤ 王忠德、刘国铭主编:《吴芳吉全集笺注·日记卷》,重庆出版社,2015年版,第331页。
⑥ 王忠德、刘国铭主编:《吴芳吉全集笺注·日记卷》,重庆出版社,2015年版,第343页。
⑦ 吴芳吉著,傅宏星编校:《吴芳吉全集》,华东师范大学出版社,2014年版,第454—455页。
⑧ 王忠德、刘国铭主编:《吴芳吉全集笺注·书信卷》,重庆出版社,2015年版,第67页。

选》，且有大量圈点。

吴芳吉收藏圈点王闿运书籍有五种，对王闿运的文学批评主要表现在对《湘绮楼八代诗选》[①]和《湘绮先生唐诗选》[②]中所选诗歌的点逗、圈点、批注，以及对王闿运其他少数诗歌的批评，而批评的视角主要是基于气象神韵之说，评析所选王闿运诗歌的思想价值和艺术特征。

（一）诗主气象

吴芳吉《四论吾人眼中之新旧文学观》认为为诗尚气象者每际盛朝，庄如君子，好入廊庙；尚气象者多肖于人，多富工力；尚气象者诗歌如凤凰来仪，有真实浑成之美，而气象之用，自外以知中，望之俨而即之温也。就个人言之，较擅气象者有庾信、杜甫、韩愈、李商隐、元好问等。吴芳吉在诗歌创作上承袭杜甫、白居易等先贤，力主关注社会现实和民生疾苦，基于此，吴芳吉圈点的王闿运诗文以及所选的八代及唐代诗歌，主要是其中思想内容厚重、反映民生疾苦的诗歌。

作为近代湘中一代儒宗，王闿运创作史诗《独行谣》的目的为："盖明于得失之迹，达于事变，怀其旧俗，国史之志也。故综述时贤，详记大政，俟后世贤人君子。"[③] 王闿运对此诗非常得意："至于歌行波澜壮阔，能使今事为古

[①] 《八代诗选》版本主要有六种，吴芳吉收藏《八代诗选》有三种，其中重点阅读圈点的是民国十六年（1927）购买的《湘绮楼八代诗选》。《八代诗选》收录了两汉、三国、晋、宋、齐、梁、陈、隋八代共3000多首诗歌。《八代诗选》编成于咸丰九年（1859）王闿运寓居京师和山东时，关于编选的动机，王闿运曰："文难成而易雅，诗易作则难工，故文无定法，而诗有家数。八代之作，略分两派；七言之境，约有四宗，余二'选'明之矣。"（周颂喜整理《王闿运未刊手书册页》，《船山学刊》2001年第2期，第34页）选编八代诗是为了宣扬其复古诗学主张，为其门徒弟子学诗提供范本。以王闿运为代表的湖湘诗派，"气骨本来参魏晋"（王代功《湘绮府君年谱》，沈云龙《近代中国史料丛刊》，文海出版社，1970年版，第281页）。关于《八代诗选》的研究可参孙海洋、黄世民《论王闿运〈八代诗选〉》，《湖南大学学报》2009年第3期。

[②] 王闿运关于唐诗的选本有三种，吴芳吉所存并圈点的《湘绮先生唐诗选》为清光绪二年（1876）成都尊经书局十三卷刊本。王闿运在《重刊〈唐诗选〉序》中云："小年读汉以来五七言诗，辄病选本之陋。尔时求书籍甚难，不独不见善本，且不知名。年廿余，乃得古诗纪、全唐诗，旅京师，合同人钞选八代诗。还长沙，录选唐诗。"（王闿运：《湘绮楼日记》，岳麓书社，1997年版，第2378页）关于王闿运《唐诗选》的研究可参彦霞《王闿运选批唐诗研究》，上海师范大学2009年博士论文。

[③] 王闿运：《湘绮楼诗文集》，岳麓书社，1996年版，第1420页。关于《独行谣》的研究，可参陶先淮《一幅关于太平天国运动的历史画卷——试论王闿运的长篇组诗〈独行谣〉》，《中国文学研究》1987年2期。

事。《独行谣》四百韵，句句今事，句句古调。此岂能一日几乎？"① 在艺术上歌谣与汉魏六朝古风熔铸为一炉，同为湖湘派诗人的邓辅纶高度评价曰："牢笼韩、白，陶铸汉魏，其关于国家掌故，湘中旧俗，尤非一时一事之比，殆视《北征》有过之焉。"②

吴芳吉《四论吾人眼中之新旧文学观》认为近代诗歌气象沉雄博大者，若披沙拣金者当以王闿运《独行谣》四千字和丘逢甲《祝文信国生日》五篇为最，称其"朴茂深厚"③。1927 年吴芳吉执教成都大学，讲金和长诗、王闿运《独行谣》、樊樊山《彩云曲》，"自述身世、愤惋欲绝"④。

吴芳吉在《〈罗山诗选〉导言》中特别列举王闿运《独行谣》中两节诗歌：

> 鬈鬈曾礼部，壮志凌岣嵝。
> 折节致宾客，义军起苍头。
> 农夫释锄櫌，学子束书包。
> 乡人将乡丁，迁哉王与罗。
> 布衣操土音，见帅不能趋。
> 不知富贵乐，岂暇诣与骄。

> 长沙旧游地，怀旧空踟蹰。
> 矜夸冠盖盛，恐惧山川枯。
> 昔吾从先进，俭啬乃瞿瞿。
> 尚书著钉履，赞善囊朝珠。
> 宾筵设空俎，春盘登四盂。
> 乡党忘贵贱，士农安名畴。

吴芳吉又列举王闿运《湘军志》两节：

> 国藩念营将积敝，不可用，纯用书生为营官，以忠诚相期。

> 山野才智之士感其诚，虽或不往见，人人皆以曾公可与言事。湖南欣欣乡治矣。⑤

---

① 周颂喜整理：《王闿运未刊手书册页》，《船山学刊》2001 年第 2 期。
② 王代功：《湘绮府君年谱》，文海出版社，1970 年版，第 75 页。
③ 吴芳吉著，傅宏星编校：《吴芳吉全集》，华东师范大学出版社，2014 年版，第 454 页。
④ 王峰：《吴芳吉年谱》，中国社会科学出版社，2016 年版，第 225 页。
⑤ 吴芳吉著，傅宏星编校：《吴芳吉全集》，华东师范大学出版社，2014 年版，第 371—372 页。又《独行谣》"迁哉王与罗"诗下自注指王珍、罗泽南。

吴芳吉所列举的四节诗文，赞美者在于湘中士人带兵平乱重用书生为营官，在于取其忠诚；湘勇对曾国藩、罗泽南等拥立，在于他们折节待人，在于其人品的高洁，醇厚的风俗及醇厚的人心，方有如此醇厚的文学。

吴芳吉《彭士列传》认为："近世诗文正轨，莫不以杜甫、韩愈为宗。然读《北征》《赠韦济》《自京赴奉先》诸诗，而知杜甫之为天才仅矣。"① 杜韩二人乃为大宗之祖，起八代之衰，传之至今，而不朽者，何哉？"读书万卷与兀兀穷年之力为之也"。所以吴芳吉对《湘绮先生唐诗选》中"较擅气象者"杜甫、韩愈的诗歌进行重点圈点评注。

宋人将杜甫《北征》和韩愈《南山》诗作为长篇叙事诗歌的典范，评其可与日月争光，且前人常常将两首诗相比较。② 如方东树曰：

> 《北征》《南山》，体格不侔。昔人评论，以为《南山》可不作者，滞论也。论诗文政不当如此比较。《南山》盖以《京都赋》体而移之于诗也。《北征》是《小雅》《九章》之比。
>
> 读《北征》《南山》，可得满象，并可悟元气。③

陈子展认为到了近代，"有新思想，新诗料，供天才的诗人运用"④，当产生内容充实的长篇叙事诗，其中的典范便是黄遵宪。承袭黄遵宪"能熔铸新理想以入旧风格"而对新诗进行改造的吴芳吉，亦比较评点《湘绮先生唐诗选》中所选的杜甫、韩愈的这两首诗歌。韩愈《南山诗》描写在终南山的所见所感，雄奇恣肆，卓荦不凡，吴芳吉比较二诗并在标题旁注内容曰："7000 字（北征）1020 字（南山）。"并用"⌋"符号标示，将全诗分为十个意义层次并总结大意，又在天头地脚对生僻字注音释义，或对诗中涉及的历史背景作注释。⑤《南山诗》从各个方位、季节，勾出山之神态，渗入诗人的遭遇、心情、意趣，吴芳吉点评时亦注重此点："以上形轮△廓△""以上神气△象△""以上神风△韵△""以上形变△态△。"

---

① 吴芳吉著，傅宏星编校：《吴芳吉全集》，华东师范大学出版社，2014 年版，第 363 页。
② 许光：《独吟与合唱——论清人对〈北征〉〈南山〉轩轾之争的讨论与评骘》，《社会科学论坛》2016 年第 8 期。
③ 方东树撰，汪绍楹点校：《昭昧詹言》，人民文学出版社，2006 年版，第 40—41 页。
④ 陈子展：《中国近代文学之变迁》，上海古籍出版社，2000 年版，第 14 页。
⑤ 如将"西南雄太白……仰喜呀不仆"划分为第三段，总结段意："以上言南山方隅连亘之所"，天头批注"△篿 初救切"，地脚批注"狖，音柚"；在"昆明大池北，去觏偶晴昼"二句天头补注："＊汉武帝元狩二年作"。

王闿运认为蔡琰《悲愤诗》是"杜子美一生祖述",特别是《北征》《述怀》二首承袭蔡琰的叙事技巧和内容厚重特点。吴芳吉在《四论吾人眼中之新旧文学观》中亦评蔡琰《悲愤诗》属于"全诗之着重气象者"。

(二) 诗主神韵

吴芳吉在《四论吾人眼中之新旧文学观》中认为为诗尚神韵者常生乱世,皎如美人,宜处江湖;尚神韵者多得于天,多返自然;尚神韵者诗歌如羚羊挂角,有空灵淡远之美;而神韵之用,因近以及远,言有尽而意无穷也。若就个人言之,则陶渊明、谢灵运、王维、孟浩然、柳宗元辈,较擅神韵者也。

王闿运认为为文当上溯魏晋神韵与风骨,畅所欲言,力求情趣。吴芳吉圈点的《湘绮楼文集》第三册《秋醒词序》正是这一作诗理念的体现。《秋醒词序》写月夜之景,骈散皆行,流转自然,"芳桂一株,自然胜露;秋竹数茎,依其向月";其后文章为当下起兴,从静得感、从感生空,深婉细腻地抒写人生感悟,但紧凑密丽,俊朗飘逸,气势充沛,词采华丽,长于用典使事,却又自然浑成:"于斯时也,从静得感,从感生空;意御列风之是非,乘轩云而升降;接卢敖之汗漫,入李叟之有无;犹陈思之登鱼山,茂陵之叹敝屣也。"

王闿运《八代诗选》第三册选录晋至齐五言诗,吴芳吉重点圈点"较擅神韵者"陶渊明和谢灵运的诗。王闿运认为谢灵运诗具有文情俱美的"高华"风貌,有超越一般山水诗的境界,评曰:"谢诗托意遥深,神契自然,所谓出水芙蓉,只是于其虚处见之,人多赏其工刻而忘其神韵。"①《八代诗选》选录谢灵运山水诗34首,吴芳吉点逗其中《游赤石进帆海》《登江中孤屿》《斋中读书诗》《石壁精舍还湖中作》《登石门最高顶》《从斤竹涧越岭溪行》等诗。如点评《登池上楼》,将全诗分为三层,并有批注,如在"薄霄愧云浮,栖川怍渊沈"旁注"比喻",在"进德智所拙"旁注"叙事",在"倾耳聆波澜"旁注"写景",在"索居易永久"旁注"志感"。这种评价很接近王闿运诗论,作诗技巧力求情景结合、托物起兴,"曲隐而自达"。如评《登池上楼》曰:"'春草'句以当时恩不属,忽得目前景安放得地,故惬意耳。非谓此一句工妙自然也。"

《八代诗选》选录陶渊明诗最多,王闿运对陶诗的批注则更多地注重其内

---

① 所引王闿运对八代诗人诗歌评语,皆转引自程彦霞《王闿运选批唐诗研究》附录二《国图藏〈八代诗选〉批语》,上海师范大学2009博士论文,故后文不再一一注明出处。

心真实情感的阐发。如评《与殷晋安别》曰："陶令与人交，皆有一种真挚之意，非真人不能隐，非情挚不能高也。"又王闿运从艺术角度批评《饮酒二十首》曰："此二十首见公峥嵘状气，后人专以陶为冲淡，失之远矣。"吴芳吉在《谈诗人》中论及诗人的修养，认为陶渊明属于"善作抒情诗"①，作诗不是想发挥他的诗才，不过藉诗以遣烦闷。又《与邓绍勤》②认为陶渊明处天下已乱、大道沦亡之际，归隐田园，特立独行，游乎物外，乐天自得，超尘拔俗而无厌世之心。《论诗答湘潭女儿》曰："中古有诗人，君爱陶靖节否？荆卿一咏瑰奇，孤云落落谁偶？我曾跨马柴桑，唤取东篱菊酒。愿随带月荷锄，与君为俦为友。"③吴芳吉点逗《八代诗选》所录陶渊明《归园田居五首》《乞食》《诸人共游周家墓柏下》《连雨独饮》《移居二首》等；点逗、批注《饮酒二十首》《拟古九首》《咏贫士七首》等。批注内容重点对诗歌中所涉及的史事作注释，如在《饮酒》（积善云有报）天头批注曰："荣启期行乎郊野，鹿裘带索，鼓瑟而歌，孔子问之，年九十矣。"吴芳吉在对《八代诗选》第二册所选的陶渊明五言诗点逗、圈点、注释时，在文首吴芳吉编辑"渊明年谱"："晋哀帝兴宁三年乙丑，生于德化县楚城乡；孝武帝太元九年甲申，二十岁，丧妻，继娶翟氏，是年秦兵入寇；安帝义熙元年乙巳，四十二岁，九月令彭泽县，十二月赋归去来兮辞；恭帝元熙二年庚申，五十六岁，刘裕篡立，晋亡；宋文帝元嘉四年丁卯，六十三岁，卒。"此年谱系简谱，使得陶渊明生平线索清晰，有助于对陶诗文化背景的理解，如圈点《始作镇军参军经曲阿》中"眇眇孤舟逝，绵绵归思纡""目倦川涂异，心念山泽居。望云惭高鸟，临水愧游鱼。真想初在襟，谁谓形迹拘"等诗句，在天头评注曰："三十五岁作。"

三、修身、创作对湖湘文化的濡染

吴芳吉于1920年入湘，任长沙明德中学教员，居其地凡五载，吴宓《吴芳吉传》认为，此数年中，"君广读古书，为君一生学问进步最多之时期。"④吴芳吉1921年11月19日《与吴雨僧》曰："吉在上海新群社习染刻薄暴戾之气，为此身堕落时代。入湘以后，访灵均、濂溪、求阙、湘绮之遗风，渐知温柔敦厚之所以立教。其救济吾灵魂与骨气者，为力至大。此不可谓非此身得以

---

① 吴芳吉著，傅宏星编校：《吴芳吉全集》，华东师范大学出版社，2014年版，第334页。
② 贺远明、吴汉骧、李坤栋选编：《吴芳吉集》，巴蜀书社，1994年版，第809页。
③ 吴芳吉著，傅宏星编校：《吴芳吉全集》，华东师范大学出版社，2014年版，第143页。
④ 吴芳吉著，傅宏星编校：《吴芳吉全集》，华东师范大学出版社，2014年版，第1332页。

更始之时代。"①吴芳吉反思湖湘文化对自己性灵和诗风的影响,在此期间行吟三湘山水,陶醉荆楚文化的醇厚,既有大量诗文创作,亦广泛阅读三湘文人著述。

1921年7月,吴芳吉随侍父母游览南岳衡山,作《南岳诗》②,诗中盛赞湖湘文化的繁荣,文章德业、人才兴盛:"可怜七泽三湘土,原是英雄血染成。湖水山云终不变,先辈勋名犹想见。"湘土风俗美,湘士古纯朴。诗人游览三湘山水,品味湖湘文化的灿烂:"鸿蒙看罢复澄清,万水万山俱有情。令我益然生意满,心胸伟大气和平。"振奋精神,修身养性,并且感悟三湘圣贤的精神,自己应承担起民族精神振兴的责任:"江东而今犹侠气,关中自古多大儒。振我精神肩我任,请与诸君共前进。定将天道启人心,誓从人力回天运。"

(一)修身养性

咸丰五年(1855),罗泽南督师浔阳,拜谒并修缮周濂溪之墓,感怀时事,而作《重修濂溪先生墓记》③,论及周濂溪之功,在于孔孟既没之后、圣学不明之际,"先生千载下,奋起边方,不由师承,默契道体,图太极,著通书四十章,以示天下后世,孔孟之道灿然大明,其所以为世道人心计者,至深且远也"。当今贼民纷起、重贻斯世之忧在于仁义中正之道不修,因为,"救乱如救病,养其元气,邪气自不得入"。吴芳吉在此精彩论断天头标示"△"以示重要。吴芳吉自身亦尊礼祭孔,传播儒学,他在《丁巳祀孔子记》④一文中饱含深情地记载,1917年10月于兵乱戒严中,与邓绍勤溯驴溪而上,冒险至一高丘,沐手焚香,布衣麻履,北望曲阜三拜,并读祭孔之文,既阐述夫子之道的真意:"夫子之道者,仁之道也。"更痛感当下暴政残贼,夫子之道隐晦,自己应承担起弘扬儒术的责任:"夫子之道,何损于今日哉!某等凉德,幸生二千年后,敢以戎马倥偬废夫子祀?祀亦末也,惟心惟宅。世之祀夫子者,千百其人也。夫子之来也,非必千百其身也。我念夫子,则夫子在吾心。仰观俯察,则夫子弥六合。故曰参天地赞化育也。吾奚自暴弃哉!"

罗泽南《与蒋瀛海书》⑤讨论士人当以理制气,读书穷理,以义理浇灌心

---

① 吴芳吉著,傅宏星编校:《吴芳吉全集》,华东师范大学出版社,2014年版,第612页。
② 吴芳吉著,傅宏星编校:《吴芳吉全集》,华东师范大学出版社,2014年版,第114—117页。
③ 罗泽南:《罗忠节公遗集》第五卷,清同治二年(1863)长沙刊本。
④ 吴芳吉著,傅宏星编校:《吴芳吉全集》,华东师范大学出版社,2014年版,第298页。
⑤ 罗泽南:《罗忠节公遗集》第六卷,清同治二年(1863)长沙刊本。

胸，谨守严以律己、宽以待人之道，鞭策自己身心，以调和血气，抑其躁戾，行事方能不失。持身涉世，"亦惟求己之不是而已，不必计人之不是也"，当辩证看待己与人之间的是与非："若惟以计人之不是为心，此心只见人之不是，不知人亦有是矣；此心惟欲攻人之不是，不知此攻人不是之一心，先已自蹈于不是矣。始犹欲以己之是，责人之不是，继则浑忘己之不是，而惟索人之不是。始则犹以人之不是为不是，责其必出于是，继则直以人之是为不是，以掩覆乎己之不是。是与不是，遂颠倒于吾之一心，而不可以复辨。"吴芳吉之所以圈点、勾画罗泽南如何修身内省之文，乃因其与自己的主张相一致。如吴芳吉1930年3月15日《与吴雨僧》："在此日得铁风、鉴泉之规诫启诱，长进殊多。平生大幸，惟在我不责人，人多责我。我将尽有人之长也。"①论及成都大学处境，张澜治校，力求各方平衡均势，少有轩轾，处此情景，幸得友人唐铁风、刘咸炘良箴，宽以待人而可安。

（二）诗学主张

吴芳吉《自定年表》载：

> 时文学革命之声震海内。心知旧诗之运已穷，穷则必变。吾非老师宿儒，本无固守之义。顾新人所作，以突变过甚，料其无成。吾非博士名流，不必随俗具迁。乃决意孤行，自立法度，以旧文明的种子，入新时代的园地，不背国情，尽量欧化，以为吾诗之准则。②

吴芳吉欣欣然跻身于新文化运动，但又反对其"突变过甚"，决定不随时俗，自立法度。1922年其在明德中学与同仁刘永济和刘柏荣创办湘君社，创办《湘君》杂志，"出杂志以矫正伪新派文学之失"③，与《学衡》"持正论而辟邪说"的主张相应④，他在《湘君》《学衡》杂志上发表了《吾人眼中之新旧文学观》《再论吾人眼中之新旧文学观》《三论吾人眼中之新旧文学观》《四论吾人眼中之新旧文学观》《〈白屋吴生诗稿〉自序》等对新文化运动批评的文论。

---

① 贺远明、吴汉骧、李坤栋选编：《吴芳吉集》，巴蜀书社，1994年版，第1015页。
② 吴芳吉著，傅宏星编校：《吴芳吉全集》，华东师范大学出版社，2014年版，第469页。
③ 吴芳吉著，傅宏星编校：《吴芳吉全集》，华东师范大学出版社，2014年版，第208页。
④ 吴宓著，吴学昭整理：《吴宓日记》（第2册），生活·读书·新知三联书店，1998年版，第134页。

吴芳吉圈点罗泽南的文章，常常是有感而发，由是展开对当下新文化运动弊端的批评。吴芳吉《〈罗山诗选〉导言》①曰："吾读罗山之诗，而有感于今之说诗者焉。"当下言诗者有四误，"误于过重感情之说也"，诗须抒情但不必叫嚣宣泄，可隆重而恬淡更美；"误于背景之说，必求显示之也"，诗中书写现实中作者的生活苦难，不可呻吟辗转，否则必度量狭隘，而格调卑微；"误于诗必有生命之说也""误于以诗为发明哲理之说也"，诗歌是对生命的抒写、人生哲理的感悟，必当借助文学形象，委婉含蓄言之，而不是简单的材料革新、体制破除，更不能无病呻吟。罗泽南《悔过铭（并序）》曰：

> 不知而为之，其过犹微。知而为之，过将谁归？纵欲恣性，任气忘规。人虽不知，吾理已违。况乎鬼神之鉴察，人世之议论，尤显著而难欺。嗟嗟，一言之失，驷不可追；一行之失，药不可医。大丈夫行事，当皎然如白日青天，了无尘垢，何独憧憧往来，不能慎之于先几？诵圣贤之明训，守父母之遗肢，惩其既往，救之将来，或庶几其无大疵。②

吴芳吉在铭文天头标示"△"以示重要，又勾画铭文序中论述："夫无心者，过也；有心者，恶也。无心而失之，复有心而遂之，则过日多而恶日集。"又在此段天头批注曰："新派正中此病。"由是观之，吴芳吉阅读湘中圣贤之书，常常感怀时事。

（三）文学创作

吴芳吉《启事一束》主张文学创作在内容上注重三事："文学之道德，个人之精神，国家之责任。"③并且《〈白屋吴生诗稿〉自序》强调文学应具有中国特色、文品与人品的一致：

> 余之于诗，欲以中国文章优美之工具，传述中国文化固有之精神。即一身为之起点，应时代以与无穷。不必高谈义理，但注重于躬行。不必虚矜考据，但终期于创作。不必专骛词章，但求为人为文之归一致。此余于新诗之认识，亦余作诗之根据。④

吴芳吉《国立西北大学专修科〈文学史〉讲稿》高度评价湘儒的文学成

---

① 吴芳吉著，傅宏星编校：《吴芳吉全集》，华东师范大学出版社，2014年版，第372—373页。
② 罗泽南：《罗忠节公遗集》第五卷，清同治二年（1863）长沙刊本。
③ 吴芳吉著，傅宏星编校：《吴芳吉全集》，华东师范大学出版社，2014年版，第370页。
④ 吴芳吉著，傅宏星编校：《吴芳吉全集》，华东师范大学出版社，2014年版，第485页。

就，以及担当的责任：

>文天祥、史可法，激励文学者也。曾国藩、罗泽南，收拾文学者也。乃至克强、松坡及中山之伦，革命复仇，明耻教战，所以救人心，定国是，立民族之精神，辨千秋之邪正者，莫非源本文学之教然矣。①

吴芳吉在《湘君》杂志上发表诗歌25首、文8篇，此间吴芳吉行吟三湘山水，陶醉于荆楚文化的醇厚。三湘之地是他钦羡的人文荟萃之地，"百年兮方中，豪杰兮辈出"②，"呜呼湘中山水真璀璨，湘中儿女何浪漫。文章自古放豪吟，勋名常看夷大难"③。古代的屈原，是"一人之精神，民族之性根"④；近代少年革命党人蔡忠浩，"浩气何累累""丈夫视死本如归"⑤；辛亥革命中湘人功勋卓著，"鄂人崛起义师""鄂人独举义旗""鄂人足敬爱哉，同德同力同志"⑥；明进退之节的衡山人曹志武，"其修学大旨，以不欺为本，以中庸为归。行为不取矫异，而心身自守极严，欲以一人之心而化民成俗也"⑦。

吴芳吉逝后三年，卢前为《白屋遗书》作叙，认为吴芳吉诗歌兼众善而自成一家，特别是对湖湘文化的融合和感悟："思往时当自嘲，潇湘返棹，囊底收多少风谣！壮岁篇拟楚骚，将爱晚亭夕照，把汨罗屈子魂招。"⑧

---

① 吴芳吉著，傅宏星编校：《吴芳吉全集》，华东师范大学出版社，2014年版，第1292页。
② 吴芳吉著，傅宏星编校：《吴芳吉全集》，华东师范大学出版社，2014年版，第113页。
③ 吴芳吉著，傅宏星编校：《吴芳吉全集》，华东师范大学出版社，2014年版，第113页。
④ 吴芳吉著，傅宏星编校：《吴芳吉全集》，华东师范大学出版社，2014年版，第106页。
⑤ 吴芳吉著，傅宏星编校：《吴芳吉全集》，华东师范大学出版社，2014年版，第124页。
⑥ 吴芳吉著，傅宏星编校：《吴芳吉全集》，华东师范大学出版社，2014年版，第125-126页。
⑦ 吴芳吉著，傅宏星编校：《吴芳吉全集》，华东师范大学出版社，2014年版，第111页。
⑧ 卢前：《卢前诗词曲选·散曲选》，中华书局，2006年版，第245-246页。

第三章　聚奎书院的藏书

书院是中国古代一种独特的教育组织，是教育教学、学术研究和文化传播的重要场所。中国书院的藏书历史悠久，内容丰富，是中国传统文化、中国教育史、中国图书馆史的重要组成部分。[①]

聚奎学校自建立以来，历代管理者非常重视图书资料的购买、管理、保存和使用。1936年学校有古籍12000余册，现代图书约3000册；1949年前古籍约15000册，现代图书10000册；至1991年初，藏书共38000余册。

1949年以后，对聚奎中学的藏书进行整理，前后有两次：1981年，学校聘请退休校友古万全老师清理古籍，经四年的努力，经过装订、整理和编号，完成了所有古籍的清理。[②] 2011年，江津区图书馆受重庆市图书馆的委托，对学校古籍又进行一次较为全面的登记、分类和整理，所有书籍录入电子档案，方便书籍的流通。其中馆藏的三类图书具有一定的文献价值。

一、大型古籍丛书

现存古籍共计49181卷11046册，其中保存完整的大型古籍丛书有《古今图书集成》《四部备要》《四库全书珍本》《万有文库》等，具有较为珍贵的文献价值，可证书院—学堂—学校发展演变的历史。

二、民国教科书

书院改制为学堂，学堂变为学校后，教学内容和方式紧随时代发展而变化，中西兼习，以广造就。聚奎中学图书馆馆藏书籍中，保存有中华人民共和国成立前出版的书籍1600多册，其中有300多册民国时期的教育读本。教科书是民国教育的重要载体，从中可看出文理各学科基本的知识体系和价值体

[①] 胡昭曦：《四川书院的藏书事业》，《四川图书馆学报》2000年第1期。
[②] 《聚奎校史》，1998年，第249—251页。

系，体现出民国时期的国家意志和社会文明发展的程度，从中亦可窥见此期学校教育特别是课程论的特点。

聚奎藏书中馆藏的公民教育系列读本可分为两类：第一类是中小学公民教育课程类，偏重课程实践。如《公民训练》；赵宗预《小学校的公民教育》，新时代教育社 1928 版；沈振家《初中公民复习指导》，现代教育研究社 1946 版，为中学升学必读书目；《修正课程标准适用新编初中公民》。第二类是全民的公民教育，偏重理论。如顾树森《新著公民须知》，商务印书馆 1923 年版；周之淦、杨中明、卢殿宜《公民学课程大纲》，上海商务印书馆 1923 年版，中华改进社丛书第二种；海盐朱元善《公民教育论》，商务印书馆 1927 年版；潘文安《青年服务指导》，上海大禾书局 1930 年版；龚启昌《公民教育学》，正中书局 1948 年版。其中赵宗预读本本着"议论不贵高深，而贵切实；不贵宏富，而贵扼要"的原则，结合自己的教学实践，编撰可为师范学校公民教学的讲义，认为"方法课程，不贵新奇，而贵实用；不贵繁复，而贵简单"[①]。全书内容分原理论、公民知识论、公民训练论 3 编 23 章，教育内容简单实用，易于躬行实践，效果明显。并且，据现存的聚奎学校档案，1928 年、1935 年和 1942 年聚奎学校每周课时设置中，皆有"公民课"，又结合聚奎毕业学生的回忆，由是可了解民国学校培养学生的公民权利、义务、责任等的途径和方法，有助于深入研究民国学校教育的发展。

三、吴芳吉藏书

吴芳吉生于斯，长于斯，1909 年小学毕业考入清华留美预备班，后又执教于聚奎。1932 年，吴芳吉逝世后，其家人遵遗命将其大量藏书赠给学校，原数不详。约经六十年的风云变化，颇有损失。1980 年代整理统计，尚存线装古籍 152 种，共 22579 卷，分装为 638 册。2014 年，笔者承担重庆市社科联的课题，并参与江津区教委吴芳吉研究会《吴芳吉全集笺注》的编纂工作，又重点对吴芳吉藏书进行整理，计有 196 种 766 册。其中部分藏书中有吴芳吉、吴汉骧大量的圈点和评注，极具文献价值，对民国学术发展、巴渝文化研究皆有一定的价值。故本章重点研究吴芳吉藏书的文献价值，进行三个专题研究：首先是吴芳吉藏书的文献价值，重点介绍吴芳吉所收藏的地方文化典籍、儒家修身养性典籍、佛教典籍的文献价值。其次是个案研究，吴芳吉对《剑南

---

① 赵宗预：《小学校的公民教育》，新时代教育社，1928 年版，《叙言》。

诗钞》的点评，包括圈点缘由和点评内容。最后是吴芳吉藏书叙录，对吴芳吉藏书全面整理，包括每本古籍的版本、作者和书籍内容，重点对吴芳吉读书札记进行整理。由是可见聚奎书院藏书之丰富，为其教育和学术活动提供了充足的物资保障。

第一节　吴芳吉藏书的文献价值

吴芳吉逝世后，其家人向聚奎中学捐赠吴芳吉及三个子女吴汉骧、吴汉骥、吴汉骊的藏书，其中绝大部分为吴芳吉所收藏，在封面或首页，吴芳吉常常有题识、印章等。部分典籍中有吴芳吉、吴汉骊和吴汉骧的读书札记。这些文献为深入研究吴芳吉及民国巴蜀学术发展提供了较为原始的资料。

稽考文献，吴芳吉藏书中有三类书籍极具文献价值：一是地方文化典籍，主要是对蒙文通等5位蜀儒著述、王闿运等9位湖湘文人著述的收藏圈点，从中可见巴蜀文化和湖湘文化的发展及交融。二是儒家修身养性典籍，吴芳吉研读儒家著述，以之修身、创作、教学，可见民国蜀中学术发展和近代学校教育对修身的重视；三是佛教典籍，吴芳吉和其子吴汉骧收藏佛典约40部，对研究欧阳竟无的履历和学术成就，研究近代巴蜀学术和佛学关系，具有一定的文献价值。

一、地方文化典籍

吴芳吉在四川和湖南居住和任教时间相对较长，对巴蜀文化和湖湘文化比较偏爱，故其藏书中湖南和四川近代学者的著述较多，且有点评。

（一）对湖湘文化的点评

吴芳吉于民国九年入湘，任长沙明德中学教员五年。吴宓《吴芳吉传》曰："君广读古书，为君一生学问进步最多之时期。"①此期吴芳吉行吟三湘山水，陶醉于荆楚文化的醇厚，既有大量诗文创作，又收藏圈点9位近代湖湘文人著述，且版本多为清刻本，有一定的文献价值。通过吴芳吉对湘儒著述的阅

---

① 吴芳吉著，傅宏星编校：《吴芳吉全集》，华东师范大学出版社，2014年版，第1332页。

读和对湖湘文化的点评，可见巴蜀文化与湖湘文化的交融。吴芳吉收藏的湖湘文人的书籍分别如下：

隆观易《罘罳草堂诗集》四卷，清光绪五年（1879）刻本；

罗润璋《磐园诗集》六卷附《拾遗》一卷，宝新石印局镌，民国十一年（1922）抄本；

曹耀湘《冰渊诗集》一卷，清光绪三十年（1904）印本；

邓辅纶《白香亭诗集》三卷，清光绪十九年（1893）东河督署刻本；

王闿运著述则较多：《湘绮楼八代诗选》既有清光绪辛巳（1881）四川尊经书局刊刻6册本，又有清光绪二十年（1894）章氏经济堂刊刻8册本；《湘绮先生唐诗选》十三卷系清光绪二年（1876）成都尊经书局刊本；《湘绮楼文集》八卷、《湘绮楼笺启》八卷系光绪三十三年（1907）湖南长沙刊本；

廖树蘅《珠泉草庐诗钞》四卷附《后集》二卷，1923年铅印本；

吴敏树《桦湖文录》八卷，清同治八年（1869）刻本；

梅钟澍《梅氏遗书》四卷附《附录》三卷，宣统三年（1911）刊本；

罗泽南著述包括《周易附说》一卷、《罗忠节公年谱》二卷，咸丰九年（1859）刊本；《西铭讲义》一卷，咸丰七年（1857）刊本；《读孟子札记》二卷，咸丰九年（1859）刊本；《人极衍义》一卷、《姚江学辨》二卷，咸丰九年（1859）刊本；《罗忠节公遗集》，清同治二年（1863）长沙刊本；

其中吴芳吉重点圈点王闿运和罗泽南著述。对罗泽南等人的点评重在道德与事功，而对以王闿运为代表的湖湘派诗人更多的是文学点评。并且吴芳吉自身修身养性、文学创作方面对诸人思想多有吸收、融合。吴芳吉对近代湖湘文人的点评多从三个方面展开。

一是遭际艰难，乐天知命，志行弥坚。

吴芳吉《与吕光锡》认为"自古文章杰出之士，莫不由饥寒困苦中得来者"[①]，吴芳吉上承杜甫，强调自己在困境中对儒学的执着追求。吴芳吉《〈白屋吴生诗稿〉自序》评析自己乃"悲剧中之乐观人也"[②]。吴芳吉一生多艰，幼遭家难，长逢国变，但是，秉承礼义忠信，有为无怨尤。所以吴芳吉高度评价与自己遭际相似、追求相同的罗泽南、梅钟澍、隆观易。吴芳吉《〈罗山诗选〉导言》评价罗泽南："夫士生困厄如此，而所为诗，乃能乐天知命，欣然

[①] 吴芳吉著，傅宏星编校：《吴芳吉全集》，华东师范大学出版社，2014年版，第630页。
[②] 吴芳吉著，傅宏星编校：《吴芳吉全集》，华东师范大学出版社，2014年版，第479页。

自得，无矜持之习，无乞怜之态。"①隆观易少时父亲为里豪构陷遇害，避仇半生漂泊颠簸，遭际忧苦，诗才清妙，诗文幽苦。王闿运《梅礼部家传》载梅钟澍幼颖悟端谨，敦品励学，弱冠即举于乡，文名赫，然困于公车二十载，四十终成进士入翰林。"布衣食贫，艰苦卓绝，不以文自矜，唯以廉隅自砥，羁旅陀穷，忍人之所难堪。……君之介节固然，亦其艰苦奔走不得家食，诚贞苦之士。"吴芳吉重点点逗梅氏家书第二册《薜花崖馆家书·与兄弟书》中《道光丁亥》《庚寅》《壬辰》《癸巳》《甲午》等最能表现梅钟澍居贫而持节等篇目。

二是"为学主于性理，而求经世"。

钱穆《中国近三百年学术史》评罗泽南曰："其为学主于性理，而求经世，盖一时湘学风气然也。"②吴芳吉重点阅读罗泽南理学著述《姚江学辨》《西铭讲义》中关于为善去恶、仁民而爱物等篇目，特别是罗泽南批评科举的《文章》《复友人书》《答刘克庵书》《寄谢健庵书》等文章，欣赏《文章》中"举业固无碍于圣学，圣学实有益于举业也"等论述。有同样遭际和品行的湘人廖树蘅，怀才抱道，经营常宁水口山矿务，绩效大彰；蓄道德，能文章，诗文春容高华，无寒俭之音。

三是为诗主神韵气象。

吴芳吉对湖湘派诗人王闿运、邓辅纶更多的是文学点评。吴芳吉《四论吾人眼中之新旧文学观》将诗分为神韵、气象二体。③吴芳吉对王闿运《湘绮先生唐诗选》所选的"擅气象"的杜甫诗歌多有点评，特别是《北征》《赠韦济》诸诗，认为其内容厚重，关注民生疾苦，堪当"近世诗文正轨"。而对王闿运所选"擅神韵"诗人，吴芳吉更偏爱陶渊明，重点圈点其诗。为求知人论世，吴芳吉甚至还编辑陶渊明年谱、简谱，高度评价曹植、陶渊明为"文学之和者也"④。

（二）对巴蜀文化的点评

作为四川人，吴芳吉对灿烂的巴蜀文化颇为自豪。他在《骊山谒秦始皇帝墓诗》诗后自注中申论吴宓"两川希腊，三秦罗马"之论，认为四川之似希腊有四端："性秉南北之长，刚柔并具"，"四川美术发达，向为产生诗人之地"，

---

① 吴芳吉著，傅宏星编校：《吴芳吉全集》，华东师范大学出版社，2014年版，第375页。
② 钱穆：《中国近三百年学术史》，商务印书馆，1997年版，第656页。
③ 吴芳吉著，傅宏星编校：《吴芳吉全集》，华东师范大学出版社，2014年版，第428-458页。
④ 吴芳吉著，傅宏星编校：《吴芳吉全集》，华东师范大学出版社，2014年版，第1292页。

"四川喜宾客","四川地险,长为割据之势"①。

1927年,吴芳吉与刘咸炘、蒙文通、彭云生、卢前、唐迪风等人同时受聘于成都大学,他们来往很多,情谊深厚,共同造就了近代蜀学的繁荣。刘朴《吴芳吉传》详细记载吴芳吉与士人特别是宜宾唐迪风的交游事迹,评曰:"梁漱溟著《中西文化及其哲学》,于是宜宾唐烺、双流刘咸炘,蹶寻圣绪,日引月申,躬体戮践,为蜀儒者。"②吴芳吉与近代蜀儒风雨一堂,丽泽交资,寻圣绪的而躬身践,深崇儒术,欲拯横流,居常论学,契合无间。他们在学术上相互激励,思想上相互借鉴,生活上多有来往。吴芳吉收藏以道义交的近代蜀儒部分著述,并有点评。所藏之书如下:

蒙文通《古史甄微》一卷,民国丁卯年(1927)刻本。③ 全书有十篇讲义,吴芳吉点逗阅读其中《皇帝异说》《海岱民族》《江汉民族》《河洛民族》四篇。他在《皇帝异说》天头批注:"伏生:三皇说;董子:九皇说(齐)。"

廖平著述有《廖平经话》二卷、《群经凡例》十八卷、《古学考》一卷,三种著述皆为清光绪丁酉(1897)尊经书院刊本。④

刘沅著述包括《俗言》一卷,清咸丰四年(1854)印本;《大学古本质言》一卷,清咸丰八年(1858)刻本;《子问》二卷,清同治二年(1863)刊本;《又问》一卷,清同治二年(1863)刊本。

刘咸炘著述包括《子疏》十四卷附《附录》一卷,甲子(1864)年刊本。⑤《史学述林》一卷,己巳年(1905)刊本;《文史通义识语》三卷附《附录》一卷,1925年成都志古堂刊版。⑥ 吴芳吉红笔圈点《文史通义识语》中《易教》《书教》二篇。

唐迪风《孟子大义》五章,民国二十年(1931)成都敬业学院刊本⑦,吴

---

① 吴芳吉著,傅宏星编校:《吴芳吉全集》,华东师范大学出版社,2014年版,第182—184页。
② 吴芳吉著,傅宏星编校:《吴芳吉全集》,华东师范大学出版社,2014年版,第1343页。
③ 书尾页有吴芳吉黑色毛笔题识:"民国十六年冬月作者赠,芳吉读。"蒙文通生平见本书第三章第三节。
④ 三书封面有吴芳黑色毛笔题识,系民国十六年吴芳吉游学成都时所买。廖平生平见本书第三章第三节。
⑤ 封面有黑色题识:"吴芳吉十六年九月芳吉游成都买。"
⑥ 吴芳吉所收藏章学诚《文史通义》,1925年成都志古堂重刊本,有六册,包括章学诚《文史通义》八卷、《校雠学通义》三卷、《文史通义补》一卷,以及刘咸炘《文史通义识语》三卷附《附录》一卷,吴芳吉细读此套丛书,多有圈点。
⑦ 封面黑色毛笔题识:"宜宾唐先生著《孟子大义》一卷,白屋吴宅永藏。"唐迪风生平见本书第三章第三节。

芳吉红笔点逗第一章第一节《舜蹠之分》、第二节《义为春秋所贵》、第三节《出处进退辞受》。

征之吴芳吉书信及日记等，亦可见他们友谊的深厚。1929年《与吴雨僧》曰："铁风告我，儒家于善善之心，充量发达，恶恶之心，务求减少。否则一身以外，皆可杀也。有味哉，有味哉。"①受唐迪风的启迪，吴芳吉由是自省当宽待妻子。1931吴芳吉《与刘鉴泉》曰："兄谓我辈，皆有不免好名之病，实体认得清楚。尝闻铁风谈及市井之人多好利，江湖之人多好名，亦觉道出自家病处。"②接着，吴芳吉反躬自省自己与妻子的关系，认为"感召由己，何暇责人"。1930年《与吴雨僧》回忆成都大学执教期间，就与同事相处之道，受教于唐迪风，曰："在此日得铁风、鉴泉之规诫启诱，长进殊多。平生大幸，惟在我不责人，人多责我。我将尽有人之长也。"③1930年7月《与邓绍勤》更是对唐迪风高度赞美：

> 大学之任，全在明伦饬礼，移风易俗，立人道之极则，开万世之太平。不仅贩卖智识，装点门面而已。则人师之求，所关至重。如唐子铁风者，吉仅见之矣。重大聘吉，当更聘铁风。世之诟铁风者，憾其激烈。吉所取之，正在此耳。古惟狂狷可以作圣。彼学养未至，即自中行入者，必为乡愿无疑。弟与吉皆伤于狷，铁风特病狂耳。然蜀士学问之正，未有过铁风者也。④

吴芳吉在执教成都大学期间，与蒙文通为同事，多有交往。1929年8月，吴芳吉与蒙文通等赴北平、天津、上海、武汉等地招聘教师，购买图书。其间，在南京谒孙中山陵，拜谒佛学大师欧阳竟无。1930吴芳吉《与周光午》载：

> 适得蒙文通兄自沪来示，有云："今日（八月十五号）在沪曾见北流陈柱，并读所著《待焚诗草》，亦文亦俗，非古非今，而朴杰惊人，绝似兄作。兄亦知其人耶？钱宾泗之精悍，陈柱尊之雄奇，使人却知人之成学，先必有一段精神气魄也。"吉甚愧此言，尤自愧于少年时代之峥嵘慷

---

① 王忠德、刘国铭主编：《吴芳吉全集笺注·书信卷》，重庆出版社，2015年版，第55页。
② 吴芳吉著，傅宏星编校：《吴芳吉全集》，华东师范大学出版社，2014年版，第962页。
③ 王忠德、刘国铭主编：《吴芳吉全集笺注·书信卷》，重庆出版社，2015年版，第58页。
④ 吴芳吉著，傅宏星编校：《吴芳吉全集》，华东师范大学出版社，2014年版，第950页。

慨，今乃不及，转以望弟也。①

由是可知蒙文通对吴芳吉少年时作品所表现出来的"峥嵘慷慨"极为赞赏。1930年2月下旬，吴芳吉侍母重游重庆，至杨柳街等处，作《渝州歌》二十五首。遇蒙文通，作《渝州喜逢文通》，表达友人相逢的愉悦："自见蒙夫子，词源雅以清。此心如小艇，万顷可安行。念念皆无碍，朝朝觉始生。相离常易感，相会更难名。"②

二、儒家修身养性典籍

吴芳吉1922年《与吴雨僧》曰："吾当以其余暇，熟读九通、廿史、百子、群经，求吾先哲文物之真象。"③

吴芳吉收藏儒家著述众，并重点圈点了如下著述：

《尔雅注疏》十卷，（晋）郭璞注，（宋）邢昺疏，清刻本；

《孝经集传》四卷，（明）黄道周集传，清同治元年（1862）成都志古堂刊本；

《朱子小学集注》六卷附《为学大指》一卷，陈选集注，高愈纂注，光绪二十九年（1903）成都志古堂雕；

《渊鉴斋御纂朱子全书》六十六卷，（宋）朱熹撰，同治八年（1869）成都书局重镂；

《蕺山先生人谱》一卷、《人谱类记》二卷，（明）刘宗周撰，光绪九年（1883）刊本；

《四书反身录》十卷，（清）二曲先生口授，（清）王心敬录，宣统二（1910）年成都国学研究会重刊本；

《人极衍义》一卷、《姚江学辨》二卷，（清）罗泽南著，咸丰九年（1859）刊本。

《经学历史》一卷，（清）皮锡瑞撰，光绪三十二年（1906）刊本；

---

① 吴芳吉著，傅宏星编校：《吴芳吉全集》，华东师范大学出版社，2014年版，第959—960页。钱宾泗即钱穆。陈柱（1890—1944），又名陈柱尊，广西北流人。曾留学日本，毕业于成城学校，历任暨南大学、交通大学、无锡国学专修馆教授。参加过南社、中华学艺社、新中国建设学会等社团。主编过《学艺杂志》《国学杂志》《学术世界》等。有诗集《待焚草》。

② 吴芳吉著，傅宏星编校：《吴芳吉全集》，华东师范大学出版社，2014年版，第255页。关于吴芳吉与蒙文通交谊事，可参王承军《蒙文通先生年谱长编》，中华书局2012年版。

③ 吴芳吉著，傅宏星编校：《吴芳吉全集》，华东师范大学出版社，2014年版，第622页。

《大学古本质言》一卷，（清）刘沅著，咸丰八年（1858）刻本。

据题识，吴芳吉收藏购买这些著述主要是在执教成都大学前后，吴芳吉研读儒家著述，以之修身、创作、教学。

如《渊鉴斋御纂朱子全书》系康熙五十二年命李光地、熊赐履等在朱嘉语录、文集基础上，"汰其榛芜，存其精粹"，以类排比，成《朱子全书》，凡分十九门。吴芳吉对此书点逗、圈点、批注较多。如圈点第一册卷一"为学之方"曰：

> 凡人须以圣贤为己任，世人多以圣贤为高，而自视为卑，故不肯进。抑不知使圣贤本自高，而己别是一样人，则早夜孜孜，别是分外事，不为亦可，为之亦可。然圣贤禀性与常人一同，既与常人一同，又安得不以圣贤为己任？自开辟以来，生多少人，求其尽己者，千万人中无一二。

吴芳吉于此句画着重符号，并在天头批注曰："芳吉太愧此言。文学贵乎表现自己，see revealing，当由此解说方是。"又如圈点批注《四书反身录》卷二《中庸》篇部分："声色货利、毁誉得失之念不除，皆自纳于罟获陷阱之中而莫之辟也。溺于文义知见，缴绕蔽惑，令自己心光不得透露，其为罟获陷阱尤甚。"天头批注曰："释第一义，此间最要紧，若打破，则终身无成。"

吴芳吉《与刘鉴泉》载其执教江津指导学生研习儒学著述时的情形：

> 近每周为诸生讲授《人谱》，益以《论》《孟》、朱子《小学》及《大学衍义》。但举实证，不作空谈。未知二三十年之后，有三二可靠人否？①

吴芳吉对刘宗周《人谱》阅读仔细，特别是对其中容易被学生所接受的故事进行点逗评注，如《凝道篇》载："汉郑均兄为县吏，颇受馈遗，均谏不听，乃脱身为佣，岁余得钱帛归以与兄曰：物尽可以复得，为吏受赃，终身捐弃。兄感其言，遂为廉洁。"吴芳吉在此段天头批注曰："忠。"又载："周文灿性敦友爱，其兄嗜酒，仰灿为生，一日乘醉殴灿，邻人不平而詈之，灿怒曰：兄未殴我，如何离间我骨肉也。司马温公尝书其事以示人。"吴芳吉在此段天头评注曰："恕。"1932 年《致汉骧汉骥》记载给学生讲习《人谱》之事，曰："吾近将刘蕺山《人谱》改编，手写石印。每星期六晚，集全校诸生讲授。昨讲诚信章明山宾货牛事，有某幼生，竟至击掌。后召而叩之，对曰：'生感其诚，不觉意动。'吾亦转为此生所感。汝等须知品行便是学问，学问便在立品。凡

---

① 吴芳吉著，傅宏星编校：《吴芳吉全集》，华东师范大学出版社，2014 年版，第 973 页。

有学问之人，莫不由诚信恭谨得来。"①

又如点逗、批注《孝经》卷一《开宗明义章第一》：

> 仲尼居，曾子侍。子曰："先王有至德要道，以顺天下，民用和睦，上下无怨，汝知之乎？"曾子避席曰："参不敏，何足以知之？"子曰："夫孝，德之本也，教之所由生也。② 复坐，吾语汝。身体发肤，受之父母，不敢毁伤，孝之始也。立身行道，扬名于后世，以显父母，孝之终也。③ 夫孝，始于事亲④，中于事君⑤，终于立身。大雅云：'无念尔祖，聿修厥德。'"

吴芳吉对皮锡瑞《经学历史》的圈点，更多的是学术方法论上的借鉴。吴芳吉对大部分内容点逗阅读，其中特别用红笔单曲线勾画和点逗《经学昌明时代》中关于汉代经学历史部分内容：

> 前汉今文说，专明大义微言；后汉杂古文，多详章句训诂，章句训诂不能尽餍学者之心，于是宋儒起而言义理。此汉、宋之经学所以分也。
>
> 乃知汉学所以有用者在精而不在博，将欲通经致用，先求大义微言，以视章句训诂之学，如刘歆所讥"分文析义，烦言碎辞，学者罢老且不能究其一艺"者，其难易得失何如也。（古文学出刘歆，而古文训诂之流弊先为刘歆所讥，则后世破碎支离之学，又歆所不取也。）

三、佛教典籍

据 1998 年《聚奎校史》记载，聚奎中学藏有佛学书籍 68 册，共 278 卷。包括金陵刻经处、扬州藏经院、四川刻经处、北京刻印处、支那内学院、支那内学院蜀院等所刻佛典。其中一部分为欧阳渐大师及其弟子所赠送，一部分为吴芳吉及其子吴汉骥所赠送。⑥

---

① 吴芳吉著，傅宏星编校：《吴芳吉全集》，华东师范大学出版社，2014 年版，第 970 页。
② 吴芳吉旁注曰："礼之所由生也。"
③ 吴芳吉旁注曰："敬。"
④ 吴芳吉旁注曰："主恩。"
⑤ 吴芳吉旁注曰："义。"
⑥ 吴汉骥（1918—1979）：长沙明德中学毕业，曾从欧阳竟无学哲学，先后在勉仁文学院、乡村建设学院、川东教育学院、酉阳师范学院、涪陵师范学校做教员。

(一) 吴汉骥所藏佛典①

《成唯识论枢要记》十卷,(唐)玄奘译,清光绪二十二年(1896)金陵刻经处识,吴汉骥圈点全文,且有大量眉批;

《瑜伽师地论记》,(唐)释道论集撰,清光绪二十四年(1898)金陵刻经处刻本;

《显扬圣教论》二十卷,无著菩萨造,(唐)三藏法师玄奘奉诏译,宣统元年(1909)刻本;

《法相诸论叙合刊》一卷,欧阳渐撰,民国五年(1916)金陵刻经处刻本。

《因明正理门论述记》三卷,(唐)沙门神泰撰,民国十二年(1923)支那内学院识;

《大般若经第二分方便般若》,(唐)三藏法师玄奘奉诏译,民国十八年(1929)支那内学院刊;

《藏要第一辑叙论》,欧阳渐撰,民国十九年(1930)孟冬支那内学院藏板;

《方便心论》一卷、《如宝论》一卷、《迥诤论》一卷,(陈)天竺三藏真谛译,民国二十年(1931)十二月支那内学院识;

《马鸣龙树提婆天亲传》,民国二十一年(1932)支那内学院识;

《因明入正理论续疏》二卷,(唐)正等寺沙门慧沼续述,民国二十二年(1933)支那内学院识;

《孟子十篇读》十卷,欧阳渐撰,民国二十一年(1932)支那内学院识,书中有吴汉骥部分批语;

《唯识三十论要释》一卷,唐□□□撰②,民国二十三年(1934)六月支那内学院识;

《因明入正理论疏》四卷,(唐)大庄严寺沙门文轨撰,民国二十三年(1934)支那内学院识,书中吴汉骥部分点逗,两处评注;

《大乘百法明门论疏》二卷,(唐)释普光撰,民国二十四年(1935)七月支那内学院识,书中有吴汉骥批注;

《大般若波罗蜜多经》,(唐)三藏法师玄奘奉诏译,民国三十年(1941)

---

① 吴汉骥在佛典的封面或扉页一般有题识,以此判断是书为其收藏,后文不再一一做注释。
② 是书作者不详。

支那内学院蜀院识；

《大方广佛华严经》，（唐）于阗国三藏沙门宝叉难陀译，民国铅印本；

《楞伽阿跋多罗宝经注解》四卷，（宋）求那跋多罗译，民国刻本，上下册皆有吴汉骧的评点语；

《维摩诘所说经注》八卷，姚秦三藏法师鸠摩罗什译，长安沙门僧肇注，民国金陵刻经处翻刻光绪十三年（1887）刻本。

（二）吴芳吉所藏佛典

《翻译名义集选》一卷，（宋）释法云编，同治十二年（1873）江北刻经处识，封面有吴芳吉黑色毛笔题识"翻译名义集选，碧柳海上置，乙卯八月"①；

《大佛顶首楞严经》十卷，（唐）天竺沙门般刺密帝译，宣统三年（1911）板存，新都宝光寺流通；

《解深密经》五卷，（唐）玄奘译，民国十二年（1923）四川刻经处藏板；

《劝发菩提心集》五卷，（唐）沙门慧沼撰，民国十八年（1929）金陵刻经处研究部刊印，吴芳吉圈点全文，且有大量眉批；

《大方广佛华严经》八十卷，（唐）于阗国三藏沙门宝叉难陀译，清刻本；

《太上黄庭内景玉经》一卷，（清）邵穆生撰，清刻本；

《新译大乘起信论》一卷，马鸣菩萨造，（唐）于阗三藏实叉难陀奉制译，光绪二十四年（1898）金陵刻经处刻本，全书眉批旁注极多，封面有黑色毛笔书写的长篇议论；

《百法明门义记》四卷，民国九年（1920）季春金陵刻经处识，有少量圈点，三处天头评注；

据笔者整理，聚奎书院现存吴氏捐赠的佛教著述约四十部，其中有明确题识表明为吴汉骧收藏的有十八部，题识表明为吴芳吉收藏的有八部。这些佛教典籍，对研究吴芳吉和欧阳竟无的生平与学术，研究近代巴蜀学术和佛学关系，具有一定的文献价值。

一是可稽考欧阳竟无与巴蜀近代学术的关系。

据欧阳竟无《金陵师友录》记载，在金陵刻经处研究部及支那内学院筹备处时，以及1922年至1940年支那内学院时期，受学弟子众多，其中不乏栋梁

---

① 吴芳吉在这些佛教典籍的封面或扉页一般有题识，或有红色篆刻"吴芳吉印""白屋碧柳"，以此判断是书为其收藏，后文不再一一做注释。

之材,蜀中弟子有彭云生、蒙文通、唐迪风、唐君毅等①,其中彭云生、蒙文通、唐迪风与吴芳吉具执教于成都大学,多有往来。

唐迪风师从欧阳竟无学习佛学,有《孟子大义》等著述传世。刘朴《吴芳吉传》载:

> 执贽欧阳先生渐南京支那内学院,自请学儒,不学释。三年而归,作《孟子大义》五章,谆谆然与成都各大学、中学生,讲复秉彝,屏外物,遵平易,祛新寄,苟不绝于人类,而邀神圣祖宗鉴佑者,必思所以自反。②

欧阳竟无《唐迪风墓志铭》认为夺志之敌有三大势:贫、贱、险。"迈往之士遇之而废然返者,盖累累也。三兹者备,而能悍然,可以适道。"③唐迪风一生坎坷而豪迈,可谓"适道"者也。唐君毅1951年5月21日《日记》中对中国当代学术界人多有剖析省思:

> 思中国近年学术界人物,北大出者大皆放肆而非阔大,南京东大出者大皆拘紧而不厚重。如梁漱溟、熊十力、欧阳竟无、吴碧柳诸先生等皆自社会上出,乃可言风度、气象、性情。今之一般学术界人物之文能谨严者已不多,能有神采性情愿力者尤少。④

刘朴《祭吴碧柳文》曰:"宜黄师褒,秦汉则有。"⑤1929年吴芳吉在南京谒孙中山陵,拜谒欧阳竟无,欧阳竟无后语蒙文通曰:"碧柳,秦汉际人也。"欧阳竟无《聚奎教授碧柳逝世八周年纪念》评曰:"相应寂灭唯悲智,恒河沙数身命施,庶几天下贪残澌。碧柳天生大人器,文章诗句其余事。栽松道人望来歧,或其狮儿能继志。"⑥诗歌高度赞美吴芳吉的志向和人格,末二句用典,表达了大师期盼后学秉承先贤之志的心愿,希望他们将中国学术发扬光大。⑦

吴芳吉援佛入儒,修身养性。1915年《蜀道日记》记载其研读佛典之事:

> (五月二十四日)读《楞严经》第一篇,及维摩诘《说经佛国品》一

---

① 徐清祥:《欧阳竟无评传》,百花洲文艺出版社,2010年版,第155—160页。
② 吴芳吉著,傅宏星编校:《吴芳吉全集》,华东师范大学出版社,2014年版,第1343页。
③ 欧阳渐:《欧阳竟无著述集》,东方出版社,2014年版,第560页。
④ 唐君毅:《唐君毅日记》,吉林出版集团有限责任公司,2013年版,第49页。
⑤ 刘朴:《祭吴碧柳文》,《明德旬刊》1935年第12卷第1期。
⑥ 欧阳渐:《欧阳竟无著述集》,东方出版社,2014年版,第574页。
⑦ 徐清祥:《欧阳竟无评传》,百花洲文艺出版社,2010年版,第160页。

章。又校对小说数种，其言皆淫靡眩人之词。其动人处，吾几为所蛊惑，努力抑制乃已。

（五月二十五日）八时入社，读《维摩诘经·方便品》一章。

（五月二十六日）八时入社，情欲与良心战甚烈，读《维摩诘经》稍胜之。近日，惟心气渐趋于平和，而妄念乃日炽，若不急振毅力以扑灭之，将来定有大病也。……又读《入不二法门品》一章，颇有所悟。①

又《巴人歌序》曰："壬申春暮旅渝，西侨文幼章等邀余讲演儒家思想与耶教精神。"②1923年《与邓绍勤》认为习佛非为时髦，"绍勤学佛，其以忍辱精进自励，而勿随俗入魔。古今能忍辱精进之士，求之文学界中，以司马子长为第一。吾人遭际虽苦，究较子长为优。然彼此所操就者，乃无所有也。是即不忍不精之明证耳"③。又吴芳吉曾圈点李颙《四书反身录》卷二《中庸》篇部分："问：《中庸》何以为要。曰：'慎独'为要。因请示'慎'之之功，曰：子且勿求知'慎'，先要知'独'，'独'明而后'慎'可得而言矣。曰：注言'独者，人所不知而己所独知之地也'。曰：不要引训诂，须反己实实体认。凡有对，便非'独'，'独'则无对，即各人一念之灵明是也。天之所以与我者，与之以此也。此为仁义之根，万善之源，彻始彻终，彻内彻外，更无他作主，惟此无主。'慎'之云者，朝乾夕惕，时时畏敬，不使一毫牵于情感，滞于名义，以至人事之得失，境遇之须逆，造次颠沛，生死患难，咸湛湛澄澄，内外罔间，而不为所转，夫是之谓'慎'。"文后吴芳吉批注曰："欧阳大师经注：常戒惧于不睹不闻是中庸。"由是可证欧阳竟无的佛学思想对吴氏的影响。

又吴芳吉之子吴汉骥师从欧阳竟无习佛，后为母校捐献大量佛学经典，且多有评注，用力深厚。

二是可稽考欧阳竟无抗战时期在支那内学院蜀院的履历。

据欧阳竟无1940年《邓蟾秋七十寿序》载，1938年冬欧阳竟无率院众息影江津，开始筹建支那内学院蜀院，得邓蟾秋、张茂芹兄弟之助：

金陵陷，支那内学院挟其经版图书入川，将于江津刻经、研学，分立蜀院。先生布千金，张茂芹兄弟让地，购得院基以兴建筑，流通刻经、研

---

① 吴芳吉著，傅宏星编校：《吴芳吉全集》，华东师范大学出版社，2014年版，第1051－1053页。
② 吴芳吉著，傅宏星编校：《吴芳吉全集》，华东师范大学出版社，2014年版，第264页。
③ 吴芳吉著，傅宏星编校：《吴芳吉全集》，华东师范大学出版社，2014年版，第636页。

学已三年矣。①

1940年适值邓鹤年七十寿诞，避难江津的名士陈独秀、邓仲纯、方孝远、台静农、欧阳竟无五人，"仪先生之为人，感先生之方便"，谋所以寿先生者，欧阳竟无撰写《邓蟾秋七十寿序》，认为先生是懂得"自适其适"之人，快意人生："非儒、非商、非佛，亦儒、亦商、亦佛，吾好是从。名不能绳，财不能窘，习尚不足以移，交于神明，淋漓恬畅"。具体表现在三个方面：一是懂得经商之道："商贾之情，无躁动、无失机，乃无不利也。"故能豪富雄一邑。二是致力凝神于布施之道："集财非难，散财为难。集而不散，用而不当，非道也；遗之子孙，资之作恶，尤非道也。"三是明辨世间慧命、出世慧命之别："抗战建国，充不受尔汝之义于学，世间慧命也。悲智、空寂，达自由、平等之极于道，出世慧命也。"在劫难不断的时代，吴芳吉大力资助亲朋好友，特别是抗战期间曾照顾、资助一大批入川避难的学者名流，如周光午、何之瑜、曹靖华、台静农、魏建功、陈独秀，被时人评为有孟尝君之风。

佛学大师欧阳竟无曾题联赞美聚奎中学："是英雄铸造之地，为山川灵秀所钟。"②在抗战期间，欧阳竟无参与"聚奎大讲坛"系列学术活动，推动学校的教育改革。据《聚奎校史》记载，1938年夏欧阳竟无来校讲学，7月23日吴汉骧带领学生刘远邦等到德感至善图书馆办暑假民众学校，为时月余，其间演出话剧两次，请欧阳竟无讲学《诗经》三十课。1938年5月，欧阳竟无编成《论语课》《毛诗课》，《毛诗课》从《毛诗》中精选出"三十篇"编校注释而成。

欧阳竟无《赠聚奎学校中华青年救国团》曰：

小子当洒扫、进退、应对，常时事也；能执干戈以卫社稷，非常时事也。诗曰："夙兴夜寐，洒扫庭内，为民之章。修尔车马，弓矢戎兵，用戒戎作，用逖蛮方。"呜呼！日军残暴极矣！三日于兔气食牛，唯尔青年能吞灭之。③

据《聚奎校史》记载，1938年上期，聚奎学生组织"青年救国义勇军"

---

① 欧阳渐：《欧阳竟无著述集》，东方出版社，2014年版，第546—548页。《聚奎六十周年纪念刊》题名为《校董邓蟾秋先生七十寿序》，且文字有异。
② 1940年为贺聚奎校庆来校，撰书此联，并亲手刻于石柱上。"文化大革命"中被凿毁，1984年由侯正荣补刻。
③ 欧阳渐：《欧阳竟无著述集》，东方出版社，2014年版，第589页。

进行军事训练，以图救亡图存，此文或当为欧阳竟无巧妙引用《诗经·大雅·抑》诗句对青年学生的寄语，是对其爱国激情的鼓励。

巴蜀文化名人叶广度，在1940年下期应校长周光午之邀，继吴子华任聚奎中学教导主任。叶广度善诗、词、曲，在白沙期间，与欧阳竟无多有交往。《人日听欧阳大师讲经》写道："人日趋精舍，听翁解大乘。江亭花自发，蜀院竹相称。放眼皆情海，明心一宝灯。归来愁绪灭，不觉月初升。"①

三是可稽考欧阳竟无的学术历程，特别是其晚年的学术思想转变和发展。

据《欧阳竟无评传·欧阳渐学术行年简表》载，1937年夏，"集门人讲晚年定论，提无余涅槃三德相齐之义，融瑜伽、中观于一境，且以摄《学》《庸》格物诚明，佛学究竟洞然，而孔家真面目亦毕见矣。讲毕，日寇入侵，师率院众并运所刻经版徙蜀"。1937年全面抗战爆发，南京的支那内学院内迁至重庆江津民众教育馆，建立支那内学院蜀院。随行前来江津的有吕秋逸、韩文畦、陶闿士、彭云生、熊东明、张茂芹、程时中等，共45人。这是民国时期居士佛教的最重要的学府。1937年至1943年，江津支那内学院蜀院学术活动频繁，成就斐然，且大德悟佛与时事结合，学术思想一变，佛儒互融，学术思想大放异彩。

1938年正月人日（夏历正月初七），举行大会，蜀中及门者皆集，乃成立蜀院。恢复"讲学以刻经"之旧规，设流通处及作场，举办支那内学院经版图书展。

在此期间，许多著述相继完成。如：

1938年5月，编成《论语课》《毛诗课》。《论语课》按"义利之辨""忠想之事""思学相须""诗书执礼""性与天道""为政之道"等六个主题依次编成；

1939年2月编成《词品乙》，凡50调127首，"建国以不受尔汝之恕，气不和顺不能恕，《词品乙》语，清净幽闲。非相违也，而相从也"②。

1940年1月作成《中庸传》，这是欧阳竟无阐述孔学最系统的一部代表作，也是其最后一部儒学著作；

1940年2、3月间作成《五分般若读》；

1941年作成《释教》；

---

① 《聚奎校史》，1998年，第294页。
② 欧阳渐：《欧阳竟无著述集》，东方出版社，2014年版，第1262页。

1942年作成《心读经》。

在此期间,许多佛典相继出版。1938年冬蜀院得初刻南藏,欧阳竟无作《得初刻南藏记》,吕澂作《初刻南藏考》;1940年5月,蜀院发起精刻《大藏经》全藏,冬刻成《藏要叙》,分《经叙》和《论叙》两册。

第二节 吴芳吉对《剑南诗钞》的点评

吴芳吉《无题》曰:

> 燕头峰脉会江阳,下有野人三两庄。指点青门罗雀处,巍然白屋读书堂。春如父母心慈厚,山似英雄气激昂。司马轻狂云枉道,西南久负大文章。
>
> 最怜陆老奇男子,散发江湖号放翁。不幸生时遭国变,偏从拙处见诗工。灵均哀怨托芳草,杜甫流离望塞鸿。自古书生多杰士,儿曹何处识《王风》?①

吴芳吉认为屈原、杜甫、陆游屡遭国难,拳拳爱国之心形诸笔墨,以立言而名垂史册,他们的诗歌颇似《诗经·王风》,多抒发遭遇国难的离乱悲凉哀思。

实际上,与吴芳吉同时代的文人认为吴芳吉文学创作承袭的渊源之一就是陆游。1913年时年17岁的吴芳吉遭遇战乱兵匪,历时五月,绕行三峡三千余里,返回故乡,途中成诗七十首,后将诗作寄与吴宓,吴宓盛赞诗歌似陆放翁。吴芳吉于是发愿为诗人,"凡吾有志而弗逮者,一一纳之诗中"。②

对陆游,吴芳吉既有创作上的拟则,又有文学上的点评,特别是其对《剑南诗钞》的圈点批评最具特色。

陆游识超于众,行笃于内,学以明心,行以风世。吴芳吉收藏圈点杨大鹤《剑南诗钞》中的诗歌,对陆游诗歌思想内容进行点评,或圈点陆游"诗兴"诗歌,或点评陆游"有关时势者""君国"的诗歌;对陆游诗歌艺术的分析,或圈点气象神韵兼具的诗歌,或重点探讨陆游诗歌对杜甫诗歌的化用。

---

① 吴芳吉著,傅宏星编校:《吴芳吉全集》,华东师范大学出版社,2014年版,第59页。
② 吴芳吉著,傅宏星编校:《吴芳吉全集》,华东师范大学出版社,2014年版,第466页。

一、吴芳吉收藏圈点杨大鹤《剑南诗钞》缘由

杨大鹤（1646—1715），字九皋，号芝田。江苏武进人，康熙十八年（1679）进士，博览群书，所选《剑南诗钞》风行一时，亦工书，得晋唐遗意。①

《剑南诗钞》共选陆游五七言古近体诗2277首，其中五古323首、七古208首、五律368首、七律907首、五绝45首、七绝426首，按体编次。不选六言、排律。《剑南诗钞·凡例》对选取原则和编次方式皆有说明，特别强调对所选诗作，不做点评：

> 近代选刻诗文，往往细加评点，不但使作者面目成不化之妍媸，亦且使读者胸中主先入之意见。余以为此古人所未有也。②

到清代初期，陆游诗歌流行极广，陆游诗集流行程度较为广泛的是杨大鹤选编的《剑南诗钞》。杨大鹤《剑南诗钞序》曰："自李沧溟不读唐以下，王弇州韪其说，后遂无敢谈宋诗者，南渡以后又勿论矣。近年以来，有识者始读宋诗，始读陆放翁诗。"③杨大鹤选录易携易读的《剑南诗钞》，是为了迎合当时的市场需求。④自杨大鹤选本问世二百年间，不断翻刻，国内各大图书馆现存此书不下十余种版本。⑤

杨大鹤编选的陆游诗歌，后人颇有争议。《唐宋诗醇·凡例》评曰：

> 断以风人之义，多取其有为。而作者录之，顾其忧深思远，随处感发。寄兴之作，亦美不胜收。佳处领要，则又芟其复而拔其尤，探得骊珠，固不屑屑于一鳞片甲耳。⑥

强调选陆游诗歌当重视诗歌的教化功能，避免选录吟风弄月、流连光景、趣味化而缺少政治寄托的作品。基于此，沈德潜《说诗晬语》批评杨大鹤选本"专录其叹老嗟卑之言"⑦。钱泰吉《跋剑南诗稿》亦批评杨本专注选录陆游

---

① 南京师范大学古文献整理研究所编著：《江苏艺文志·常州卷》，江苏人民出版社，1994年，第276页。
② 陆游著，雷瑨注释，杨大鹤选，许贞幹校：《笺注剑南诗钞》，广文书局，1982年版，第2页。
③ 陆游著，雷瑨注释，杨大鹤选，许贞幹校：《笺注剑南诗钞》，广文书局，1982年版，第1页。
④ 蒋寅：《陆游诗歌在明末清初的流行》，《中国韵文学刊》2006年第1期。
⑤ 张毅：《陆游诗传播、阅读专题研究》，复旦大学2008年博士论文。
⑥ 乾隆御选：《唐宋诗醇》，中国三峡出版社，1997年版，第2页。
⑦ 沈德潜：《说诗晬语》，《清诗话》本，上海古籍出版社，1978年版，第544页。

"流连光景之词"①。钱锺书《宋诗选注》评析较为全面：

> 一方面是悲愤激昂，要为国家报仇雪耻，恢复丧失的疆土，解放沦陷的人民；一方面是闲适细腻，咀嚼出日常生活的深永的滋味，熨帖出当前景物的曲折的情状。……陆游全靠那第二方面去打动后世好几百年的读者，像清初杨大鹤的选本。②

吴芳吉圈点杨大鹤《剑南诗钞》③，在于此选本"始终立足于陆游所遭之世、道德为人、恢复之志等的叙述，采取一种从陆游看陆诗、知人论世的角度"④。

吴芳吉民国五年《答某生》认为今日学诗，首先当学古人为人，而后学其诗。大凡境遇艰危、立身高洁者，其人不朽，其诗亦不朽耳。典型三人为杜甫、陆游、丘逢甲。"放翁当南渡之秋，家国破亡，欲返中原不得，始以诗自遣，以永其志。"⑤陆游识超于众，行笃于内，学以明心，行以风世，使人之读其诗，瞻望奋发，以励其志为。

吴芳吉圈点杨大鹤《剑南诗钞》时有自己的义例，在第二册《七古》卷中扉页上吴芳吉红色毛笔题识："有单曲线处系有关时势者，有双曲线处系论诗文者，有三角圈处系格言名人论，有长方形处系身世。"在第二册《五律》卷中扉页上吴芳吉红色毛笔题识："～君国，～文评，△格言，□身世。"与七古卷扉页所写圈点义例相同。两相对照，我们发现吴芳吉主要是从四个方面对陆游诗歌进行圈点："有关时势者""君国"诗歌系陆游内容厚重的史诗；"论诗文者""文评"诗歌系表现陆游诗论的作品；"格言"诗歌系以极其精练的语言、巧用典故表达陆游对社会人生的感悟作品；"身世"诗歌系表现陆游坎坷人生经历和人生喟叹的作品。

二、吴芳吉对陆游诗歌思想内容的点评

《唐宋诗醇》评陆游曰：

---

① 钱泰吉：《甘泉乡人稿》，文海出版社，1966年版，第269页。
② 钱锺书：《宋诗选注》，人民文学出版社，1958年版，第190页。
③ 吴芳吉所收录的《剑南诗钞》系民国三年（1914）重刻本，本节后所引用的陆游诗歌皆出于此，不再一一出注。此版本所录陆游诗歌，文字偶有脱落，吴芳吉对此有校补，但所校补个别字词与钱仲联《剑南诗稿校注》有别，本章引用陆游诗以吴芳吉校补的《剑南诗钞》为准。
④ 张毅：《陆游诗传播、阅读专题研究》，复旦大学2008年博士论文。
⑤ 吴芳吉著，傅宏星编校：《吴芳吉全集》，华东师范大学出版社，2014年版，第553页。

观游之生平，有与杜甫类者：少历兵间，晚栖农亩，中间浮沉中外，在蜀之日颇多。其感激悲愤，忠君爱国之诚，一寓于诗。酒酣耳热，跌荡淋漓。至于渔舟樵径，茶碗炉熏，或雨或晴，一草一木，莫不著为咏歌，以寄其意。此与甫之诗何以异哉？①

终身"爱君忧国"的陆游承袭杜甫"一饭未尝忘君"的情怀，二人坎坷的经历相似，忠君爱国的精神相通，这亦是吴芳吉对陆游诗歌思想内容圈点的重点。

（一）对陆游"诗兴"诗歌的重视

陆游《示子遹》② 总结作诗的轨迹，"我初学诗日，但欲工藻绘"，认为自己从军南郑以前的诗歌是乞人残余，徒求模拟技巧和造语华丽，而"力孱气馁"，未造雄劲，少自得之妙；"中年始少悟，渐若窥宏大"，认为自己得"诗家三昧"是在从军南郑的金戈铁马之后，坎坷曲折的人生，丰厚多姿的人生遭际，才能构就宏大深邃的诗意境界；"汝果欲学诗，工夫在诗外"，强调诗歌来源于生活，诗才、诗艺也只有在表现生活、反映现实的创作活动中才能获得。

吴芳吉选录《剑南诗钞》卷二中的《九月一日夜读诗稿有感走笔作歌》，是陆游总结自己诗歌创作的转折点："诗家三昧忽见前，屈贾在眼元历历。天机云锦用在我，剪裁妙处非刀尺。世间才杰固不乏，秋毫未合天地隔。"这亦是吴芳吉阅读圈点的重点，并在天头批注："论诗。"

1931年9月25日吴芳吉《周光午》谈近来转向经史之由，此为年龄变化之必然，并列举杜甫、高适、陆游等诗人随情感年龄变化，遂有不同之诗风：

> 少年极感情之变化，壮年极理智之扩充，迨至老年，其必转移方向，又无疑也。老杜之诗，皆自四十以后。高适之诗，亦在五十以后。放翁佳作，更在六十以后。③

吴芳吉圈点陆游诗歌中"文评""论诗文"者，实际上强调的是作家身世遭遇对诗文起兴的影响。如：

> 苦吟缘病辍，随意或诗成。（《秋阴》）

---

① 乾隆御选：《唐宋诗醇》，中国三峡出版社，1997年版，第896页。
② 陆游著，雷瑨注释，杨大鹤选，许贞幹校：《笺注剑南诗钞》，广文书局，1982年版，第145页。
③ 吴芳吉著，傅宏星编校：《吴芳吉全集》，华东师范大学出版社，2014年版，第966—967页。

白头诗兴在，吟罢意差强。(《登拟岘》)
老人无日课，有兴即题诗。(《闷极有作》)

无论是闲居抚州"有地聊容拙，无方可疗狂"的喟叹，还是隐逸山阴的"贵己不如贱，狂应又胜痴"的人生透悟，皆可以诗言志，一展胸中的郁闷愤懑。吴芳吉《谈诗人》认为就作家身世论，中国诗人作诗的冲动可分为四种：或是做官而不得志的，则借诗以泄其愤；或是求名而不如愿的，则借诗以逞其才；或是厌世而不遑摆脱的，则借诗以托其情；或是"放心"而不能自道的，则借诗以偿其欲。"善作抒情诗的陶渊明，善作叙事诗的白乐天，善作讽刺诗的屈灵均，善作农牧诗的陆放翁等。"①吴芳吉认为此四人作诗，不是为了纯粹的写作，而是借诗歌表达心中的烦闷。

（二）对陆游"有关时势者""君国"诗歌点评

吴芳吉《秋日从家君渡江登玉峰护国寺作》②为登山游览感兴之作，感叹"江山如此丽"。面对蜀中奇山水、好风物，有感于"废立一身事，疮痍天下多"的民国军阀混战，吴芳吉惦想巴蜀先贤忧国情怀："健笔凌云在，浮家四壁荒。遥怜苏父子，剥削竟垂堂。""落漠怜仓海，平生愧陆游。"要承袭杜甫、苏轼父子、丘逢甲、陆游等人的"谋政忘卑位"之忧国情怀。

吴芳吉圈点的陆游"有关时势者""君国"类诗歌，能够较为集中表现陆游的人生履历和爱国情怀。

所圈点者，或为陆游回忆金戈铁马的军旅生活和抒发一腔报国的热诚：

丈夫不虚生世间，本意灭胡收河山。(《楼上醉书》)
明年起飞将，更试北平秋。(《枕上》)
形胜轮台地，飞腾瀚海师。(《骨相》)
霰洒孤臣泪，驰驱壮士心。(《秋晚》)

又如吴芳吉圈点陆游《山南行》"会看金鼓从天下，却用关中作本根"。《山南行》系乾道八年三月抵南郑时作，本诗可与陆游议论国事之文如《代乞分兵取山东札子》《书渭桥事》等相参，可见陆游对国事的兴盛以及用兵之道的长远思考。陆游认为在对金的战争中，当以精锐之师以奇制胜，故用兵的根

---

① 吴芳吉著，傅宏星编校：《吴芳吉全集》，华东师范大学出版社，2014年版，第334页。
② 吴芳吉著，傅宏星编校：《吴芳吉全集》，华东师范大学出版社，2014年版，第42页。

本在关中。陆游《登灌口庙东大楼观岷江雪山》为淳熙元年十月作于永康军中，诗人登楼临眺，把酒临风，思接千载，当承袭大禹疏凿江汉的功勋，志存高远，伐罪吊民，除兄剪暴，远振国威，名垂青史："丈夫生世要如此，赍志空死能无叹！……姓名未死终磊磊，要与此江东注海。"此亦吴芳吉圈点的重点。

或为陆游表达壮志未酬、报国无门的悲愤：

书生所怀未易料，会与君王扫燕赵。只愁渐老不禁寒，卧载辎车君勿笑。(《城东醉归深夜复呼酒作此诗》)
危身无补国，忠孝两堪羞。(《再过龙洞阁》)
积愤凭谁豁，孤忠只自嗟。(《纵笔》)

又如陆游《哀郢二首》系乾道六年十月诗人游览江陵缅怀屈原、慨叹其坎坷身世之作："离骚未尽灵均恨，志士千秋泪满裳。"由是发出"天地何心穷壮士，江湖从古著羁臣"的悲鸣，吴芳吉圈点此二句，是怨愤？还是自勉？"淋漓痛饮长亭暮，慷慨悲歌白发新"。陆游《喜小儿辈到行在》系绍兴三十二年作于临安，前半部分写家人陪伴在侧的亲情："阿纲学书蚓满幅，阿绘学语莺晓木。"后半部分笔锋陡转，表现出胡马退兵后的喜悦："却思胡马饮江水，敢道春风无战尘。传闻贼弃两京走，列城争为朝廷守。从今父子见太平，花前饮水勿饮酒。"

吴芳吉圈点陆游《江楼》"腐儒忧国意，此际又搔头"，诗歌描写诗人隐逸荒村的闲适，自嘲为"腐儒"。陆游《剑南诗稿》中17次言及"腐儒"，腐儒不腐，实则一腔忧国忧民情怀蕴藉于诗文中，含蓄致意。腐儒喜读书，胸怀天下：

一盏昏灯北窗下，腐儒未辍读书声。(《风雨》)
腐儒自笑独耐事，一灯荧荧犹读书。(《二月二十四日夜大风异常》)

腐儒通时务而心系天下：

只言燕赵多奇士，岂必书生尽腐儒。(《十一月三日过升仙桥作》)
愿闻下诏遣材官，耻作腐儒常碌碌。(《融州寄松纹剑》)

腐儒空有报国志：

平生空读万卷书，白首不识承明庐。
时多通材臣腐儒，妄怀孤忠策则疏。(《闻鼓角感怀》)

三、吴芳吉对陆游诗歌艺术的点评

沈德潜《说诗晬语》评曰:"《剑南集》原本老杜,殊有独造境地,但古体近粗,今体近滑,逊于杜之沉雄腾踔耳。"①李慈铭《越缦堂诗话》曰:"放翁律句,太平切近人,又往往句法相似,与全篇气多不贯,其诗派之不高,自由于此,近人讥杨氏大鹤选剑南诗,概取平熟,至失放翁真面,其论诚是。"②

李慈铭从艺术的角度批评杨大鹤所选陆游诗歌重在"平熟"。所谓的"熟"是指陆游的诗歌在遣词造句、声调格律、对仗句法上都符合规范,圆熟妥帖,且写出的句子又不因为严守规则而丧失自然美感,并不因为谨严而显得平板、生硬。当然,也正因为此,陆游诗歌太工整的律句容易显得平滑,缺少排戛的气势;容易显得纤秀,缺少朴拙的美感;容易讨人喜欢,而流为俗气。③吴芳吉对陆游诗歌艺术的圈点较为关注两个方面的问题。

(一)圈点陆游气象神韵兼具的诗歌

《四库全书总目·剑南诗稿》批评历代选评陆游诗歌的弊端曰:"后人选其诗者,略其感激豪宕、沉郁深婉之作,惟取其流连光景、可以剽窃移掇者,转相贩鬻。"④

陆游从军南郑之诗为慷慨激昂之作,晚年隐逸于山水之间则多清新闲适之作。吴芳吉《四论吾人眼中之新旧文学观》将诗风分为神韵、气象二体,若就个人言之,陆游属于为数不多的气象神韵兼具者。

诗尚神韵者常生乱世,皎如美人,宜处江湖,而尚神韵者诗歌如羚羊挂角,有空灵淡远之美;而神韵之用,因近以及远,言有尽而意无穷也。基于此,吴芳吉多圈点陆游描写隐逸生活的绝句。如:

> 点滴檐间雨,青荧帐外灯。(《夜意》)
> 稼收平野阔,木落远山多。(《新晴》)
> 风吹雁北乡,云带月东行。(《野步至近村》)
> 断虹低饮涧,落日远衔山。(《暮归舟中》)

---

① 沈德潜:《说诗晬语》,《清诗话》本,上海古籍出版社,1978年版,第544页。
② 李慈铭撰,蒋瑞藻编著:《越缦堂诗话》,浙江古籍出版社,2014年版,第29页。
③ 张毅:《陆游诗传播、阅读专题研究》,复旦大学2008年博士论文。
④ 永瑢等:《四库全书总目》,中华书局,1965年版,第1380—1381页。

这类诗歌主要是陆游对隐逸生活的描写及其闲适性情的表现，诗境性情，意蕴深长。又如《夜分不寐起坐园中至旦》曰："凉气苏衰疾，幽情入杖藜。月惊孤鹊起，天带众星西。松菊今彭泽，山川古会稽。清吟殊未惬，喔喔已晨鸡。"吴芳吉圈点"松菊"二句。此诗于绍兴五年夏作于山阴，抒发闲居之乐，有陶渊明"三径就荒，松菊犹存"之欣喜，有谢灵运游览会稽山水之闲适。

诗尚气象者每际盛朝，庄如君子，好入廊庙，而尚气象者诗歌如凤凰来仪，有真实浑成之美，而气象之用，自外以知中，望之俨而即之温也。相较而言，吴芳吉更喜爱陆游尚气象的诗歌。如：

会当原野洒毛血，坐令万里清烟尘。
老眼还忧不及见，诗成肝胆空轮囷。
(《绵州录参军厅观姜楚公画鹰少陵为作诗者》)

国仇未报壮士老，匣中宝剑夜有声。
何当凯还宴将士，三更雪压飞狐城。(《长歌行》)

此处所选陆游诗歌主要抒发其爱国激情，气势豪迈，无衰飒颓丧之气，气势如虹。又如陆游《冬夜闻雁有感》前部分回忆其匹马戍梁州的豪迈悲壮的生活："大呼拔帜思野战，杀气当年赤浮面。"后部分慨叹自己远离边塞、蹭蹬度日的落寞和心系边塞的爱国情怀。吴芳吉圈点其中"夜闻雁声起太息，来时应过桑乾碛"二句。吴芳吉圈点陆游《大风登城》诗中描述诗人有救国之志诗句："我欲登城望大荒，勇欲为国平河湟。"惜乎英雄失意，无人重用："才疏志大不自量，西家东家笑我狂。"

(二) 重点探讨陆游诗歌对杜甫诗歌的化用

吴芳吉《四论吾人眼中之新旧文学观》认为诗歌与戏剧体制不同，其语言艺术亦有差别。《牡丹亭》"月明无犬吠黄花，雨过有人耕绿野"亦是七律佳联，但有伤巧之嫌；陆游《过野人家有感》"隔离犬吠窥人过，满箔蚕饥待叶归"则资直，"乃真诗也"。陆游此诗于淳熙三年三月作于成都，描绘出一幅静谧祥和的村野农家生活场景，质朴自然。当然，这种隐居乡野之趣缘于其对人生的透悟："世态十年看烂熟，家山万里梦依稀。躬耕本是英雄事，老死南阳未必非。"

又吴芳吉《读雨僧诗稿答书》认为律诗中用重叠字宜自然，切勿勉强，更不能落俗。他列举陆游《登赏心亭》中"黯黯江云瓜步晚，萧萧木叶石城秋"，并评曰:"然其运用灵活,毫不板滞,反觉用于句中,分外出色。"① 陆游此二句以叠词描绘出一派萧瑟苍凉的秋景,抒写自己对国事时局的忧虑:"孤臣老抱忧时意,欲请迁都涕已流。"陆游《湖上晚归》为淳熙元年夏游览蜀州东湖时所作:"地僻多幽事,官闲慰古心。晚花藏密叶,新笋补疏林。硕果畦丁献,芳醪稚子斟。碧云遮日尽,归路更萧森。"吴芳吉红色单直线勾画"晚花""新笋""硕果""芳醪"四个词语,并天头批注:"语法重复。"

杜甫是宋诗之鼻祖,清初吴之振等编《宋诗钞》,并曰:

> 宋诗大半从少陵分支,故山谷云:"天下几人学杜甫,谁得其皮与其骨。"若放翁者,不宁皮骨,盖得其心矣。所谓爱君忧国之诚,见乎辞者,每饭不忘。故其诗浩瀚崒嵂,自有神合。呜呼!此其所以为大宗也与。②

陆游在艺术上对杜甫的承袭,表现之一是化用杜甫诗句,而这亦是吴芳吉圈点陆游诗歌的重点。

吴芳吉《再论吾人眼中之新旧文学观》认为用典须显豁而不晦涩破碎,他列举陆游诗歌《徒行短歌次前辈韵》,并评价曰:"此二段者,前有典故二起,后有典故一起,皆自引而自说明,上下之意,联贯为一,令人可以互知者也。"③陆游《徒行短歌次前辈韵》曰:"芒鞋有卖百无忧,过尽青山到渡头。更求款段真多事,堪笑当年马少游。"此诗是嘉泰四年秋作于山阴。末尾二句事典,事涉汉代马援,陆游书写自己隐居山阴,喟叹平生大志,有马援的"乡里称善人"人生感悟,但求一生清白无私、施德惠于人而已。

吴芳吉认为陆游诗歌承袭杜甫而来,所以他阅读《剑南诗钞》中的诗歌,常常特意圈点陆游诗歌化用杜甫处,且有详尽的注释。

吴芳吉在《剑南诗钞》卷五所选的《龙眠画马》天头批注曰:"完全效杜。"陆游《龙眠画马》曰:

> 国家一从失西陲,年年买马西南夷。
> 瘴乡所产非权奇,边头岁入几番皮。
> 崔嵬瘦骨带火印,离立欲不禁风吹。
> 圉人太仆空列位,龙媒汗血来何时。
> 李公太平官京师,立仗惯见渥洼姿。

---

① 吴芳吉著,傅宏星编校:《吴芳吉全集》,华东师范大学出版社,2014年版,第294页。
② 吴之振等编:《宋诗钞》,中华书局,1986年版,第1819页。
③ 吴芳吉著,傅宏星编校:《吴芳吉全集》,华东师范大学出版社,2014年版,第391页。

断缣岁久墨色暗，逸气尚若不可羁。

赏奇好古自一癖，感事忧国空余悲。

呜呼，安得毛骨若此三千匹，衔枚夜度桑乾碛。

  吴芳吉认为此事在题材、思路和主旨上皆承袭杜甫《丹青引（赠曹将军霸)》，皆以画家身世沉浮映射社会的动荡，表达作家感时忧国的愤激：马之为物最神骏，故古人诗人画工，皆借马以寄其情。① 创作思路独特，将事实、议论、顿挫融于尺幅之中，"章法跌宕纵横"②。

  吴芳吉又圈点陆游《闲思》中"出门无奈懒，不是傲公卿"二句，并天头批注曰："老杜，'本无轩冕意，不是傲当时'。"意即陆游"出门"二句化用杜甫《独酌》"本无"二句，表达逸兴自娱，实则委婉言情，有自怜自慰意。言才劣见弃，非同真隐，但对此幽胜，聊以自怡耳。才薄劣，故无轩冕之志。非真隐，又何敢笑傲当时乎？

  又吴芳吉圈点陆游《看花》中"鸬鹚闲似我，日暮立清滩"二句，并天头批注："老杜，'鸬鹚西日照，晒翅满鱼梁'同。"意谓陆游《看花》二句语出杜甫《田舍》，所描写的景物极为清幽，表达出隐居者的闲逸之情。

  又吴芳吉圈点《初秋夜坐》中"野回星辰大，天空河汉流"二句，并天头批注曰："老杜，'江汉思归客'同。"意谓陆游诗歌意境同于杜甫《江汉》诗，共同表达壮志未酬的悲愤和无可奈何的叹息，且"野回"二句与杜甫"片云"在写法上有异曲同工之妙，对仗工整，景象阔大，融情于景，意蕴深邃。

  钱锺书《宋诗选注》认为历史发展到近代，士大夫对陆游诗歌更看重其"忠愤"情绪作品而非那些流连光景的"和粹"之诗，此乃近代变革、救亡和图存的社会文化发展之所需："读者痛心国势的衰弱，愤恨帝国主义的压迫，对陆游第一方面的作品有了极亲切的体会，作了极热烈的赞扬。"③ 受新文化运动的影响，面对满目疮痍的社会现实，吴芳吉上承黄遵宪等人，不但探索新诗的发展，并圈点屈原、杜甫、陆游、王闿运、黄遵宪、金和等人记录激荡时事和抒发爱国忧民情怀的诗歌，亦是时代的必然。基于此，吴芳吉收藏、圈点杨大鹤《剑南诗钞》，具有一定的文献价值，从中可见民国士人的诗歌价值取向。

---

① 杜甫撰，仇兆鳌注：《杜诗详注》，中华书局，1979年版，第1152页。
② 杜甫撰，杨伦笺注：《杜诗镜铨》，上海古籍出版社，1981年版，第531页。
③ 钱锺书：《宋诗选注》，人民文学出版社，1958年版，第190页。

第三节　吴芳吉藏书叙录

2014年，笔者承担重庆市社科联的课题"文化视野下的重庆聚奎书院研究"，又参与江津区教委吴芳吉研究会《吴芳吉全集笺注》的编纂工作，重点对聚奎中学所收藏的吴芳吉藏书进行了整理。此次整理是在2011年江津区图书馆整理的基础上进行，内容包括以下几点：一是理清古籍的分类、题名卷数、著者、版本（带补配）、册数、存卷等；二是对具有文献价值的古籍的作者和书籍内容略做述评；三是对吴芳吉的读书札记进行整理介绍，尽量呈现吴芳吉读书札记的原貌，为此后的吴芳吉研究提供较为原始的参考资料。

由于吴芳吉对古籍圈点、评析资料极多，为行文简洁，本节对吴芳吉读书札记择其要者著录，更多的则只标识某本书吴芳吉有圈点。

这些书籍及其读书札记，是研究吴芳吉的哲学观、文艺观和治学方法极为珍贵的资料。以下资料大体按照经史子集四部分类排序。

经　　部

1.《毛诗故训传郑笺》三十卷

（汉）郑玄笺，清同治十一年（1872）五云堂刻本，六册，吴汉骧藏书，第一册封面有黑色毛笔题识："民国二十五年汉骧南京置，毛诗郑笺：1. 国风：二南、邶、鄘。"

2.《毛诗郑笺》三十卷

民国铅印本，四册，吴汉骧藏书，第一册封面黑色毛笔题识："毛诗郑笺，元，吴汉骧读。"第四册封面黑色毛笔题识："白屋吴宅。"

按：其中部分诗篇有吴汉骧的圈点评语。

3.《诗经毛诗郑笺》二十卷

清刻本，四册，吴芳吉藏书，第一册封面有黑色毛笔题识"芳吉"，有"白屋碧柳"篆刻一枚。

按：其中部分诗篇有吴芳吉的圈点，重点是对《鲁颂·駉之什》的原文及毛诗郑笺点逗。

4. 《韩诗外传》十卷

（汉）韩婴撰，清光绪元年（1875）印，1922年望三益斋刻本，周廷寀注释，赵怀玉校对，吴棠合刊，四册，吴芳吉藏书，封面有黑色毛笔题识："民国十六年十月吴芳吉游成都买。"

按：吴芳吉有多处朱笔点逗，如：

（1）吴芳吉对第一册卷一中一段文章朱笔点逗、圈点、批注。

曾子仕于莒，得粟三秉①，方是之时，曾子重其禄而轻其身。亲没之后，齐迎以相，楚迎以令尹，晋迎以上卿。方是之时，曾子重其身而轻其禄。怀其宝而迷其国者，不可与语仁。窘其身而约其亲者，不可与语孝。② 任重道远者，不择地而息。家贫亲老者，不择官而仕。故君子桥褐趋时，当务为急。传云：不逢时而仕，任事而敦其虑，为之使而不入其谋，贫焉故也。诗云："夙夜在公，实命不同。"

（2）对第一册卷二中一段文章朱笔点逗、圈点、批注。

外宽而内直，自设于隐括之中，直己不直人，善废而不悒悒，蘧伯玉之行也。故为人父者则愿以为子，为人子者则愿以为父，为人君者则愿以为臣，为人臣者则愿以为君。名昭诸侯，天下愿焉。诗曰："彼己③之子，邦之彦兮。"此君子之行也。

（3）对第四册卷八中两段文章朱笔点逗、批注。

古者天子为诸侯受封，谓之采地。百里诸侯以三十里，七十里诸侯以二十里，五十里诸侯以十里。其后子孙虽有罪而绌，使子孙贤者守其地，世世以祠其始受封之君，此之谓兴灭国继绝世也。书曰："兹予享于先王，尔祖其从享之。"④

夫贤君之治也，温良而和，宽容而爱，刑清而省，喜赏而恶罚。移风崇教，生而不杀，布惠施恩，仁不偏与。不夺民力，役不踰时，百姓得耕，家有收聚，民无冻馁，食无腐败。士不造无用，雕文不粥于肆，斧斤以时入山林。国无侠士，皆用于世。黎庶欢乐衍盈，方外远人归义，重译

---

① 吴芳吉天头批注曰："秉，十六石为一秉，三秉共四十八石。"
② 句下着重符号为吴芳吉所加，后文同。
③ 吴芳吉朱笔在"彼己"旁注曰："羔裘。"
④ 吴芳吉天头批注曰："此一段引书，不引诗。"

执赞，故得风雨不烈。小雅曰："有渰萋萋，兴云祈祈。"以是知太平无飘风景雨明矣。①

（4）对第四册卷九中一段文章朱笔点逗、圈点、批注。

魏文侯问于解狐曰："寡人将立西河之守，谁可用者？"解狐对曰："荆伯柳者贤人，殆可。"文侯将以荆伯柳为西河守。荆伯柳问左右："谁言我于吾君？"左右皆曰："解狐。"荆伯柳往见解狐而谢之曰："子乃宽臣之过也，言于君，谨再拜谢。"解狐曰："言子者公也，怨子者吾私也。公事已行，怨子如故。"张弓射之，走十步而没，可谓勇矣。诗曰："邦之司直。"②

5.《大学衍义》四十三卷

（宋）真得秀辑，清同治刻本，八册，吴芳吉藏书。

6.《大学衍义补》一百六十卷附《目录》一卷、《卷首》一卷

（明）丘浚撰，陈仁锡评阅，清同治刻本，存三十一册（卷1－140，卷146－160），吴芳吉藏书，第十册尾页有黑色钢笔题识："碧柳领有栓弟壹册，冯至署强。"

7.《周易集解》二十卷

（唐）李鼎祚撰，清刻本，存三册（卷5－17），吴芳吉藏书，第一册封面有吴芳吉黑色题识："周易集解，册一。"

8.《尚书旁注》一卷

（明）朱升著，一册，全，手抄本，吴芳吉藏书。

9.《尔雅注疏》十卷

（晋）郭璞注，（北宋）邢昺疏，清刻本，宏道堂梓行，四册，吴芳吉藏书，第一册封面有黑色毛笔题识："尔雅注疏，1. 释诂第一第二，释言第三，二十世纪十五年十月彝陵道上碧柳。"

按：吴芳吉点逗《尔雅疏叙》《尔雅序》《释诂》《释训》《释木》，并且在阅读中重点对字词旁注释义。

---

① 吴芳吉天头批注曰："此不言诗曰，而言小雅曰。"
② 吴芳吉天头批注曰："郑风（羔裘）。"

(1) 卷一《尔雅序》：

夫《尔雅》者，所以通诂训之指归，叙诗人之兴咏，总绝代之离词，辩同实而殊号者也。① 诚九流之津涉，六艺之钤键，学览者之潭奥，摛翰者之华苑也。② 若乃可以博物不惑，多识于鸟兽草木之名者，莫近于《尔雅》。③《尔雅》者，盖兴于中古，隆于汉氏，豹鼠既辩，其业亦显。④ 英儒赡闻之士，洪笔丽藻之客，靡不钦玩耽味，为之义训。璞不揆梼昧，少而习焉，沈研钻极，二九载矣。虽注者十余，然犹未详备，并多纷谬，有所漏略。是以复缀集异闻，会稡旧说；考方国之语，采谣俗之志；错综樊、孙，博关群言；剟其瑕砾，搴其萧稂；事有隐滞，援据征之；其所易了，阙而不论；别为音图，用祛未寤。辄复拥彗清道，企望尘躅者，以将来君子为亦有涉乎此也。⑤

(2) 卷四《释训第三》：

蔼蔼、济济，止也。⑥
烝烝、遂遂，作也。⑦
蓁蓁、孽孽，戴也。⑧

10.《礼记》二十卷

清刻本，八册，吴芳吉藏书。

按：吴芳吉对《曲礼》《檀弓》《礼运》《乐记》中部分内容，或点逗，或圈点，或批注。如第三册点逗、圈点、批注《礼运》部分。

昔者仲尼与于蜡宾，事毕，出游于观之上，喟然而叹，仲尼之叹，盖叹鲁也。言偃在侧，曰："君子何叹？"孔子曰："大道之行也，与三代之英，丘未之逮也，而有志焉。大道之行也，天下为公，选贤与能，讲信修睦。故人不独亲其亲，不独子其子，使老有所终，壮有所用，幼有所长，

---

① 天头批注曰："一段，明此书之用。"
② 天头批注曰："二段，言为群经之枢要。"
③ 天头批注曰："三段，博物，他书莫友。"
④ 天头批注曰："四段，明其兴隆。"
⑤ 天头批注曰："五段，揔己作注之由。"
⑥ 天头批注曰："容止之止，即举动。"
⑦ 天头批注曰："兴作之作。"
⑧ 天头批注曰："戴，饰也。"

矜寡孤独废疾者皆有所养。男有分，女有归。货恶其弃于地也，不必藏于己。力恶其不出于身也，不必为己。是故谋闭而不兴，盗窃乱贼而不作，故外户而不闭，是谓大同。今大道既隐，天下为家，各亲其亲，各子其子，货力为己，大人世及以为礼，城郭沟池以为固，礼义以为纪；以正君臣，以笃父子，以睦兄弟，以和夫妇，以设制度，以立田里，以贤勇知，以功为己。故谋用是作，而兵由此起。禹、汤、文、武、成王、周公，由此其选也。此六君子者，未有不谨于礼者也。以著其义，以考其信，著有过，刑仁讲让，示民有常。如有不由此者，在执者去，众以为殃，是谓小康。"

言偃复问曰："如此乎礼之急也？"孔子曰："夫礼，先王以承天之道，以治人之情，故失之者死，得之者生。诗曰：'相鼠有体，人而无礼。人而无礼，胡不遄死。'是故夫礼，必本于天，殽①于地，列于鬼神，达于丧、祭、射、御、冠、昏、朝、聘。故圣人以礼示之，故天下国家可得而正也。"

夫礼之初，始诸饮食，其燔黍捭②豚，汙尊而抔③饮，蒉④桴而土鼓，犹若可以致其敬于鬼神。及其死也，升屋而号，告曰："皋⑤！某复！"然后饭腥而苴孰，故天望而地藏也。体魄则降，知气在上。故死者北首，生者南乡，皆从其初。

然后退而合亨，体其犬豕牛羊，实其簠簋笾豆铏羹，祝以孝告，嘏以慈告，是谓大祥。⑥ 此礼之大成也。

11.《孝经集传》四卷

（明）黄道周集传，清同治元年（1862）成都志古堂刊本，四册，吴芳吉藏书，第一册封面有黑色毛笔题识："孝经卷一，民国十六年十月芳吉客成都买。"

按：吴芳吉点逗《孝经大传序》，对全书十八章点逗，并有部分旁注，如：

---

① 天头批注曰："殽，同效，象也。"
② 天头批注曰："捭，拜，上声，音摆。"
③ 天头批注曰："抔，音裒，手掬物也，以手掬之而饮也。"
④ 天头批注曰："蒉，由之假借，由读为块。"
⑤ 天头批注曰："皋，长声也，引声之言也。"
⑥ 天头批注曰："外方内圆曰簠，外圆内方曰簋。铏，音刑，羹器也。嘏，祭祀祝为尸致福于主人曰嘏。"

(1) 点逗、批注卷一《开宗明义章第一》：

仲尼居，曾子侍。子曰："先王有至德要道，以顺天下，民用和睦，上下无怨，汝知之乎？"曾子避席曰："参不敏，何足以知之？"子曰："夫孝，德之本也，教之所由生也。① 复坐，吾语汝。身体发肤，受之父母，不敢毁伤，孝之始也。立身行道，扬名于后世，以显父母，孝之终也。② 夫孝，始于事亲③，中于事君④，终于立身。大雅云：'无念尔祖，聿修厥德。'"

(2) 点逗、批注《圣治章第九》：

故不爱其亲而爱他人者，谓之悖德。不敬其亲而敬他人者，谓之悖礼。以顺则逆⑤，民无则焉。不在于善，而皆在于凶德，虽得之⑥，君子不贵也。君子则不然，言思可道，行思可乐，德义可尊，作事可法，容止可观，进退可度，以临其民。⑦ 是以其民畏而爱之，则而象之。⑧ 故能成其德教，而行其政令。诗云："淑人君子，其仪不忒。"

12.《仪礼》十七卷

（汉）郑玄注，（明）张尔岐句读，清刻本，存三册（卷6－17），吴汉骧藏书，封面有黑色毛笔题识："白屋吴汉骧读，二十四年冬月。"

按：吴汉骧师从欧阳竟无学佛法，《仪礼》一书正文及郑玄注全部点逗，并有少量评语，主要是对各种仪礼的总结。

13.《周易》

清刻本，存一册（卷2），吴芳吉藏书，封面有红色毛笔题识："易上下，碧柳。"

14.《周礼》

（汉）郑玄注，存三册（卷1－4，卷7－10，札记1卷），吴芳吉藏书。

---

① 旁注曰："礼之所由生也。"
② 旁注曰："敬。"
③ 旁注曰："主恩。"
④ 旁注曰："义。"
⑤ 旁注"则"曰："法。"同行天头注"顺"曰："顺，孝之道，天性也。"
⑥ 旁注"得之"曰："天下治。"
⑦ 旁注曰："立己。"
⑧ 旁注："立人。"

15.《春秋左传》五十卷

(晋)杜预撰，存一册（卷13—25），吴芳吉藏书。

16.《春秋全经左传句解》

(元)朱申撰，存一册（卷5），吴芳吉藏书。

17.《论语集注》二十卷

(宋)朱熹，存一册（卷1—15），民国影印本，《四部备要》本，中华书局据吴县吴氏仿宋本校刊，吴芳吉藏书。

按：吴芳吉对《学而》《为政》《八佾》《里仁》《公冶长》五篇文章正文进行点逗。

18.《朱子小学集注》六卷附录《为学大指》一卷

陈选集注，高愈纂注，光绪二十九年（1903）成都志古堂雕，四册，吴芳吉藏书。

按：吴芳吉详读卷六"善行"篇，对其中55段文章天头分类批注。如卷六"善行"，天头批注曰："此篇纪汉以来贤者所行之善行，以实立教明伦敬身也，凡八十一章。"在"善行·立教"中2段文章分类批注"家教""朋友"；在"善行·明伦"中33段文章分类批注"孝""孝友""孝（入俭约）""孝媳""孝（送终）""敬慎""烈妇""克己（兄弟）""宽恕"等；在"善行·敬身"20段文章分类批注"义利""勤劳""威仪""俭约（衣）""俭约（食）""俭约（住）"等。以下择其所批注的5段文章，并加按语，以窥吴芳吉批注的含义。

（1）"善行·立教"：

吕荥公，名希哲，字原明，申国正献公之长子，正献公居家，简重寡默，不以事物经心。而申国夫人，性严有法，虽甚爱公，然教公事事循蹈规矩。甫十岁，祁寒暑雨，侍立终日，不命之坐，不敢坐也。日必冠带以见长者。平居虽甚热，在父母长者之侧，不得去巾袜缚袴衣服，唯谨。行步出入，无得入茶肆酒肆；市井里巷之语，郑卫之音，未尝一经于耳；不正之书，非礼之色，未尝一接于目。正献公通判颍州，欧阳公适知州事，焦先生千之伯强，客文忠公所，严毅方正。正献公招延之，使教诸子。诸生小有过差，先生端坐，召与相对，终日竟夕，不与之语，诸生恐惧畏服，先生方略降辞色。时公方十余岁，内则正献公与申国夫人，教训如此之严，外则焦先生化导如此之笃，故公德器成就，大异众人。公尝言人生内无贤父兄，外无严师友，而能有成者少矣。

按：吴芳吉天头眉批"家教"，强调修身需立教，严师亲人的谆谆之教。

（2）"善行·明伦"：

薛包好学笃行，父娶后妻而憎包，分出之。包日夜号泣，不能去，至被殴杖，不得已，庐于舍外，旦入而洒扫，父怒，又逐之，乃庐于里门，晨昏不废，积岁余，父母惭而还之。后服丧过哀。既而弟子求分财异居，包不能止，乃中分其财，奴婢引其老者，曰：与我共事久，若不能使也。田庐取其荒顿者，曰：吾少时所理，意所恋也。器物取其朽败者，曰：我素所服食，身口所安也。弟子数破其产，辄复赈给。

按：吴芳吉在此段首天头眉批"孝友"。汉代薛包，字孟尝，汝南人，好学笃行，父亲娶后妻殴逐之，却以孝心相待，不废定省之礼；面对兄弟的苛求分财，推孝友于兄弟。及汉安帝时欲征辟为侍中，不拜，则为矫矫铮铮者也。

霍光出入禁闼，二十余年，小心谨慎，未尝有过。为人沉静详审，每出入下殿门，进止有常处。郎仆射窃。识视之，不失尺寸。

按：吴芳吉在此段首天头眉批"敬慎"。霍光，字子孟，汉平阳人，为大将军。其人深沉安静，不浮躁，精详审密，不粗率，进止有常。事君以敬为重，霍光为宦二十年余年，进止不失分寸，是敬之至也。

缪肜少孤，兄弟四人，皆同财业。及各取妻，诸妇遂求分异；又数有斗争之言。肜深怀忿叹，乃掩户自挝曰：缪肜，汝修身谨行，学圣人之法，将以齐整风俗，奈何不能正其家乎？弟及诸妇闻之，悉叩头谢罪，遂更为敦睦之行。

按：吴芳吉在此段首天头眉批"克己（兄弟）"。缪肜认为士人学习圣人之道，修身谨行，外以整齐乡里风俗，内则正家风而使其敦厚和睦。

（3）"善行·敬身"：

陶侃为广州刺史，在州无事，辄朝运百甓于斋外，莫运于斋内。人问其故，答曰：吾方致力中原，过尔优逸，恐不堪事。其励志勤力，皆此类也。后为荆州刺史。侃性聪敏，勤于吏职，恭而近礼，爱好人伦，终日敛膝危坐，阃外多事，千绪万端，罔有遗漏。远近书疏，莫不手答，笔翰如流，未尝壅滞。引接疏远，门无停客。常语人曰：大禹圣人，乃惜寸阴。

至于众人，当惜分阴，岂可逸游荒醉，生无益于时，死无闻于后，是自弃也。诸参佐或以谈戏废事者，乃命取其酒器蒱博之具，悉投之于江，吏将则加鞭扑，曰：樗蒱者，牧猪奴戏耳，老庄浮华，非先王之法言，不可行也。君子当正其衣冠，摄其威仪，何有乱头养望，自谓弘达耶。

按：吴芳吉在此段首天头眉批"勤劳"。陶侃，字士行，晋鄱阳人，仕至太尉，时中原陷没，侃欲致力兴复，故朝夕运甓以习劳也；爱好人伦，崇尚名教。

19.《渊鉴斋御纂朱子全书》六十六卷

（宋）朱熹撰，同治八年（1869）三月成都书局重锓，三十二册，吴芳吉藏书。

按：《御纂朱子全书》是康熙五十二年命李光地、熊赐履等在朱熹语录、文集基础上，"汰其榛芜，存其精粹"，以类排比，成《朱子全书》，凡分十九门。吴芳志所藏之书，以《朱子语类》《朱文公文集》为底本，重新编次，设立类目，又校以各本，取长补短，为清代所编朱熹全集中很重要的一种，编成后曾颁行全国，在当时有一定影响。

吴芳吉对此书点逗、圈点、批注较多。如：

（1）第一册卷一"总论为学之方"：

> 凡人须以圣贤为己任，世人多以圣贤为高，而自视为卑，故不肯进。抑不知，使圣贤本自高，而己别是一样人，则早夜孜孜，别是分外事，不为亦可，为之亦可。然圣贤禀性与常人一同，既与常人一同，又安得不以圣贤为己任？自开辟以来，生多少人，求其尽己者，千万人中无一二。①只是衮同柱过一世。诗曰："天生蒸民，有物有则。"今世学者，往往有物而不能有其则。《中庸》曰："尊德性而道问学，极高明而道中庸。"此数句乃是彻首彻尾。人性本善，只为嗜欲所迷，利害所逐，一齐昏了，圣贤能尽其性，故耳极天下之聪，目极天下之明，为子极孝，为臣极忠。某问：明性须以敬为先？曰：固是，但敬亦不可混沦说，须是每事上检点。论其大要，只是不放过耳。大抵为己之学，于他人无一豪干预，圣贤千言万语，只是使人反其固有而复其性耳。

---

① 吴芳吉于此句画着重符号，并在天头批注曰："芳吉太愧此言。文学贵乎表现自己，see revealing，当由此解说方是。"

今语学问，正如煮物相似，须蓦猛火先煮，方用微火慢煮，若一向只用微火，何由得熟？欲复自家元来之性，乃恁地悠悠，几时会做得？大要须先立头绪，头绪既立，然后有所持守。《书》曰："若药弗瞑眩，厥疾弗瘳。"今日学者，皆是养病。①

(2) 第二册卷二"为学，静"：

善守有动静二者，相对而言，则静者为主，而动者为客，此天地阴阳自然之理，不可以寂灭之嫌而废也。更望虚心平气，徐以思之，久必有合矣。若固执旧闻，举一废百，惧非所以进于日新也。（《答徐彦章》）②

主敬存养，虽说必有事焉，然未有思虑作为，亦静而已。所谓静者，固非槁木死灰之谓，而所谓必有事者，亦岂求中之谓哉。（《答何叔京》）③

(3) 第二册卷三"为学，省察"：

敬义工夫，不可偏废，彼专务集义，而不知主敬者，固有虚骄急迫之病，而所谓义者，或非其义。然专言主敬，而不知就日用间念虑起处，分别其公私利义之所在，而决取舍之几焉。则恐亦未免于昏愦杂扰，而所谓敬者，有非其敬矣。且所谓集义，正是要得看破那边物欲之私，却来这下认得天理之正。事事物物，头头处处，无不如此体察，触手便作两片，则天理日见分明，所谓物欲之诱，亦不待痛加遏绝，而自然破矣。若其本领，则固当以敬为主④，但更得集义之功，以祛利欲之蔽，则于敬益有助。盖有不待著意安排，而无昏愦杂扰之病，上蔡所谓去却不合做底事，则于用敬有功，恐其意亦谓此也。（《答余正叔》）⑤

20.《四书集注孟子》七卷

（宋）朱熹集注，上海商务印书馆藏板，清光绪三十二年（1906）仲冬印，三册，属吴汉骊藏书，封面有黑色毛笔题识："吴汉骊。"

按：吴汉骊对部分内容有圈点、批注。包括第一册三卷《梁惠王》《公孙

---

① 吴芳吉于此句天头批注曰："芳吉愧此言。"
② 吴芳吉在此段段首标示"一"，天头批注曰："此主张，周子而已。"
③ 吴芳吉在本段段首注"△"，天头批注曰："主家存便是思虑，作为静，只训亭安。"
④ 吴芳吉此句旁注曰："真真聚以忠为心之尽。"
⑤ 吴芳吉此段尾天头批注曰："说文尽心曰忠，又曰忠敬也。敬非忠尽，则间既矣，第一失念为大忌，故须主忠信。"

丑》《滕文公》和第二册《离娄》大部分，尽管原书有标点，吴汉骊还是一一红笔点逗，表明其读书仔细，亦可见吴芳吉的育子之道。

（1）《孟子序说》：

尾页吴汉骊用提纲的方式总结全书每章的大义：

政治 { 梁惠王 / 离娄 }　　谈出处 { 公生丑 / 滕文公 }　　详论古人——万章　　学术 { 告子 / 尽心 }

在《孟子序说》尾页天头，针对第一章中"顾鸿雁麋鹿"中的"灵台"，吴汉骊批注曰："古者天子诸侯原有观台，以观星日察云物，为民备御水旱灾祥之事，非徒游观计也。"针对第一章中"河内凶"批注曰："河内河东，古今称号不同，当切梁时言之，金氏曰：魏都大梁，在大河东，以故安邑之地为河内。河东今山西安邑等县，河内今河南怀庆府等县。"

（2）《梁惠王章句上》：

文章开篇天头札记，分析读本章的方法，当与历史互证："读本章，宜与通鉴周显王三十三年为同看。"对如下四段文章有较为详尽的点逗和批注。

孟子见梁惠王，王立于沼上，顾鸿雁麋鹿，曰："贤者亦乐此乎？"孟子对曰："贤者而后乐此，不贤者虽有此，不乐也。诗云：'经始灵台，经之营之，庶民攻之，不日成之。经始勿亟，庶民子来。王在灵囿，麀鹿攸伏，麀鹿濯濯，白鸟鹤鹤。王在灵沼，于牣鱼跃。'文王以民力为台为沼。而民欢乐之，谓其台曰灵台，谓其沼曰灵沼，乐其有麋鹿鱼鳖。古之人与民偕乐，故能乐也。"①

梁惠王曰："寡人之于国也，尽心焉耳矣。河内凶，则移其民于河东，移其粟于河内。河东凶亦然。察邻国之政，无如寡人之用心者。邻国之民不加少，寡人之民不加多，何也？"孟子对曰："王好战，请以战喻。填然鼓之，兵刃既接，弃甲曳兵而走。或百步而后止，或五十步而后止。以五十步笑百步，则何如？"曰："不可，直不百步耳，是亦走也。"曰："王如知此，则无望民之多于邻国也。不违农时，谷不可胜食也；数罟不入洿池，鱼鳖不可胜食也；斧斤以时入山林，材木不可胜用也。谷与鱼鳖不可胜食，材木不可胜用，是使民养生丧死无憾也。养生丧死无憾，王道之始

---

① 吴汉骊此段天头批注曰："鸿雁麋鹿，己之鸿雁麋鹿也，性专而全之，则乐莫大乎是，分而政之，虽有不乐也。"

也。五亩之宅，树之以桑，五十者可以衣帛矣；鸡豚狗彘之畜，无失其时，七十者可以食肉矣；百亩之田，勿夺其时，数口之家可以无饥矣；谨庠序之教，申之以孝悌之养，颁白者不负戴于道路矣。七十者衣帛食肉，黎民不饥不寒，然而不王者，未之有也。狗彘食人食而不知检，涂有饿莩而不知发；人死，则曰：'非我也，岁也。'是何异于刺人而杀之，曰：'非我也，兵也。'王无罪岁，斯天下之民至焉。"梁惠王曰："寡人愿安承教。"孟子对曰："杀人以梃与刃，有以异乎？"曰："无以异也。""以刃与政，有以异乎？"曰："无以异也。"曰："庖有肥肉，厩有肥马，民有饥色，野有饿莩，此率兽而食人也。兽相食，且人恶之。为民父母，行政不免于率兽而食人。恶在其为民父母也？仲尼曰：'始作俑者，其无后乎！'为其象人而用之也。如之何其使斯民饥而死也？"①

梁惠王曰："晋国，天下莫强焉，叟之所知也。及寡人之身，东败于齐，长子死焉；西丧地于秦七百里；南辱于楚。寡人耻之，愿比死者一洒之，如之何则可？"孟子对曰："地方百里而可以王。王如施仁政于民，省刑罚，薄税敛，深耕易耨。壮者以暇日修其孝悌忠信，入以事其父兄，出以事其长上，可使制梃以挞秦楚之坚甲利兵矣。彼夺其民时，使不得耕耨以养其父母，父母冻饿，兄弟妻子离散。彼陷溺其民，王往而征之，夫谁与王敌？故曰：'仁者无敌。'王请勿疑！"②

孟子见梁襄王。出，语人曰："望之不似人君，就之而不见所畏焉。卒然问曰：'天下恶乎定？'吾对曰：'定于一。''孰能一之？'对曰：'不嗜杀人者能一之。''孰能与之？'对曰：'天下莫不与也。王知夫苗乎？七八月之间旱，则苗槁矣。天油然作云，沛然下雨，则苗浡然兴之矣。其如是，孰能御之？今夫天下之人牧，未有不嗜杀人者也，如有不嗜杀人者，则天下之民皆引领而望之矣。诚如是也，民归之，由水之就下，沛然谁能御之？'"③

---

① 吴汉骊此段天头批注曰："《君子求诸己》：此章教梁惠王亟革虐政，意具备客形主法，重为民父母四字，盖王道终始，已详上章，故其因其受教之言，只紧承狗彘节，再三警惕之……见虐政不除，则王道不可得而行也。俑从葬，木偶人也，古之葬者，束草为人，以为从卫，谓之刍，略似人形而已，中古易之以俑，则有面目机发，而太似人矣，故孔子恶其不仁，而言其必无后也。"

② 吴汉骊此段天头批注曰："此章教梁惠王以报怨之兵策救民，正所以报怨也。使民能视其上，则能死其长。"

③ 吴汉骊此段天头批注曰："天人合一，尔我合一，君民合一，圣矣乎，杀人与杀己，有何异耶，一间耳。"

21.《伊洛渊源录》十四卷

（宋）朱熹撰，戊午（1918）成都志古堂刊，四册，吴芳吉藏书，封面有黑色毛笔题识："伊洛渊源录，民国十六年九月芳吉游成都买。"

22.《蕺山先生人谱》一卷，《人谱类记》二卷

（明）刘宗周撰，光绪九年（1883）刊本①，两册，吴芳吉藏书。

按：刘宗周（1578—1645），字起东，别号念台，明绍兴府山阴人，因讲学于山阴蕺山，世称蕺山先生，明代儒学大师。

吴芳吉对部分文章有点逗。

（1）《人谱》点逗、圈点"人极图说"；《改过说三》中特别圈点如下文句：

大学言致知在格物，正言非徒知之，实允蹈之也。致之于意而意诚，致之于心而心正，致之于身而身修，致之于家而家齐，致之于国而国治，致之于天下而天下平。

（2）批注《凝道篇》：

汉郑均兄为县吏，颇受馈遗，均谏不听，乃脱身为佣，岁余得钱帛归以与兄曰：物尽可以复得，为吏受赃，终身捐弃。兄感其言，遂为廉洁。②

北魏杨椿、杨津兄弟，义让相事，有如父子。旦则聚于厅堂，终日相对，未尝入内。椿年老，他处醉归，津扶持还室，仍假寐阁前，承候安否，椿不命坐，津不敢坐。椿每近出，或日斜不至，津不先饭，椿还然后共食。初津为肆州刺史，椿在京，每四时佳味，辄因使次附之，若或未寄，不先入口，男女百口同爨，庭无间言。③

晋咸宁中大疫，庾衮两兄俱亡，次兄毗复危殆，疠气方盛，父母诸兄皆出，次于外，衮独留不去，父母强之，乃曰：衮性不畏病，遂亲自扶持，昼夜不眠，其间复抚两兄柩，哀临不辍，如此十有余旬，疫气既歇，家人乃返，毗病得瘥，衮亦无恙。④

周文灿性敦友爱，其兄嗜酒，仰灿为生，一日乘醉殴灿，邻人不平而詈之，灿怒曰：兄未殴我，如何离间我骨肉也。司马温公尝书其事以

---

① 扉页3题识："光绪九年岁在癸未十二月刻成都版存□□书院。"
② 吴芳吉在此段天头批注："忠。"
③ 吴芳吉在此段天头评注："敬。"
④ 吴芳吉在此段天头评注："病。"

示人。①

23.《四书反身录》十卷

(清)二曲先生口授,(清)王心敬录,宣统二年(1910)成都国学研究会重刊②,四册,存八卷,吴芳吉藏书,封面有黑色题识:"十六年九月芳吉游成都买。"

(1) 吴芳吉对《二曲先生读四书说》卷一《大学》大部分黑色毛笔圈点,并有少量的评语,如:

> 吾人既往溺于习俗,虽读《大学》,徒资口耳。今须勇猛振奋,自拔习俗务,务为体用之学。澄心返观,深造默成以立体;通达治理,酌古准今以致用,体用兼该,斯不愧须眉。
> 问体用,曰:"明德"是体,"明明德"是明体;"亲民"是用,"明明德于天下""作新民"是适用。格、致、诚、正、修,乃明之之实,齐、治、均、平,乃新之之实。纯乎天理而弗杂,方是止于至善。
> "明德"即心,心本至灵,不昧其灵,便是"明明德"。心本与万物为一体,不自分彼此,便是"亲民"。心本"至善",不自有其善,便是"止至善"。③
> 古人为学之初,便有大志愿、大期许,故学成德就,事业光明俊伟,是以谓之"大人"。今之有大志愿、大期许者,不过尊荣极人世之盛;其有彼善于此者,亦不过硁硁自律,以期令闻广誉于天下而已。世道生民,究无所赖,焉能为有?焉能为亡?④
> 范文正公自做秀才时,便以天下为己任。虽与"古之欲明明德于天下者"德性作用与气魄作用不同,然志在世道生民,与吾人志在一身一家者,自不可同日而语。⑤

---

① 吴芳吉在此段天头评注:"恕。"
② 第一册后扉页题识:"《四书反身录》,嘉靖丁丑重锓,萧山汤氏藏板。"
③ 吴芳吉旁注曰:"解明上段末二句。"
④ 吴芳吉此段天头批注曰:"此所谓不知正。"
⑤ 吴芳吉此段段末批注曰:"然则志在一身一家者之志谓何,所作何事。"

(2) 圈点批注卷二《中庸》篇部分，如：

问：《中庸》何以为要？曰："慎独"为要。因请示"慎"之之功，曰：子且勿求知"慎"，先要知"独"，"独"明而后"慎"可得而言矣。曰：注言"独者，人所不知而己所独知之地也"。曰：不要引训诂，须反己实实体认。凡有对，便非"独"，"独"则无对，即各人一念之灵明是也。天之所以与我者，与之以此也。此为仁义之根，万善之源，彻始彻终，彻内彻外，更无他作主，惟此无主。"慎"之云者，朝乾夕惕，时时畏敬，不使一毫牵于情感，滞于名义，以至人事之得失，境遇之顺逆，造次颠沛，生死患难，咸湛湛澄澄，内外罔间，而不为所转，夫是之谓"慎"。①

喜怒哀乐未发时，性本湛然虚明，犹风恬浪静，水面无波，何等平易。已发气象，一如未发气象，便是太和元气。②

性情中和，便是好性情。性情好的人，到处可行，故为"天下之达道"。性情不好的人，虽处一家一乡，动辄乖戾，况一国、况天下乎？③

声色货利、毁誉得失之念不除，皆自纳于罟获陷阱之中而莫之辟也。溺于文义知见，缴绕蔽惑，令自己心光不得透露，其为罟获陷阱尤甚，吾党戒诸。④

24.《人极衍义》一卷，《姚江学辨》二卷

（清）罗泽南撰，咸丰九年（1859）刊⑤，两册，属吴芳吉藏书，封面有红色篆刻"吴芳吉印"一枚，且有题识："人极衍义、姚江学辨上，芳吉。"

按：《姚江学辨上》卷一，吴芳吉有少量的圈点，如红笔点逗如下文字：

无善无恶心之体，有善有恶意之动，知善知恶是良知，为善去恶是格物。

铅笔圈点如下文字：

工夫有一毫之不至，本体即有一毫之不尽，是本体之外无工夫，工夫

---

① 吴芳吉在此段天头注曰："欧阳大师经注：常戒惧于不睹不闻是中庸。"说明其与欧阳竟无关系较深，所以才会让吴汉骧拜欧阳竟无习佛学。
② 吴芳吉此段天头批注曰："经文：喜怒哀乐之未发谓之中。"
③ 吴芳吉此段天头批注曰："发而皆中节谓之和。"
④ 吴芳吉此段天头批注曰："释第一义，此间最要紧，若打破，则终身无成。"
⑤ 是书封3题识："咸丰九年夏月刊于长沙。"

正所以完其本体也。知本体为至善，即工夫即本体矣。

25.《读孟子札记》二卷

（清）罗泽南撰，咸丰九年（1859）刊①，一册，属吴芳吉藏书，封面有红色篆刻"吴芳吉印"一枚，且有题识："罗山读孟子劄记，芳吉。"

26.《西铭讲义》一卷

（清）罗泽南撰，咸丰七年（1857）刊②，一册，属吴芳吉藏书，封面有红色篆刻"吴芳吉印"一枚，且有题识："罗山西铭讲义，芳吉。"

按：书首有道光二十九年己酉闰四月廿一日罗泽南《叙》，其中吴芳吉用铅笔圈点点逗如下一段：

> 是以古之君子亲亲而仁民，仁民而爱物，必皆有以尽其当然之则。向使于分殊之处，一毫有所未善，则此一理之浑然者，遂有所亏而莫周。义之不尽，又何以为仁之至哉？

27.《周易附说》一卷附《罗忠节公年谱》二卷

（清）罗泽南撰，咸丰九年（1859）刊③，一册，吴芳吉藏书，封面有红色篆刻"吴芳吉印"一枚，且有题识："罗山年谱及易说，芳吉。"

28.《孟子大义》五章

唐迪风撰，民国二十年（1931）成都敬业学院刻，一册，吴芳吉藏书，封面黑色毛笔题识："宜宾唐先生著孟子大义一卷，白屋吴宅永藏。"有红色篆刻一枚"碧柳"。

按：唐迪风（1886—1931），名烺，又名倜风，字铁风。哲学家唐君毅之父。师从欧阳竟无学习儒学。先后执教于成都大学、四川大学等。与彭云生共创敬业学院，被推为院长。有《孟子大义》传世。迪风长身疏髯，声高而壮，其言多直致，不尚分析，其言多浑而警，足以使颓者起立也。

吴芳吉红笔点逗第一章第一节《舜蹠之分》、第二节《义为春秋所贵》、第三节《出处进退辞受》。

29.《经学通论》五卷

（清）皮锡瑞撰，民国十二年（1923）刊，商务印书馆，存三册三卷，吴

---

① 是书封3题识："咸丰九年夏月刊于长沙。"
② 是书封3题识："咸丰丁巳二月刊于长沙。"
③ 是书封3题识："咸丰九年夏月刊于长沙。"

汉骥藏书，每本书封面有黑色毛笔题识："白屋汉骥。"

30.《经学历史》一卷

（清）皮锡瑞撰，光绪三十二年（1906）刊，一册，吴芳吉藏书，封面有吴芳吉黑色毛笔题识："经学历史。"

按：吴芳吉对其中大部分内容点逗阅读，特别用红笔单曲线勾画和点逗《经学昌明时代》中关于汉代经学历史部分。如：

前汉今文说，专明大义微言；后汉杂古文，多详章句训诂，章句训诂不能尽餍学者之心，于是宋儒起而言义理，此汉、宋之经学所以分也。

乃知汉学所以有用者在精而不在博，将欲通经致用，先求大义微言，以视章句训诂之学，如刘歆所讥"分文析义，烦言碎辞，学者罢老且不能究其一艺"者，其难易得失何如也。（古文学出刘歆，而古文训诂之流弊先为刘歆所讥，则后世破碎支离之学，又歆所不取也。）

31.《廖平经话》二卷

（清）廖平撰，清光绪丁酉仲冬（1897）刊于尊经书院，"四益书馆丛书"，两册，吴芳吉藏书，第一册封面有黑色毛笔题识："廖平经话卷上，民国十六年十一月芳吉游成都买。"

按：廖平（1852—1932），初名登廷，字季平，号六译，四川井研县青阳乡盐井湾人，近代经学家。汉学宿儒刘师培对廖平推崇有加，谓之："洞彻汉师经例，魏晋以来，未之有也。"廖平以治学"六变"闻名，由经及史、子，由中学及西学，以尊经尊孔为内核，以期融通中西。廖平著述宏富，自成体系，冯友兰《中国哲学史》把廖平作为"经学时代"的最后一位关键人物。

32.《群经凡例》十八卷

（清）廖平撰，清光绪丁酉（1897）刊于尊经书院，"四益书馆丛书"，三册，吴芳吉藏书，第一册封面有黑色毛笔题识："群经凡例卷一，民国十六年九月芳吉游成都买。"

33.《古学考》一卷

（清）廖平著，光绪二十三年（1897）尊经书局印，"四益书馆丛书"，一册，吴芳吉藏书，第一册封面有黑色毛笔题识："廖平古学考，民国十六年十一月芳吉游成都买。"

34.《大学古本质言》一卷

（清）刘沅撰，清咸丰八年（1858）刻本，一册，吴芳吉藏书。

按：刘沅（1768—1855），四川双流人，字止唐，一字讷如，享年88岁，是川中三百年来特立独行博通三教之大儒，其学融道入儒，援儒说道，又会通禅佛，且涉密乘，博学多方，归本于儒，不失空门规矩。清国史馆刘沅本传称刘沅"知行合一，以身教人"，"平日裁成后进，循循善诱，著弟子籍者，前后以千数，成进士登贤书者百余人，明经贡士三百余人，熏沐善良得为孝子悌弟贤名播乡间者，指不胜屈"。刘沅传经讲学，数十年笔耕不辍，著作等身，多有创获，其说皆言显理微，足资启发。刘沅的主要著述，由他的后人及门人精选结集，将其命名为《槐轩全书》。其内容之宏富，方法之独特，论述之精深，为当世所罕见，堪称鸿篇巨制，具有很高的研究价值。萧竹垂父先生为《槐轩全书》增补本题词说："阐三教之精微。"李学勤先生在《槐轩全书》增补本题词中指出："双流刘止唐先生于清嘉道间授学川西，一本儒宗，兼通二氏，影响深远。惜其遗著湮没不彰，鲜为人知。"在《槐轩全书》中，刘沅以十三经《恒解》集中阐释儒释道三家学说的基本观点，阐扬三家的旨意所在；以《正伪》《子问》《又问》《槐轩约言》《俗言》《拾余四种》诸篇，阐释儒释道三家学说的精微，将其归结并上升到揭示为人真谛以达天人合一的思想境界。①

35.《俗言》一卷

（清）刘沅撰，清咸丰四年（1854）印本，一册，吴芳吉藏书。

36.《子问》二卷

（清）刘沅撰，清同治二年（1863）癸亥春平遥李氏刊，两册，吴芳吉藏书，卷一有"白屋碧柳""吴芳吉印"红色篆刻两枚。

37.《又问》一卷

（清）刘沅撰，清同治二年（1863）癸亥春平遥李氏刊，一册，吴芳吉藏书，卷一有"白屋碧柳""吴芳吉印"红色篆刻两枚。

38.《子疏》十四卷附《附录》一卷

（清）刘咸炘撰，甲子年（1864）刊，两册，吴芳吉藏书，封面有黑色题识："十六年九月芳吉游成都买。"

---

① 段渝：《一代大儒刘沅及其〈槐轩全书〉》，《社会科学战线》2007年第2期。

39.《韵府群玉》二十卷

(元)阴时夫编辑,存十册(卷2—17,卷19—20),吴芳吉藏书,封面有红色篆刻"吴芳吉印"一枚,书内"碧柳"一枚。

40.《毛诗正韵》四卷

(清)丁以此撰,民国铅印,四册,第一册封面吴芳吉黑色毛笔题识:"东明兄怡荪持赠。"

按:吴芳吉黑色毛笔点逗刘师培《序》、黄侃《毛诗正韵赞》全文。

史 部

1.《史记菁华录》六卷

(清)姚祖恩选编,上海商务印书馆铅印,三册,吴芳吉藏书,封面有黑色毛笔题识:"丙辰十月白屋碧柳。"

按:《史记菁华录》的选评者为清姚祖恩。其从小喜读《史记》,有感于此书的意味深长,经"抽挹菁华,批导窍却"(《史记菁华录题辞》),将《史记》的天工人巧和太史公的苦心孤诣呈露给读者。

吴芳吉藏书中有两套《史记菁华录》,其中一套缺第二册三、四卷。在目录中,吴芳吉在如下篇目前标识"△",表示重点阅读:卷一《项羽本纪》、卷三《伯夷列传》《平原君列传》《信陵君列传》;卷四《廉颇蔺相如列传》《屈原贾生列传》《刺客列传》《淮阴侯列传》《刘敬叔孙通列传》;卷五《李将军列传》;卷六《滑稽列传》。惜乎今此套书只存两册,故只存《项羽本纪》《李将军列传》《游侠列传》的评点。有学者把《史记菁华录》中所选篇章大体分为五类,其中《项羽本纪》《李将军列传》是姚祖恩在《信陵君列传》眉批中所说的"史公意中极爱慕之人",其传"亦生平最用意之笔"。而《游侠列传》能体现司马迁"发愤之所为作"的创作特点,姚氏在《太史公自序》的眉批中把这些篇章归为"奇志",认为它们最能体现太史公的"精神眉宇"之所在。[1]

吴芳吉读《项羽本纪》一文,依例圈点重要语言,点逗全文;并且注意意义的分层,在意义转化时特别用红竖线"⌋"标明,有两处特别标明"以下空一行再排";有三处夹批,一般都较为简洁,主要用来解释字句含义,如"杀

---

[1] 王俊:《论姚苎田〈史记菁华录〉的学术价值》,《渭南师范学院学报》,2007年第6期。

苏角"一句旁注"秦";"料大王足以当项王乎"一句旁注"少人也";"舜目盖重瞳子"一句旁注"两眸"。

阅读《李将军列传》时，吴芳吉注意意义段的区分，在篇目旁注："有红钩处，另起一段，每段开首低二字。"将全篇文章划分为十九段，在每段末特别用红竖线表明意义转化，并再注明"一段"等。

2.《前汉书》一百卷

（汉）班固撰，民国五年（1916）涵芬楼影印，商务印书馆发行，十六册，吴芳吉藏书，封面有红色篆刻"碧柳"一枚。

3.《后汉书》一百二十卷

（南朝·宋）范晔撰，民国五年（1916）涵芬楼影印，存十一册（卷7-120），吴芳吉藏书，封面有红色篆刻"碧柳"一枚。

4.《三国志》六十五卷

（晋）陈寿撰，民国五年涵芬楼影印，六册，吴芳吉藏书，封面有红色篆刻"碧柳"一枚。

5.《晋书》一百三十卷附《音义》三卷

（唐）房玄龄等撰，清同治十年（1871）金陵书局印，存九册（卷1-21，卷27-115），吴芳吉藏书，封面有红色篆刻"碧柳"一枚。

6.《宋书》一百卷

（南朝·梁）沈约撰，清同治十二年（1873）金陵书局印，八册，吴芳吉藏书，封面有红色篆刻"碧柳"一枚。

7.《南齐书》五十九卷

（南朝·梁）萧子显撰，清同治十三年（1874）金陵书局印，三册，吴芳吉藏书。

8.《梁书》五十六卷

（唐）姚思廉撰，清同治十三年（1874）金陵书局印，三册，吴芳吉藏书，封面有红色篆刻"碧柳"一枚。

9.《陈书》三十六卷

（唐）姚思廉撰，清同治十二年（1873）金陵书局印，两册，吴芳吉藏书，封面有红色篆刻"碧柳"一枚。

10.《魏书》一百三十卷

(北齐)魏收撰,清同治十二年(1873)金陵书局印,十册,存一百零七卷(卷1—52,卷60—114)。属吴芳吉藏书,封面有红色篆刻"碧柳"一枚。

11.《周书》五十卷

(唐)令狐德棻等撰,清同治十三年(1874)金陵书局印,两册,吴芳吉藏书。

12.《北齐书》五十卷

(唐)李白药撰,清同治十三年(1874)金陵书局印,两册,吴芳吉藏书,封面有红色篆刻"碧柳"一枚。

13.《南史》八十卷

(唐)李延寿撰,清同治十二年(1873)金陵书局印,存六册(卷1—62,卷70—80),吴芳吉藏书,封面有红色篆刻"碧柳"一枚。

14.《北史》一百卷

(唐)李延寿撰,清同治十二年(1873)金陵书局印,吴芳吉藏书,封面有红色篆刻"碧柳"一枚。

15.《隋书》八十五卷

(唐)魏徵等撰,清同治十三年(1874)金陵书局印,存六册(卷6—85),吴芳吉藏书,封面有红色篆刻"碧柳"一枚。

16.《旧唐书》二百卷

(后晋)刘昫等撰,清同治十年(1871)金陵书局印,存十九册(卷4—34,卷43—200),吴芳吉藏书,封面有红色篆刻"碧柳"一枚。

17.《新唐书》二百二十五卷

(宋)欧阳修、宋祁撰,清同治十年(1871)金陵书局印,存十九册(卷4—16,29—125),吴芳吉藏书,封面有红色篆刻"碧柳"一枚。

18.《旧五代史》一百五十卷附《目录》二卷

(宋)薛居正等撰,十一册,吴芳吉藏书,封面有红色篆刻"碧柳"一枚。

19.《宋史》四百九十六卷附《目录》三卷

(元)脱脱等撰,清同治十二年(1873)江苏书局刊版,四十二册,存三百九十七卷(卷1—23,卷29—180,卷192—264,卷292—326,卷331—336,

卷343—365，卷371—376，卷406—472，卷480—485），吴芳吉藏书，封面有红色篆刻"碧柳"一枚。

20.《辽史》一百一十六卷

（元）脱脱等撰，清同治十二年（1873）江苏书局刊版，存一百零三卷（卷1—47，卷60—116），吴芳吉藏书，封面有红色篆刻"碧柳"一枚。

21.《金史》一百三十五卷

（元）脱脱等撰，清同治十二年（1873）金陵书局印，存十二册（卷1—58，卷62—135），吴芳吉藏书，封面有红色篆刻"碧柳"一枚。

22.《元史》二百一十卷附《目录》二卷

（明）宋濂、王祎撰，清同治十二年（1873）印，存二十二册（卷1—105），吴芳吉藏书，封面有红色篆刻"碧柳"一枚。

23.《明史》三百三十二卷

（清）张廷玉等修，清刻本，存三册，存二百七十二卷，吴芳吉藏书，封面有红色篆刻"碧柳"一枚。

按：二十四史吴芳吉购于不同时期，一般在第一册首页有两枚篆刻红色印章，版本多为清同治十一年（1872）至十三年（1874）金陵书局印。

24.《汉书艺文志考证》十卷

（清）应麟伯撰，光绪十年（1884）仲春成都志古堂精讲重刊，四册，吴芳吉藏书，封面有黑色毛笔题识："汉书艺文志考证一，民国十六年九月，芳吉游成都买。"

25.《三通考辑要》二十四卷

（清）汤寿潜辑，清光绪二十五年（1899）通雅堂藏版，图书集成局铅印，十册，吴芳吉藏书。

26.《钦定续文献通考辑要》二十六卷

（清）汤寿潜辑，清铅印本，十册，吴芳吉藏书。

27.《皇朝文献通考辑要》二十六卷

（清）汤寿潜辑，清刻本，十册，吴芳吉藏书，封面有"碧柳"红色篆刻一枚。

28.《大唐西域记》十二卷

（唐）三藏法师玄奘奉诏译，大总持寺沙门辩机撰，四册，上海涵芬楼

《四部丛刊》本，吴芳吉藏书，扉页 2 有"白屋诗人印""吴芳吉印""碧柳"三枚红色篆刻，且红色毛笔题识："甲子八月初七夜十一日闻江浙两军战于陆家滨也。""心则殊老，身则殊少，欲望全消，清明在抱，奈何年近三十，而乃识此道欤，可笑可笑。"

按：书中吴芳吉有点逗、圈点、批注。如点逗尚书左仆射燕国公张说制《大唐西域记序》全文，点逗《序论》《三国》部分篇章，批注个别字义，如"北乃山阜隐軫"一句天头批注曰："軫，迂曲也。"

29.《輶轩语》一卷

（清）张之洞撰，清光绪丁丑（1877）濠上书斋藏板，一册，吴汉骧藏书，正文"语行第一"下有"吴汉骧书"红色篆刻一枚。

30.《书目答问》

（清）张之洞撰，清刻本，两册，芳吉藏书。

31.《钦定全唐书目录》

清光绪十三年（1887）上海同文书局石印，存十册，存十卷（卷1－3，卷5，卷10，卷12，卷14，卷16，卷17，卷36），吴芳吉藏书。

32.《福王登极实录》附录《过江七事》《金陵纪略》

（明）文震亨撰，民国六年版，一册，吴芳吉藏书。

33.《哭庙记略》一卷

（清）徐灵胎撰，《痛史》第二种，吴芳吉藏书。

34.《越绝书》十五卷

（汉）袁康撰，清刻本，一册，吴芳吉藏书。

35.《庚子国变》一卷

（清）李希圣撰，清同治二年（1863）裒冰堂刊①，一册，吴芳吉藏书。

按：清李希圣撰《庚子国变》是较早系统记述义和团运动的一部纪事本末体历史著作。吴芳吉细读此书，对"义和拳者……故事之尤诡"一节进行点逗、批注。

义和拳者，起自嘉庆时，有严禁，犯者凌迟。

---

① 扉页3题识："癸亥五月裒冰堂刊。"

第三章 聚奎书院的藏书

戊戌八月,荣禄嗾杨崇伊请太后复出听政。康有为以言变法获罪,所连坐甚多,逢迎干进者,皆以攻康有为为名,稍与龃龉,则目为新党,罪不测。张仲炘、黄桂鋆密疏,言皇上得罪祖宗,当废。太后心喜其言,然未敢发也。上虽同视朝,嘿不一言,而太后方日以上病状危告天下。各国公使谒奕劻,请以法医入视病,太后不许。① 各公使又亟请之,太后不得已,召入。出语人曰:"血脉皆治,无病也。"太后闻之,不悦。已而康有为走入英,英人庇焉。遂以李鸿章为两广总督,欲诡致之,购求十万金,而英兵卫之严,不可得。② 鸿章以状闻,太后大怒曰:"此仇必报!"时方食,取玉壶碎之曰:"所以志也。"而梁启超亦走保日本,使刘学询、庆宽并刺之,无所成而返。

及立端郡王载漪子溥儁为大阿哥,天下哗然,经元善等联名上书至二千人。载漪恐,遣人风各公使入贺;太后亦召各公使夫人,饮甚欢,欲遂立溥儁。各公使不听,有违言。③ 太后及载漪内惭,日夜谋所以报。会江苏粮道罗嘉杰以风闻,上书大学士荣禄言事,谓英人将以兵力胁归政,因尽揽利权。荣禄奏之,太后愈益怒。而义和拳自山东浸淫入畿辅,众亦渐盛,遂围涞水,县令祝芾请兵,直隶总督裕禄遣杨福同剿之。福同败死。进攻涿州,知州龚荫培告急,顺天府尹何乃莹揣朝旨,格不行。荫培坐免。太后使刑部尚书赵舒翘、大学士刚毅及乃莹先后往,道之入京师。刚毅等复命,均力言义民无他心,可恃。遂焚铁道,毁电线,至者数万人,城中为坛场几偏。其神曰洪钧老祖、骊山老母,来常以夜,燎而祠之,为巫舞,欲以下神,神至,能禁枪炮令不然。又能指画空中,则火起,刀槊不能伤。出则呼市人向东南而拜,人无敢不从者。以仇教为名,至斥上为教主。太后与载漪谋欲引以废立,故主之特坚。匪党出入禁中,日夜无期度。扬言当尽灭诸夷,不受赐,愿得一龙二虎头。一龙谓上,二虎庆亲王奕劻、大学士李鸿章也。

……

二十日,焚正阳门外四千余家,京师富商所集也,数百年精华尽矣。延及城阙,火光烛天,三日不灭。是日,召大学士、六部、九卿入议。太

---

① 吴芳吉此句天头批注曰:"太后恨洋人,因一公使请以法医侍帝病也。"
② 吴芳吉此句天头批注曰:"太后恨洋人,因二英人庇康有为也。"
③ 吴芳吉此句天头批注曰:"太后恨洋人,因三公使团不赞成大阿哥之立也。"

后哭，出罗嘉杰书示廷臣，相顾逡巡，莫敢先发。吏部侍郎许景澄言，中国与外洋交数十年矣，民教相仇之事，无岁无之，然不过赔偿而止；惟攻杀使臣，中外皆无成案。今交民巷使馆拳匪日窥伺之，几于朝不谋夕，傥不测，不知宗社生灵置之何地？太常寺卿袁昶言，衅不可开，纵容乱民，祸至不可收拾，他日内讧外患相随而至，国何以堪？慷慨歔欷，声震殿瓦。太后目摄之。太常寺少卿张亨嘉言拳匪不可恃。仓场侍郎长萃在亨嘉后，大言曰："此义民也！臣自通州来，通州无义民不保矣。"载漪、载濂及户部侍郎溥良和之，言人心不可失。上曰："人心何足恃？祗益乱耳。今人喜言兵，然自朝鲜之役创巨痛深，效亦可睹矣。况诸国之强，十倍于日本，合而谋我，何以御之？"载漪曰："董福祥剿叛回有功，以御夷，当无敌。"上曰："福祥骄，难用。敌器利而兵精，非回之比。"① 侍讲学士朱祖谋亦言福祥无赖。载漪语不逊，上嘿然。廷臣皆出，而载澜、刚毅遂合疏，言义民可恃，其术甚神，可以报雪仇耻。载濂亦上书，言时不可失，敢阻挠者请斩之。闻者莫不痛心，诋为妖孽，知其必亡，然畏太后，不敢言也。是日，遣那桐、许景澄往杨村说夷兵，令无入，道遇拳匪，劫之归，景澄几死。其后夷兵援使馆者，亦以众少不得达，至落垡而还。

二十一日，又召见大学士、六部、九卿。太后曰："皇帝意在和，不欲用兵，余心乱矣，今日廷论，可尽为上言。"兵部尚书徐用仪曰："用兵非中国之利，且衅不可自我先。"上曰："战非不可言，顾中国积衰，兵又不足恃，用乱民以求一逞，宁有幸乎？"② 侍读学士刘永亨言，乱民当早除，不然祸不测。载漪曰："义民起田间，出万死不顾一生，以赴国家之难，今以为乱，欲诛之，人心一解，国谁与图存？"上曰："乱民皆乌合，能以血肉相搏耶？且人心徒空言耳，奈何以民命为儿戏？"③ 太后度载漪辞穷。户部尚书立山以心计侍中用事，得太后欢。太后乃问山，山曰："拳民虽无他，然其术多不效。"载漪色变，曰："用其心耳，何论术乎！立山敢廷争，是且与夷通，试遣山退夷兵，夷必听。"山曰："首言战者载漪也，漪当行。臣不习夷情，且非其职。"太后曰："德亲王亨利昔来游，若尝为供给，亨利甚德之，若宜往。"山未对，载漪诋立山汉奸，立山抗

---

① 吴芳吉在此句天头批注曰："光绪明白人。"
② 吴芳吉在此句天头批注曰："光绪明白人。"
③ 吴芳吉在此句天头批注曰："好光绪。"

辩。太后两解之，罢朝。遂遣徐用仪、立山及内阁学士联元至使馆曰："无召兵，兵来则失好矣。"

二十二日，又召见大学士、六部、九卿。载漪请攻使馆，太后许之。联元顿首亟言曰："不可，倘使臣不保，洋兵他日入城，鸡犬皆尽矣。"载澜曰："联元贰于夷，杀联元，夷兵自退。"太后大怒，召左右立斩之，庄亲王、载勋救之而止。联元，载勋包衣也。协办大学士王文韶言："中国自甲午以后，财绌兵单，众寡强弱之势既已不侔，一旦开衅，何以善其后？愿太后三思。"太后大怒而起，以手击案，骂之曰："若所言，吾皆习闻之矣，尚待若言耶？若能前去，令夷兵毋入城，否者且斩若！"文韶不敢辨。上持许景澄手而泣曰："朕一人死不足惜，如天下生灵何？"太后阳慰解之，不怿而罢，自是嗛景澄。太后意既决，载漪、载勋、载濂、载澜、刚毅、徐桐、崇绮、启秀、赵舒翘、徐承煜又力赞之，遂下诏褒拳匪为义民，予内帑银十万两。载漪即第为坛，晨夕必拜，太后亦祠之内中。由是燕齐之盗，莫不搤腕并起，而言灭夷矣。城中日焚劫，火光连日夜，烟焰涨天，红巾左握千百人，横行都市，莫敢正视之者。凤所不快者，即指为教民，全家皆尽，死者十数万人。其杀人则刀矛并下，肌体分裂，婴儿生未匝月者亦杀之，惨酷无复人理，而太后方日召见其党，所谓大师兄者，慰劳有加焉。

王培佑以首附义民，擢顺天府尹。① 士大夫谄谀干进者，又以义和拳为奇货。候补知府曾廉、翰林院编修王龙文献三策，乞载漪代奏："攻交民巷，尽杀使臣，上策也；废旧约，令夷人就我范围，中策也；若始战终和，与舍璧舆榇何异？则下策矣。"载漪得书大喜曰："此公论也！"御史徐道焜言，洪钧老祖令五龙守大沽，龙背拱夷船，皆立沉。翰林院编修萧荣爵言，夷狄无君父殆二千年，天将假手义民尽灭之，时不可失。御史陈嘉言自谓从关壮缪得帛书，书言："无畏夷，夷当自灭。"吉林将军长顺言，二童子殆非人，至则教堂自焚，已忽不见。太后喜，大以为神人也，下其书，览示天下。群臣又时时言山东老团一扫光、金钟罩、九龙灯之属，能役鬼神，烧海中船尽坏，居一室，斩首百里外不以兵。于是太后焚币玉自祷祠之，而未尝至。曾廉、王龙文、彭清藜、吴国镛及御史刘家模

---

① 吴芳吉在此句天头批注曰："利禄之门。"

先后上书，言义民所过秋毫无犯，请令按户搜杀，以绝乱源。①刑部郎中左绍佐请斩郭嵩焘、丁日昌尸，以谢天下。户部主事万秉鉴至谓曾国藩在天津杀十六人偿丰大业命，损国体而启戎心，请议恤。户部侍郎长麟久废，请率义民当前敌，太后释前憾而用之。②而曾廉、王龙文至请早定大计以应人心，其言尤悖逆。

当是时，上书言神怪者以百数，王公邸第、百司廨署，拳匪皆设坛焉，谓之保护。两广总督李鸿章、两江总督刘坤一、湖广总督张之洞、四川总督奎俊、闽浙总督许应骙、福州将军善联、巡视长江李秉衡、江苏巡抚鹿传霖、安徽巡抚王之春、湖北巡抚于荫霖、湖南巡抚俞廉三、广东巡抚德寿合奏，言乱民不可用，邪术不可信，兵端不可开。其言至痛切。山东巡抚袁世凯亦极言朝廷纵乱民，至举国以听之，譬若奉骄子，祸不忍言矣。不听。遂以载勋、刚毅为总统，载澜、英年佐之，籍姓名部署，比于官军。然拳匪专杀自如，载勋、刚毅不敢问。都统庆恒一家十三口皆死，载漪凤暄庆恒，亦不能庇也。③户部尚书立山不甚附载漪，候补侍郎胡燏棻治铁道，侍读学士黄思永尝请行昭信股票，通永道沈能虎与李鸿章有连，皆号为习洋务，拳匪欲杀之，燏芬夜亡走，依袁世凯，能虎以贿免，立山、思永下狱，其罪状则神语也，曰"通夷"。杀游击王燮，醢之。詹事府詹事李昭炜、翰林院编修杜本崇、检讨洪汝源、兵部主事杨荙皆指为教民，被伤几死。编修刘可毅死于道，失其尸。

36.《史略》八十七卷

朱壄筠如辑，光绪二十六年（1900）万本书局校印④，存十二册，存八十七卷。属吴芳吉藏书，封面有题识："民国十六年九月吴芳吉游成都买。"

按：（1）《史略》第六册六卷四十二"五代史列传"中，"死事"条记载"王彦章"和"沈斌"事迹；"一行"条记载"梁震""郑邀""王凝"事迹；"伶官"条记载"张承业"事迹，吴芳吉全段有红笔点逗，部分圈点。

在"王彦章"一条，吴芳吉特别圈点"豹死留皮，人死留名，我受梁恩，

---

① 吴芳吉在此句天头批注曰："指鹿为马。"
② 吴芳吉在此句天头批注曰："投所好也。"
③ 吴芳吉在此句天头批注曰："弄火自焚。"
④ 是书卷首题识："《史略》，乐山唐淮源署 光绪庚子成都培元堂。《增批史略》，光绪庚子仲夏万本书局校印。"

非死不报",是对王彦章拒绝晋王诱降的英雄气节的赞美。在"郑邀"一条,吴芳吉圈点"而不之求也",是对郑邀追求人格独立、行事潇洒的礼赞。在"张承业"一条,特别圈点如下文句:

> 天佑十八年,庄宗议即帝位,承业力诤曰:大王父子,与梁血战三十年,本欲复唐社稷,即元凶既殄,使唐子孙在,孰敢当之;若唐无子孙,天下谁与王争者。庄宗不听,承业知不可谏。乃仰天大哭曰:吾唐家老奴,王今自取之,误老奴矣,遂不食而卒。

《增批史略》曰:

> 李唐宦寺之恶,为从来所未有,独张承业乃心唐室,始终不渝,洵为铮铮佼佼。

对大唐王朝的忠贞,以及为国集财、依法治理政事,皆伶宦张承业之可叹者。吴芳吉在此段段首标识"○○○",表示对此段的细读,圈点的句子,是对气节的重视,抑或正当吴芳吉之心意。

(2)《史略》第七册卷四十六"宋史帝纪",记载北宋太祖、太宗、真宗、仁宗、英宗、神宗、哲宗、徽宗、钦宗9皇帝事,吴芳吉未曾点逗。记载南宋高宗、孝宗、光宗、宁宗、理宗、恭宗、端宗事,吴芳吉皆点逗之。吴芳吉对《史略》中所载的宋代易代及国难中爱国之事甚为关注,重点关注帝王治国主张,特别是如何对待外患。

《史略》重点记载高宗几件史事:高宗临危就位;建炎三年三月扈从统制苗傅、刘正彦作乱事;秦桧议和之事;治理天下"恬淡寡欲"之事。《史略》载高宗治理天下"恬淡寡欲"之事曰:

> 帝初在河朔,亲见闾阎之苦,尝叹知县不得其人,一充役,即破家,至是定差役法,作损斋记,以治道宜恬淡寡欲,清心省事,乃屏玩好,置古书经史于其中,以为燕居之所,颁黄庭坚所书戒石铭于州县,令刻石曰:尔俸尔禄,民膏民脂,下民易虐,上天难欺。

吴芳吉曲线勾画其中四句,所重视在治理国家和子民时要简政无为而治,或与其无政府主义思想有关。

《史略》重点记载理宗亲政后欲从赵范、赵奎之计北征,抚定中原,收复三京,"乔行简上疏曰:以将乏财匮,恐北方未图而南方先骚动。时阎妃怙宠,马大骥、丁大全用事,有无名子书八字于庙门曰:阎马丁当,国势将亡"。表明吴芳吉对奸佞误国深恶而痛绝之。

（3）《史略》第七册卷四十六"后妃"，《宋史》记载北宋太宗杜太后，真宗刘后、李宸妃，仁宗曹后，英宗高后，神宗向后，哲宗孟后，南宋光宗李后、宁宗杨后9人事迹。吴芳吉全部点逗阅读。

如《史略》重点记载杜太后居安思危，及传位于贤者的遗嘱：杜太后"治家毅，有立法"：

> 太祖即位，群臣称贺，独太后愀然不乐，众大臣不解，进言曰："臣闻母以子贵，今子为天子，胡为不乐。"太后居安思危，深谋远虑，谆谆告诫太子曰："吾闻为君难，天子置身兆庶之上，若治得其道，则此位可尊，苟或失驭，求为匹夫不可得。是吾所以忧也。"

吴芳吉勾画杜太后之言，为之深深折服，是对妇德的赞美，更是对巾帼智慧的称颂。

（4）《史略》第十册"明史"，吴芳吉在目录页中特别圈点以下人物：卷七十四"帝纪"太祖、世宗、神宗；卷七十五"列传"常遇春；卷七十七"列传"黄子澄、方孝孺、黄钺；卷七十八"列传"黄淮；卷七十九"列传"黄宗载、黄泽；卷八十一黄巩；卷八十二戚继光；卷八十三孙承宗，熊廷弼；卷八十四左良玉、史可法；卷八十七"列传宦官"郑和、魏忠贤；"流贼"李自成、张献忠。表明其对《明史》中重要历史人物特别是英雄士大夫群体的关注。卷七十四"太祖"传记圈点开篇部分，记载太祖出生吉兆事，特别圈点如下句子："比长，姿貌雄杰，志意廓然。"卷八十二"戚继光"中圈点名字，并在旁边手书戚继光三个字。卷八十四"史可法"传记中，圈点开篇部分文字。

37.《文史通义》八卷

（清）章学诚撰，光绪二十四年（1898）经文书局重刊本①，八册，吴芳吉藏书，第一册封面有黑色毛笔题识："文史通义一卷，芳吉读。"

（1）黑色毛笔点逗第一册卷一《诗教》（上下）全文，重点圈点如下句子：

> 可与离文而见道，而后可与奉道而折诸家之文也。
> 所谓一端者，无非六艺之所该，故推之而皆得其所本。
> 古之文质合于一，至战国而各具之质；当其用也，必兼纵横之辞以文之，周衰文弊之效也。

---

① 是书封面3标识："光绪戊戌长沙经文书局重刊。"

> 六艺非可皆通于《诗》也,而韵言不废,则谐音协律,不得专为《诗》教也。
>
> 故善论文者,贵求作者之意指,而不可拘于形貌也。
>
> 然而汉廷之赋,实非苟作,长篇录入于全传,足见其人之极思,殆与贾疏董策,为用不同,而同主于以文传人也。

(2) 点逗第三册卷三《内篇三》中《史德》《习固》《文德》,各有所圈点。《史德》重点圈点如下句子:

> 非识无以断其义,非才无以善其文,非学无以练其事。[①]
>
> 德者何?谓著书者之心术也。
>
> 盖欲为良史者,当慎辨于天人之际,尽其天而不益以人也。
>
> 则以天与人参,其端甚微,非是区区之明所可恃也。

《习固》重点圈点如下句子:

> 推之不至乎尧、桀,无为贵创见焉。推之既至乎尧、桀,人亦将与固有之尧、桀而安之也。故创得之是非,终于无所见是非也。
>
> 几于不能言尧者,乃真是尧之人也;遇桀之暴,必有几,几于不能数桀者,乃真非桀之人也。
>
> 故真知是非者,不能遽言是非也。真知是尧非桀者,其学在是非之先,不在是尧非桀也。

《文德》重点圈点如下句子:

> 古人论文,惟论文辞而已矣。
>
> 临文必敬,非修德之谓也。论古必恕,非宽容之谓也。
>
> 知临文之不可无敬恕,则知文德矣。
>
> 而习与朱子,则固江东南渡之人也,惟恐中原之争天统也。诸贤易地则皆然,未必识逊今之学究也。是则不知古人之世,不可妄论古人文辞也。知其世矣,不知古人之身处,亦不可以遽论其文也。
>
> 主敬则心平,而气有所摄,自能变化从容以合度也。
>
> 古文辞而不由史出,是饮食不本于稼穑也。

(3) 点逗第四册卷四《内篇四》中《说林》《黠陋》《针名》《砭异》部分,

[①] 吴芳吉天头批注曰:"识:断义(非击断);学:练事(非记诵);才:善文(非辞采)。"

并做重点圈点。

《说林》重点圈点如下句子：

> 道，公也。学，私也。
>
> 期于尽善，不期于矜私也。
>
> 观于孩提呕哑，有声无言，形揣意求，而知文章著述之最初也。
>
> 故修辞不忌夫暂假，而贵有载辞之志识，与己力之能胜而已矣。
>
> 著作之体，援引古义，袭用成文，不标所出，非为掠美，体势有所不暇及也。
>
> 故治偏不激，而后无余患也。
>
> 古之糟粕，可以为今之精华。非贵糟粕而直以为精华也，因糟粕之存，而可以想见精华之所出也。古之疵病，可以为后世之典型。非取疵病而直以之为典型也，因疵病之存，而可以想见典型之所在也。
>
> 不文则不辞，辞不足以存，而将并所以辞者亦亡也。诸子百家，悖于理而传者有之矣，未有鄙于辞而传者也。
>
> 至文无私。
>
> 学问不求有得，而矜所托以为高。

《黠陋》重点圈点如下句子：

> 著作降而为文集，有天运焉，有人事焉。
>
> 其误以酬酢给求之文为自立而纷纷称集者，盖又不知其几矣。

《针名》重点圈点如下句子：

> 天下之名，定于真知者，而羽翼于似有知而实未深知者。夫真知者，必先自知。
>
> 且好名者，必趋一时之风尚也。
>
> 或百世而上，得一人焉，吊其落落无与俦也，未始不待我为后起之援也。或千里而外，得一人焉，怅其遥遥未接迹也，未始不与我为比邻之洽也。

《砭异》重点圈点如下句子：

> 古人于学求其是，未尝求异于人也。

38.《文史通义》八卷

（清）章学诚撰，乙丑仲春（1925）成都志古堂重校刊，四册，吴芳吉藏书。

39.《校雠通义》三卷

（清）章学诚撰，乙丑仲春（1925）成都志古堂重校刊，一册，吴芳吉藏书。

40.《文史通义补编》一卷

（清）章学诚撰，乙丑仲春（1925）成都志古堂重校刊，一册，吴芳吉藏书。

按：《说林》篇中，吴芳吉有部分的红笔圈点。

41.《文史通义识语》三卷附《附录》一卷

（清）刘咸炘撰，1925年成都志古堂刊板，一册，吴芳吉藏书。按：《易教》《书教》篇中，吴芳吉有部分红笔圈点。又1925年成都志古堂章学诚《文史通义》重刊本，有六册，包括章学诚《文史通义》八卷、《校雠学通义》三卷、《文史通义补》一卷、刘咸炘《文史通义识语》，吴芳吉皆有圈点。

42.《史通削繁》四卷

（清）纪昀撰，光绪二十一年（1895）澹雅书局印①，四册，吴芳吉藏书，第一册封面有黑色毛笔题识："史通削繁一，民国十年六月二十六号芳吉在长沙客次置。"

43.《历代名人年谱》

（清）吴荣光撰，北京琉璃厂内晋华书局藏板，存九册，存九卷，吴芳吉藏书，第一册封面有黑色毛笔题识："历代名人年谱（汉高帝至于魏文帝）。民国十八年元旦日芳吉成都。"有"白屋碧柳"红色篆刻一枚。

按：吴芳吉于卷一有大量的红笔圈点，卷一"前汉、景帝、武帝"中，专门补笺司马迁的生平：

> 中元五年，补"（B.C.145）司马迁生（王国维观堂集林卷十一）"；
> 武帝建元五年，补"（136）司马迁十岁诵古文"；
> 武帝建元六年，补"（135）司马迁生（桑原骘藏）"；
> 武帝元光六年，补"（B.C.129）司马迁生（张惟骧太史公疑年考）"；
> 武帝元朔三年，补"（B.C.126）司马迁南游年二十"；

---

① 是书封面3题识："光绪乙未春月宝庆澹雅书局开雕。"

武帝元鼎六年，补"（111）太史公司马谈卒，迁年三十五"；

武帝元封二年，补"（109）赵瓯北札记司马迁本年未太史令"；

武帝元封三年，补"（B.C.108）始作史记，司马迁为太史令，1. 王说为三十八岁，2. 张说二十二岁，3. 桑原说二十八岁"；

武帝太初元年，补"（100B.C.）司马迁为太史令之第五年，前汉书传曰，'卒三岁而迁为太史令……五年而但太初元年……'迁年四十二岁，始作史记。"

武帝天汉二年，补"（99B.C.）司马迁四十七岁"；

武帝天汉三年，补"（98B.C.）司马迁四十八岁遭李陵之祸"；

武帝征和二年，补"史记至本年成共一十八年"，"司马迁报任安书，戾太子以巫蛊事，斩江充使任安发兵助"，天头补注："赵瓯北札记：司马迁史记十八年，李延寿南北史十七年，欧阳修宋子京新唐书十七年，司马温公通鉴十九年。"

44.《古史甄微》一卷

蒙文通撰，民国丁卯年（1927）刻本，一册，吴芳吉藏书，扉页中有"白屋碧柳""碧柳""吴芳吉印"三枚红色篆刻，尾页有黑色毛笔题识："民国十六年冬月作者赠，芳吉读。"

按：全书有十篇讲义，吴芳吉点逗阅读前四篇：《皇帝异说》《海岱民族》《江汉民族》《河洛民族》。《皇帝异说》天斗批注："伏生：三皇说。董子：九皇说（齐）。"

45.《湘军志》十六卷

（清）王闿运撰，光绪乙酉（1885）印，四册，吴芳吉藏书，封面有黑色毛笔题识："湘军志卷一，壬戌四月初六日芳吉客长沙置。"

46.《史学述林》一卷

（清）刘咸炘撰，乙巳年（1905）刊①，一册，属于刘咸炘"推十书"之一，吴芳吉藏书。

47.《文史》第一卷第一期

欧阳祖经等人撰，民国影印本，一册，吴芳吉藏书。

---

① 是书扉页3题识："乙巳年正月始刊。"

48.《文史季刊》第一卷第三期

国立中正大学文史季刊编辑委员会编，民国三十年（1941）出版，一册，吴汉骥藏书，封面黑色毛笔题识："骥弟收阅，大哥购赠，三十一年三月于行都。"

49.《黔游心影》

卢前撰，交通书局中华民国三十一年（1942）发行，一册，吴汉骥藏书，封面黑色毛笔题识："骥弟收阅，大哥购赠，三十一年三月于行都。"

子　部

1.《春秋繁露》十七卷

（汉）董仲舒撰，两册，上海涵芬楼影印武英殿聚珍本，吴芳吉藏书。

按：吴芳吉有点逗、圈点、批注。包括《春秋繁露序》《尧舜不擅移、汤武不专杀》《度制》《仁义法》《必仁且智》《身之养重于义》《对胶西王越大夫不得为仁》《实性》《为人者天》《五行之义》等。如圈点《仁义法》：

《春秋》之所治，人与我也。所以治人与我者，仁与义也。以仁安人，以义正我。故仁之为言人也，义之为言我也，言名以别矣。仁之于人，义之于我者，不可不察也。众人不察，乃反以仁自裕，而以义设人，诡其处而逆其理，鲜不乱矣。是故人莫欲乱，而大抵常乱，凡以闇于人我之分，而不省仁义之所在也。是故《春秋》为仁义法，仁之法在爱人，不在爱我；义之法在正我，不在正人；我不自正，虽能正人，弗予为义；人不被其爱，虽厚自爱，不予为仁。昔者晋灵公杀膳宰以淑饮食，弹大夫以娱其意，非不厚自爱也，然而不得为淑人者，不爱人也。质于爱民以下，至于鸟兽昆虫莫不爱，不爱，奚足谓仁。仁者，爱人之名也。篱，《传》无大之之辞，自为追，则善其所恤远也。兵已加焉，乃往救之，则弗美；未至，豫备之，则美之，善其救害之先也。夫救蚤而先之，则害无由起，而天下无害矣。然则观物之动，而先觉其萌，绝乱塞害于将然而未形之时，《春秋》之志也，其明至矣。非尧、舜之智，知礼之本，孰能当此。故救害而先，知之明也；公之所恤远，而《春秋》美之。详其美恤远之意，则天地之间，然后快其仁矣。非三王之德，选贤之精，孰能如此。是以知明先，以仁厚远，远而愈贤，近而愈不肖者，爱也。故王者爱及四夷，霸者爱及诸侯，安者爱及封内，危者爱及旁侧，亡者爱及独身。独身者，虽立天子诸侯之位，一夫之人耳，无臣民之用矣。如此者，莫之亡而自亡也。《春秋》不言伐梁者，而言梁亡，盖爱独及其身者也。故曰：仁者爱人，不在爱我，此其法也。义云者，非谓正人，谓正我，虽有乱世枉上，莫不欲正人。奚谓义？昔者楚灵王讨陈、蔡之贼，齐桓公执袁涛涂之罪，非不能正人也，然而《春秋》弗予，不得为义者，我不正也。阖庐能正楚、蔡之难矣，而《春秋》夺之义辞，以其身不正也。潞子之于诸侯，无所能正，《春秋》予之有义，其身正也。趋而利也。故曰：义在正我，不在正人，此其法也。夫我无之求诸人，我有之而诽诸人，人之所不能受也。其理逆矣，何可谓义！义者，谓宜在我者，宜在我者，而后可以称义。故言义者，合我与宜以为一言，以此操之，义之为言我也。故曰：有为而得义者，谓之自得；有为而失义者，谓之自失。人好义者，谓之自好；人不好义者，谓之不自好。以此参之，义，我也，明矣。是义与仁殊。仁谓往，义谓来；仁大远，义大近。爱在人，谓之仁；义在我，谓之义；仁主人，义主我也。故曰：仁者，人也；义者，我也，此之谓也。君子求仁义之别，以纪人我之间，然后辨乎内外之分，而著于顺逆之处也，是故内治反理以正身，据礼以劝福；外治推恩以广施，宽制以容众。孔子谓冉子曰："治民者，先富之而后加教。"语樊迟曰："治身者，先难后获。"以此之谓治身之与治民，所先后者不同焉矣。诗曰："饮之食之，教之诲之。"先饮食而后教诲，谓治人也。又曰："坎坎伐辐，彼君子兮，不素餐兮。"先其事，后其食，谓治身也。《春秋》刺上之过，而矜下之苦；小恶在外弗举，在我书而诽之。凡此六者，以仁治人，义治我，躬自厚而薄责于外，此之谓也。且《论》已见之，而人不察，曰："君子攻其恶，不攻人之恶。"不攻人之恶，非仁之宽与！自攻其恶，非义之全与！此之谓仁造人，义造我，何以异乎！故自称其恶谓之情，称人之恶谓之贼；求诸己谓之厚，求诸人谓之薄；自责以备谓之明，责人以备谓之惑。是故以自治之节治人，是居上不宽也；以治人之度自治，是为礼不敬也。①为礼不敬则伤行，而民弗尊；居上不宽则伤厚，而民弗亲。弗亲则弗信，弗尊则弗敬。二端之

---

① 吴芳吉天头批注曰："芳吉全害此病，西洋人亦全害此病，彼可恕也，吾不可恕也。"

政诡于上,而僻行之,则诽于下;仁义之处,可无论乎!夫目不视,弗见;心弗论,不得。虽有天下之至味,弗嚼,弗知其旨也;虽有圣人之至道,弗论,不知其义也。

2.《申鉴》五卷附《中论》二卷

(汉)荀悦撰,(汉)徐幹撰,光绪元年(1875)崇文书局印,一册,吴芳吉藏书,封面有黑色毛笔题识:"陈友古君自汉口持赠,芳吉诵读,时癸亥腊八日。"

3.《荀子》二十卷附《考证》二十一卷

(汉)扬倞注,八册,吴芳吉藏书,扉页3有黑色毛笔题识:"碧柳东行无以为赠,谨检此以志别,迪风,孔子二千四百八十年,岁次己巳之五月十六日。"

4.《孔氏家语》十卷

(魏)王肃注,民国六年(1917)会文堂书局刻本,存一册(卷5-6),吴芳吉藏书。

5.《易林》十六卷

(汉)焦赣撰,存一册(卷1-8),吴芳吉藏书。

6.《京氏易传》三卷

(汉)京房撰,一册,《四部丛刊》本,吴芳吉藏书。

7.《世说新语》六卷附《引用》一卷、《佚文》一卷、《校勘》二卷、《考证》一卷

(南朝·宋)刘义庆撰,光绪十七年(1891)思贤讲舍印,六册,吴芳吉藏书,第一册封面有红笔题识:"世说新语卷上之上及下。"在前四册中,按照《世说新语》的分类,分别在每类前第一页左上天头用黑字红圈标识"德行"等类型,或许是为了方便阅读和及时查阅。

8.《近思录》十四卷附《考订朱子世家》一卷

(清)江永集注,咸丰九年(1859)重刊本,存五册(《近思录》卷3-14,《考订朱子世家》一卷),吴芳吉藏书。

9.《春渚纪闻》十卷

(宋)何薳撰,据明影宋尹家书籍铺刊本校涵芬楼藏版,两册,吴芳吉

藏书。

10.《河南邵氏闻见录》二十卷

(宋)邵伯温撰,涵芬楼藏版,两册,吴芳吉藏书。

11.《洗冤录详义》四卷

(宋)宋慈撰,(清)许梿编校,咸丰六年(1856)重校刊,京都琉璃厂堂存板,四册,吴芳吉藏书,第一册封面黑色题识:"洗冤录卷一上、下,白屋吴宅藏。"有"碧柳""吴芳吉印"红色篆刻两枚。

12.《述学卷》六卷附《校勘记》一卷、《遗文》一卷

(清)汪中撰,1927年成都志古堂刻本①,两册,吴芳吉藏书,封面题识:"民国十六年十二月芳吉游成都买。"

13.《宋评明夷待访录》一卷

(清)黄宗羲撰,宋育仁评,一册,吴芳吉藏书,封面有黑色毛笔题识:"明夷待访录宋育仁评,民国十六年九月芳吉游成都买。"

部分文章吴芳吉有圈点。

(1)吴芳吉点逗《取士上》《取士下》,其中重点圈点句子有:"古之取士也宽,其用士也严。""宽于取则无枉才,严于用则少幸进。""严于取,则豪杰之老死丘壑者多矣;宽于用,此在位者多不得其人。"

(2)点逗《奄宦上》《奄宦下》,其中重点圈点"且古今不贵其能治,而贵其能不乱"一句。

14.《群玉阁类书》二十种

清同治癸酉年(1873)锦文堂刻本,又名"小嫏嬛山馆汇刻粜书二十种"。属吴芳吉藏书,今存十一册十八种,缺《石经考异》《诸史然疑》两种。原二十种具体包括:

(1)《经腴类纂》二卷,孙颜编辑;

(2)《历代史腴》二卷,周金坛纂辑;

(3)《左氏蒙求注》一卷,吴化龙纂,许乃济笺注;

(4)《左传绀珠》二卷,王武沂纂著,萧士麟补辑;

(5)《尔雅贯珠》,朱铨编辑;

---

① 是书封3题识:"成都志古堂丙寅开雕丁卯春月刊成。"

（6）《山海经腴词》一卷，朱铨编辑；

（7）《竹书纪年隽句》一卷，王日睿编辑；

（8）《六经蒙求》一卷，黄本冀编辑；

（9）《十七史蒙求》一卷，王令撰；

（10）《均藻》五卷，杨慎编辑；

（11）《谢华启秀》四卷，杨慎纂辑；

（12）《文选集腋》二卷，胥斌编辑；

（13）《石经考异》二卷，杭世骏编辑；（缺）

（14）《诸史然疑》一卷，杭世骏编辑；（缺）

（15）《汉书蒙拾》一卷，杭世骏编辑；

（16）《后汉书蒙拾》一卷，杭世骏编辑；

（17）《晋书补传赞》一卷，杭世骏编辑；

（18）《文选课虚》四卷，杭世骏编辑；

（19）《续方言》二卷，杭世骏编辑；

（20）《榕城诗话》二卷，杭世骏编辑。

按：《历代史腴》二卷以简约之笔述盘古至明历史，书前有雍正三年（1725）蔡世远序，金弼大所作"凡例"，由是可知本书所作缘由。吴芳吉对此书有点逗、圈点、批注，如：

> （光宗）韩侂胄与刘德秀胡纮欲尽除正人君子，皆目以伪学而斥之，且禁之，令应试者必书不是伪学四字，抚州推官柴中行曰：自幼读程氏易传，如以为伪，不愿考校。士论壮之。①
>
> （度宗）召叶梦鼎为少傅，引疾力辞，使者以祸福告。鼎曰：廉耻事大，死生事情小，万无可回之理。②
>
> （度宗）知赣州，文天祥起兵入卫，语及时事，辄流涕曰：乐人之乐者，忧人之忧，食人之食者，死人之事。③
>
> 上（明太祖）论詹同曰：三代而上，治本于心，三代而下，治由乎法。本乎心者，道德仁义，其用无穷。由乎法者，权谋术数，其用易败，

---

① 吴芳吉此段天头批注："勇决。"
② 吴芳吉此段标题前加"〇"，天头批注："耻。"
③ 吴芳吉此段标题前加"〇"，天头批注："负责任。"

择术不可不慎也。①

（明太祖）山东监生周敬心疏曰：陛下连年远征，惟知耻不得传国宝耳，臣闻传国宝，出自战国，易曰：圣人之大宝曰位。何以守位？曰：仁，是知仁，乃仁君之宝。玉玺，非宝也，且战国之君赵先得宝，而国不守；五代之君皆得宝，俱不旋踵而亡。天下享国长久者，莫如三代，三代之时未有玉玺。是知有天下者，在仁义而不在玺，明矣。今以宝故，兵革数动，军民困苦，是忽真正之大宝，而易无用之小宝也。②

15.《子书》三十二种

民国四年育文书局石印，存二十册，《老子》三卷，《孔子集语》十八卷，《庄子》四卷，《晏子春秋》二十一卷，《吕氏春秋》十五卷，《荀子》二十二卷，《贾谊新书》十卷，《列子》八卷，《韩非子》二十三卷，《文子缵义》六卷，《淮南子》二十二卷，《文中子》十卷，《竹书纪年》十三卷，《扬子法言》一卷，《尸子》二卷，《鹖冠子》三卷，《商君》五卷，《墨子》十六卷，《山海经》一卷，吴芳吉藏书，第一册封面有黑色毛笔题识："白屋家庭中国哲学部藏，估凡自汉口寄。"每本皆标明本册所收何种子书。

吴汉骧收藏佛典

16.《成唯识论枢要记》十卷

（唐）玄奘译，清光绪二十二年（1896）金陵刻经处识，两册，属吴汉骧藏书，下册封面有"汉骧"黑色毛笔题识。

按：吴汉骧圈点全文，且有大量眉批。

17.《瑜伽师地论记》

（唐）释道论集撰，光绪二十四年（1898）金陵刻经处刻本，存一册（卷80-81），属吴汉骧藏书，封面有"汉骧"黑色毛笔题识。

18.《显扬圣教论》二十卷

无著菩萨造，（唐）三藏法师玄奘奉诏译，宣统元年（1909）四月佛诞日开镌，板存扬州藏经院，存三册（册2-4），存十四卷（卷6-20），属吴汉骧藏书，封面有"汉骧"黑色毛笔题识。

---

① 吴芳吉此段标题前加"〇"，天头批注："法治人治。"
② 吴芳吉此段天头批注："在仁义不在宝。"

19. 《法相诸论叙合刊》一卷

欧阳渐撰，民国五年（1916）金陵刻经处刊刻①，一册，属吴汉骧藏书，第一册封面有黑色毛笔题识："汉骧，一杂即论述记叙，二世亲摄论释叙，三百法五蕴叙，四佛地经论叙，五瑜伽真实品叙，六成实论叙。"

20. 《因明正理门论述记》三卷

（唐）沙门神泰撰，民国十二年（1923）孟冬二十五日支那内学院识，一册，属吴汉骧藏书，封面有"汉骧"黑色毛笔题识。

21. 《大般若经第二分方便般若》

（唐）三藏法师玄奘奉诏译，民国十八年（1929）五月支那内学院刊，存三册（卷401—405，卷459—478），属吴汉骧藏书，封面有"汉骧"黑色毛笔题识，内容包括二十品。

22. 《藏要第一辑叙论》

欧阳渐撰，民国十九年（1930）孟冬支那内学院藏板②，一册，属吴汉骧藏书，封面有"汉骧"黑色毛笔题识。

23. 《方便心论》一卷，《如宝论》一卷，《迴诤论》一卷

（陈）天竺三藏真谛译，民国二十年（1931）十二月支那内学院识，一册，属吴汉骧藏书，封面有"汉骧"黑色毛笔题识。

按：吴汉骧有部分批注。如《方便心论明造论品第一》眉批"论法八：譬喻、随所执、语善、语失、知因、应时语、似因非因、随语难"。

24. 《马鸣龙树提婆天亲传》一卷

民国二十一年（1932）九月支那内学院识，一册，属吴汉骧藏书，封面有"汉骧"黑色毛笔题识。

25. 《因明入正理论续疏》二卷

（唐）正等寺沙门慧沼续述，民国二十二年（1933）三月支那内学院识，一册，属吴汉骧藏书。

26. 《孟子十篇读》十卷

欧阳渐撰，民国二十一年（1932）支那内学院识，两册，属吴汉骧藏书。

---

① 是书卷尾题识："民国五年中冬编者宜黄欧阳竟无识于金陵刻经处。"
② 是书尾页内封面特别题识："宜黄大师于十九年十一月廿七日，即旧历十月八日六十寿辰……（众弟子）敬刊此叙以祝长住索诃利生宏法。"

按：书中有吴汉骥部分批语。

27.《唯识三十论要释》一卷

唐□□□撰①，一册，全，民国二十三年（1934）六月支那内学院识，属吴汉骥藏书，封面有"汉骥"黑色毛笔题识。

28.《因明入正理论疏》四卷

（唐）大庄严寺沙门文轨撰，一册，民国二十三年（1934）刻②，属吴汉骥藏书，封面有"汉骥"黑色毛笔题识。

按：吴汉骥有部分点逗，两处评注。

29.《大乘百法明门论疏》二卷

（唐）释普光撰，民国二十四年（1935）七月支那内学院识，一册，属吴汉骥藏书，封面有"汉骥"黑色毛笔题识。

按：书中红色、黑色眉批极多。

30.《大般若波罗蜜多经》

（唐）三藏法师玄奘奉诏译，民国三十年（1941）支那内学院蜀院识，存一册（卷556-557），属吴汉骥藏书，

31.《大方广佛华严经》

（唐）于阗国三藏宝叉难陀译，民国铅印本，存一册（卷29-33），属吴汉骥藏书，封面有"汉骥"黑色毛笔题识。

32.《楞伽阿跋多罗保注解》四卷

（宋）求那跋多罗译，民国刻本，两册，属吴汉骥藏书。

按：上下册皆有黑色毛笔评点语。

33.《维摩诘所说经注》八卷

姚秦三藏法师鸠摩罗什译，长安沙门僧肇注，上下册。民国金陵刻经处翻刻光绪十三年（1887）刻本，存两册。属吴汉骥藏书，封面有"汉骥"黑色毛笔题识。

---

① 是书作者不详，尾页特别题识："刘湘拨付四川省款敬刻唯识三十论要释一卷。"
② 是书封3题识："民国二十三年四月支那内学院识。"

吴芳吉所藏佛典

34.《翻译名义集选》一卷

（宋）释法云编，同治十二年（1873）刻①，一册，属吴芳吉藏书，封面有黑色毛笔题识："翻译名义集选，碧柳上海置，乙卯八月。"

35.《大佛顶首楞严经》十卷

（唐）天竺沙门般剌密帝译，宣统三年（1911）板存，新都宝光寺流通，三册，属吴芳吉藏书，封面有黑色毛笔题识："民国十八年一月芳吉成都买。"有红色篆刻"吴芳吉印""白屋碧柳"两枚。

36.《解深密经》五卷

（唐）玄奘译，民国十二年（1923）四川刻经处藏板，一册，属吴芳吉藏书，封面题识："民国十九年端阳节隆昌李德厚君赠，芳吉读。"有红色篆刻"碧柳"一枚。

37.《劝发菩提心集》五卷

（唐）沙门慧沼撰，民国十八年（1929）金陵刻经处研究部刊印，存一册（卷4—5），属吴芳吉藏书。

按：吴芳吉圈点全文，且有大量眉批。

38.《大方广佛华严经》八十卷

（唐）于阗国三藏沙门宝叉难陀译，清刻本，存六册，存五十九卷（卷1—20，卷41—80），属吴芳吉藏书，封面题识："民国十八年一月芳吉成都买。"并且有"白屋碧柳""吴芳吉印"红色篆刻两枚。

39.《太上黄庭内景玉经》一卷

（清）邵穆生撰，清刻本，一册，属吴芳吉藏书，封面有黑色毛笔题识："黄庭经注，十九年三月十五号游青羊宫买，芳吉玩读。"有红色篆刻"吴芳吉印"一枚。

40.《新译大乘起信论》一卷

马鸣菩萨造，（唐）于阗国三藏实叉难陀奉制译，光绪二十四年（1898）金陵刻经处刻本，一册，属吴芳吉藏书。

按：全书眉批旁注极多，封面有吴芳吉黑色毛笔的长篇议论。

---

① 封3题识："同治十二年冬江北刻经处识。"

41.《百法明门义记》四卷

民国九年（1920）季春金陵刻经处识（研究部刻），一册，属吴芳吉藏书。
按：有少量圈点，有三处天头评注。

42.《净土圣贤录》九卷

彭际清撰，清刻本①，四册，属吴芳吉藏书。

43.《楞伽阿跋罗宝经批注》四卷

清光绪四年（1878）长沙刻本，两册，属吴芳吉藏书。②

44.《八宗纲要》二卷

（明）日域华严宗沙门凝然大德述，宣统三年（1911）刊，一册，扬州藏经院存板，属吴芳吉藏书。

45.《瑜伽师地论记叙》

欧阳渐撰，民国六年（1917）金陵刻经处刊刻，一册（上下卷），属吴芳吉藏书。

46.《募刻佛教全藏疏》

欧阳渐疏，民国八年（1919）刻③，一册，属吴芳吉藏书。

47.《相宗纲要》

梅光义编，民国十年（1921）印，一册，属吴芳吉藏书，前有欧阳渐序言。

48.《阿含十二经汇刻》一卷

清刻本，民国十年（1921）八月北京刻经处识，一册，属吴芳吉藏书。

49.《楞伽疏决》六卷

欧阳渐撰，民国十四年（1925）季冬支那内学院识，两册，属吴芳吉藏书，支那内学院丛书第一种。

50.《佛典泛论》

（清）吕澂撰，民国十四年（1925）十月商务印书馆出版，一册，属吴芳

---

① 书末题识："板暂存成都纱帽街杨氏书林，嘉庆十三年戊辰仲春之吉，谷旦。"
② 自此以下佛典标明为属吴芳吉藏书者，资料源于2011年江津区图书馆对聚奎中学所藏古籍整理所做的登记表。
③ 书尾题识："佛历二千九百四十六年当民国八年季秋宜黄欧阳竟无疏。"

吉藏书。

51.《大般若波罗蜜多经》六百卷

（唐）三藏法师玄奘奉诏译，民国十八年（1929）八月支那内学院校刊，存一册（卷401-405），属吴芳吉藏书。

52.《陈那菩萨造7论》

陈那菩萨造，（唐）三藏法师义净奉制译，民国二十一年（1932）九月支那内学院识，一册。属吴芳吉藏书。内容有7论：观总相论、颂观所缘论、观所缘缘论、无相思尘论、取因假设论、掌中论、解卷论。

53.《观总相论颂》

清刻本，一册，属吴芳吉藏书。

54.《入楞伽经·遮食肉品》

（元）魏天竺三藏法师菩提留支译，一册，属吴芳吉藏书。

55.《因明入正理论疏》六卷

（唐）京兆大慈恩寺沙门窥基撰，存一册（卷5-6），属吴芳吉藏书。

以下佛典捐赠者不详

56.《中庸传》

欧阳渐撰，民国二十九年（1940）一月江津支那内学院蜀院刻，一册。

57.《集大乘相论》

觉吉祥智菩提造，宋西天译经三藏朝奉大夫试光禄卿传法大师赐紫臣施护奉诏译，民国八年（1919）金陵刻经处研究部识。

58.《集诸法宝最上义论》

善寂菩萨造，施护奉诏译，民国九年（1920）刊。

59.《法集名数论》

善寂菩萨造，施护奉诏译，民国九年（1920）刊。①

60.《相宗小品八要之百法明门论略疏及六离合释通诠》

（唐）翻经沙门基佚疏，宜黄邱檗重增辑，民国二十二年（1933）八月初版，一册，封面黑色毛笔题识："东明同道鉴正晞赠。"

---

① 书末题识："弟子邱檗、吕澄为亲教师欧阳竟无居士五十生日捐款敬刻此论。"

61.《成唯识论掌中枢要记》二卷

（唐）濮阳报城寺沙门智周撰，存一册（卷上），民国二十二年（1933）十二月支那内学院识。

62.《大智度论》

龙树菩提造，姚秦三藏法师鸠摩罗什译，民国三十三年（1944）十一月支那内学院蜀院识，存一册（卷95-96）。

集 部

1.《谢康乐诗注》四卷附《补遗》一卷

黄节注，民国翻刻本，一册，吴芳吉藏书，封面2有黑色毛笔题识："古蔺潘从理寄赠，芳吉展阅，乙丑四年三月十六时在长沙明德方邀潘生同归蜀也。"有红色篆刻"吴芳吉印""白屋碧柳"两枚。

按：潘从理，古蔺县人，曾从熊十力治佛学，曾经在广州广雅中学、四川古蔺中学执教。吴芳吉对黄节《谢康乐诗注序》全文黑色毛笔点逗并批注，其中特别批注如下一段：

> 嗟夫！康乐之诗①，合《诗》《易》、聃、周、《骚》《辩》、仙、释以成之。其所寄怀②，每寓本事，说山水则苞名理。康乐诗不易识也，徒赏富艳。③

2.《曹子建诗注》二卷

黄节注，商务印书馆中华民国十九年（1930）四月初版，一册，吴芳吉藏书，封面有黑色毛笔题识："民国十九年七月十六日，芳吉客重庆买。"

按：吴芳吉对黄节《序》全文红笔点逗，其中特别圈点如下三段：

> 陈王本国风之变，发乐府之奇，驱屈宋之辞，析杨、马之赋而为诗。
>
> 至其闵风俗之薄，哀民生之艰，树人伦之式，极情于神仙而义深于朋

---

① 吴芳吉此句旁注："其源。"
② 吴芳吉此句旁注："其义。"
③ 吴芳吉此句旁注："其形。"吴芳吉此段天头批注强调曰："其源：合《诗》《易》、聃、周、《骚》《辩》、仙、释以成之。其义：寄怀每寓本事，山水则苞名理；其形：富艳。"

友，则又见乎辞之表者，虽百世可思也。

　　余读之而悲，盖悲乎人之不如鳞虫，自昔而然也。后之读余是注者，倘亦有悲余之悲陈王者乎！

3.《罙罳草堂诗集》四卷

（清）隆观易撰，清光绪五年（1879）刻本，存一册二卷（卷3-4），吴芳吉藏书，第三册封面有吴芳吉黑笔题识："罙罳草堂诗集卷三四。"

按：隆观易（1838—1878），字无誉，别号卧侯，人又称隆山人，湖南宁乡人，遭际忧苦，诗才清妙，诗文幽苦。其卒后，陈三立尝编其遗稿，陈宝箴、陈三立、王闿运、廖树蘅等并有序传。陈宝箴曾刊刻《罙罳草堂诗集》。

4.《磐园诗集》六卷附《拾遗》一卷

（清）罗润璋撰，宝新石印局镌，民国十一年（1922）抄本，存一册（卷1-3），吴芳吉藏书，封面有黑色毛笔题识："碧柳老师存，桃源吕光锡敬赠。"

按：吕光锡，湖南桃源人，著有《桃花源诗话》。吕光锡与吴芳吉交好，常在吴芳吉主编的《学衡》外围刊物《湘君》上发表文章。吴芳吉1923年8月23日《与吕光锡》曰：

　　《湘君》在长沙颇不行销，盖由不肯迎合时流以取媚于世，其无人过问宜矣。外埠尚能售得，南京方面购者尤多。英人庄士敦，且以十元购归，寄彼国牛津诸校也。吉之言此，不过对于同情《湘君》如足下者之报告而已。至吾人宗旨既定，纵不能销售一本，亦必向前去做。刘海峰云：文章只求千百世后一人二人晓得，不求当世之人人人晓得。故《湘君》之销与不销，皆不足绥吾气也。此非吉自夸，且望足下交勉于此。盖欲救世，必先立定脚跟，以求实效，毋骛虚荣与近功利。①

罗润璋（1853—1915），字琳修，号磐园，湖南桃源人。清光绪十五年（1889）举人，有《洞天唱和诗集》一卷续集一卷（辑）、《磐园古近体诗集》六卷、《拾遗》一卷，是书有表弟李世泽民国十一年岁次壬午五月所写《磐园诗集叙》，曰：

　　自光绪己丑举于乡，四上春官，宦游吴越，凡名区胜迹之登临凭吊，贤士大夫之往来赠答，家国之故，身世之感，无不一一发之于诗，篇什益

---

① 吴芳吉著，傅宏星编校：《吴芳吉全集》，华东师范大学出版社，2014年版，第626页。

富，而辞气益昌，司马子长所谓文字得江山之助，杜陵所谓老去渐于诗律细，良不虚也。

5.《冰渊诗集》一卷

（清）曹耀湘撰，清光绪三十年（1904）印，一册，属吴芳吉藏书，封面有黑色毛笔题识："碧柳先生赠阅，翔生奉赠，十一年二月 。"

按：曹耀湘，生卒年不祥，湖南长沙人，清朝末年学者、诗人，在先秦诸子、诗歌、楚辞、经学研究等方面皆有建树。曾经赞助杨仁山创设长沙刻经处，整理刊刻佛教典籍。

书中吴芳吉用黑笔点逗、圈点五首诗。

《巴陵吴南屏丈题仙亭倚醉图次韵》

身欲骑云谒帝乡，金丹阅绝无传方。蓬壶三山渺难即，黑风险浪阻重洋。屈子远游遗世浊，龙驹千里何昂昂。骚人托意深且远，迫隘乾坤自摧藏。王乔赤松久寂寞，近代仙者推纯阳。先生奋起重湖畔，意气直凌千仞岗。鸿都秘册供饮茹，穷年矻矻须眉苍。论文八代体卑弱，巨手魏然远擅扬。天地干戈十数载，滔滔江汉无完疆。龙伸蠖屈惟明哲，避乱深林事括囊。湖山有幸增颜色，城南突兀新亭廊。道貌尊严入图画，烟云半卷墨余香。侧闻仙人爱酣醉，几度来此顷壶觞。麻姑送饮邺侯诞，市肆眠呼太白狂。古往今来倏代谢，重来硕士醉仙旁。胸中浩瀚吞云梦，坐上淋漓酌寿昌。洞庭微波木叶下，开轩倚槛秋风凉。频年露布来吴越，江海浪息平钱塘。有酒亭闲蔑忧乐，山林廊庙两相忘。醉睨仙翁呼与语，飘摇仙袂舞郎当。

《度洪泽湖》

湖水接天浮，四望无边畔。微风送客帆，悠然登彼岸。

《邗城三首》

淮海三千里，风云廿四桥。平山铺锦绣，辇道列琼瑶。翠盖余光景，龙舟漫寂寞。来从禾黍后，犹乐诵神尧。

国计饶山海，民生重米盐。熬波烟火密，铲利剑铿铦。市饮唯徵舞，官箴不问廉。由来金粉地，客梦为谁淹。

读罢芜城赋，全销楚客魂。寒鸱号润屋，野菟穴荒垣。金累咸阳宦，珠沈石季冤。阘然湖海色，天道莫须论。

6. 《白香亭诗集》三卷

（清）邓辅纶撰，光绪十九年（1893）东河督署刻本，存一册（卷2—3），吴芳吉藏书，封面有黑色毛笔题识："白香亭诗集，壬戌四月初五日芳吉客长沙置。"有"吴芳吉印"红色篆刻一枚。

按：邓辅纶（1829—1893），字弥之，湖南武冈人，咸丰元年（1851）副贡生，官浙江候补道，晚年绝意仕进，讲学授徒，闭门著书。有《白香亭诗文集》传世。因作者家乡有白香湖，故以"白香亭"名集；《白香亭诗》全书三卷：其中卷一，古近体诗222首；卷二，古近体诗96首；卷三，和陶渊明诗76首，共计存诗394首。作为湖湘汉魏六朝诗派的主要代表作家，邓辅纶及其《白香亭诗集》[①]，在近代诗坛乃至中国诗歌发展史上，均占一席之地。

7. 《梅氏遗书》四卷附《附录》三卷

（清）梅钟澍撰，宣统三年（1911）刊[②]，三册，吴芳吉藏书，第一册封面有黑色毛笔题识："民国十七年国庆日光午自首都寄芳吉读。"

按：梅钟澍（1798—1841），字霖生，湖南宁乡人，道光十八年（1838）进士，入翰林，选庶吉士，改礼部主事。博学多闻，殚精著述，工诗古文辞，存《梅氏遗书》。

吴芳吉点逗第二册《与兄弟书》中《道光丁亥》《庚寅》《甲午》等篇，其中《甲午》中特别圈点如下文句："都不接家眷，到过年过节时。门无逋课，甕有余粮。"[③]

8. 《珠泉草庐诗钞》四卷附《后集》二卷

（清）廖树蘅撰，1923年铅印[④]，存两册（《诗钞》卷3—4，《后集》卷1—2）。吴芳吉藏书，封面有黑色毛笔题识："民国十七年国庆日光午自首都寄芳吉读。"

按：廖树蘅（1839—1923），字荪畡，湖南宁乡人，以宅畔有珍珠泉，人称"珠泉先生"，怀才抱道，经营常宁水口山矿务，绩效大彰；蓄道德，能文章，诗文春容高华，无寒俭之音，有《珠泉草庐诗钞》四卷、《诗后集》二卷、《珠泉草庐文录》二卷等传世。徐一士《谈廖树蘅》评曰："为湘中宿儒，学行

---

① 关于邓辅纶著述，今有曾亚兰点校的《白香亭诗集》，岳麓书社2012年出版。
② 是书扉页3题识："宣统三年五月刊于莓田古屋。"
③ 吴芳吉此句天头批注曰："芳吉愧此。"
④ 是书扉页3题识："癸亥八月刊于衡田。"

为一时胜流所引重，工诗文。"王闿运《珠泉草庐文录序》曰："珠泉草庐诗文，余皆得而读之。诗裔皇中宫音，尝决其非乡曲穷愁文士。文因小见大，务为有用之作。不甚雕绘，颇取韩退之气盛言宜之说。沛然而来，忽然而止。于今所谓古文家者，皆有合焉。"阎镇珩序评廖树蘅文章之体简洁精严，诗文真气充溢，绝不为俗儒模拟之习。至其状写景物，尤出之以自然。①

9.《㭊湖文录》八卷

（清）吴敏树撰，同治八年（1869）刻本，四册，吴芳吉藏书，第一册封面题识："㭊湖文集卷一，芳吉。"封面有"吴芳吉印"红色篆刻一枚。

按：吴敏树（1805—1873），湖南巴陵人，字本深，号南屏，晚号乐生翁、㭊湖渔叟。道光壬辰（1832）举人，曾官浏阳县教谕，后绝意仕途，自放于山水间，时常往来于"岳州城南白鹤山之吕仙亭、君山之九江楼"（王先谦《㭊湖文集序》），间或激发笔墨之趣旨，着有《㭊湖文录》《㭊湖诗录》等。吴敏树文名颇高，很得好友的赏识，郭嵩焘评曰："湖南二百年文章之盛，首推曾文正公及君。"② 曾国藩盛赞其文，"质雅劲健""节节顿挫""其中闲适之文清旷自怡，萧然物外"。③

吴芳吉在原书作者《序》前空白页，用黑色毛笔手书词4首：

《灞桥风》（自新墙归过刘塝家早饭）

街头小住觅来路，女儿家处，寒风细雨半迷离，晓雾炊烟相遭遇，才过了桥头，有如驴背，但少灞桥诗句

报道外公来也，寄孙起早，宛然天趣，屈子兰花，洞庭枫树，一时移驻，欲雪天饭寒了，即时归去。

《希夷梦》（岳阳楼忆旧）

最忆岳阳楼夜，老方道士，沽酒烹鱼，恰有满楼明月，满湖秋水，对饮同渠。

记扯西原联宿，有来行客，愁拽尘裾，借问两翁，何事楼前三叹，神仙竟有非虚。

---

① 徐一士、王闿运和阎镇珩之评论具见《一士类稿》，中华书局，2007年版，第180—202页。
② 郭嵩焘：《郭嵩焘诗文集》，岳麓书社，1984年版，第471页。
③ 曾国藩：《曾国藩全集·书信》（十），岳麓书社，1994年版，第7495页。

《王即子》（送王孙红生归城中）

生来宁馨，如刘哥彭姐，一样儿娇，小字呼红，真个是画笔难描，到外家欢喜，镇日横跳。

阿婆寿，齐齐拜了。整整条条，吃得年糕，饱来丝面，果然快活逍遥，送将归梅师，桥外春饼初烧。

《年故事》（咏小年）

何事年儿称小，报道春来都晓，莫自怕龙钟年光也。趁侬厨前磨豆腐，房中忙，老鼠嫁得丑家，即轿花难子装。

10.《罗忠节公遗集》八卷

（清）罗泽南撰，清同治二年（1863）长沙刊本，存两册（卷3—8），吴芳吉藏书，第二册封面有红色篆刻"吴芳吉印"一枚，且有题识："罗山遗集卷二，芳吉。"

按：罗泽南（1807—1856），字仲岳，号罗山，又号梅泉，湖南湘乡人。钱基博《近百年湖南学风·罗泽南》评曰：

> 罗泽南，字仲岳，湘乡人。十岁能文。家酷贫，大父拱诗，屡典衣市米，节缩于家，专饷于塾。而泽南溺苦于学，夜无油炷灯，则把卷读月下，倦即露宿达旦。年十九，即课徒自给，而丧其母。次年，大父及兄嫂相继殁。十年之间，叠遭期功之丧十有一。至二十九岁，而长子、次子、三子连殇。是岁为道光十五年乙未，大旱饥，泽南罢试徒步归，夜半叩门，则其妻方以连哭三男丧明。时饥甚，索米为炊，无有也。泽南益自刻厉，不忧门庭多故，而忧所学不能拔俗而入圣；不忧无术以资生，而忧无术以济天下。三十三岁，乃补县学生。逾四十，乃以廪生举孝廉方正。假馆四方，穷年汲汲。与其徒讲论宋儒濂洛关闽之绪，瘏口焦思，畅衍厥旨。其大者，以为天地万物，本吾一体，量不周于六合，泽不被于匹夫，亏辱莫大焉。凛降衷之大原，思主静以研几，于是乎宗张载而著《西铭讲义》一卷，宗周敦颐而著《太极衍义》一卷。幼仪不慎，异说不辨，则趣向不端，于是乎宗朱熹而著《小学韵语》一卷，辟王守仁而著《姚江学辨》二卷。严义利之闲，于是乎有《读孟子札记》二卷。穷阴阳之变，于是乎有《周易本义衍言》若干卷。旁及州域形势，而有《皇舆要览》若干

卷。百家述作，靡不研讨，而其本躬行以保四海，则交通旁推而不离其宗。①

吴芳吉藏书中有罗泽南系列书籍，既有罗泽南理学思想的系列著述，包括《周易附说》一卷、《罗忠节公年谱》二卷、《西铭讲义》一卷、《读孟子札记》二卷、《人极衍义》一卷、《姚江学辨》二卷，又有罗泽南诗文著述《罗忠节公遗集》八卷，这些书主要刻于咸丰同治间。其中《罗忠节公遗集》应当是三册，此套书每本书书脚分别由毛笔标识书名，或为吴芳吉执教于湖南长沙明德中学时所买。在《〈罗山诗选〉导言》一文中，吴芳吉对罗泽南的文论与创作多有评价，由是可以看出其对湖湘文化的评价。吴芳吉对罗山诗文阅读仔细，且结合年谱阅读点评，由是展开对新文化运动的纠编和对新体诗创作的探索。

1921年11月19日，吴芳吉在《与吴雨僧》中反思道：

> 吉在上海新群社习染刻薄暴戾之气，为此身堕落时代。入湘以后，访灵均、濂溪、求阙、湘绮之遗风，渐知温柔敦厚之所以立教。其救济吾灵魂与骨气者，为力至大。此不可谓非此身得以更始之时代。②

在此，吴芳吉强调对文化的关注，强调文化特别是地域文化对诗人性灵和诗风的影响。吴芳吉诗作表现出其对巴蜀文化、三湘文化、三秦文化的厚爱。在新群社时，置身于火热的新文化运动中，年少气盛的吴芳吉好辩论，卷入复杂的人事纷争中，故多即事赋诗，笔法稍显稚拙。入湘后，周围人际关系和谐，又受三湘文化敦厚之风的熏陶，吴芳吉在平和心态中关注文化、反思传统，多平和之心而少暴戾之气，故此时的作品多表现其沉醉于荆楚文化的惬意。③

11.《楚辞释》十一卷

（清）王闿运注，存一册（卷4—11），吴芳吉藏书，第五册封面有黑色题识："湘绮先生注楚辞下卷，民国十六年丁卯九月初一日芳吉游成都置。"

12.《湘绮楼文集》八卷

（清）王闿运撰，光绪三十三年（1907）湖南长沙刻本，四册，吴芳吉藏书，第一册封面黑色毛笔题识："王壬秋杂著，NO.1. 赋、奏疏、书。"有红

---

① 钱基博：《近百年湖南学风》，上海古籍出版社，2012年版，第18—19页。
② 吴芳吉著，傅宏星编校：《吴芳吉全集》，华东师范大学出版社，2014年版，第612页。
③ 杨钊：《吴芳吉吴宓文学交游论》，《四川师范大学学报》2008年第5期。

色篆刻"白屋诗人印"一枚。

按：吴芳吉黑色毛笔点逗《秋醒词序》。

13.《湘绮楼笺启》八卷

（清）王闿运撰，光绪三十三年（1907）湖南长沙刻本，四册，吴芳吉藏书，第一册封面有红色篆刻"白屋藏书"一枚，第五册封面有黑色毛笔题识："王壬秋笺启，NO.1。"

14.《杜诗镜铨》十三卷附《年谱》一卷

（清）杨伦选，民国甲寅年（1914）上海著易堂石印，存两册（卷1，卷11-13，附《年谱》一卷），吴芳吉藏书，封面有黑色毛笔题识："第伍册，碧柳领有至□署。"

按：吴芳吉对此套《杜诗镜铨》所选杜甫诗歌有大量的圈点点评，点评时注意三点：一是承袭中国古代"知人论世"的文论思想，非常重视杜甫生平及创作背景。二是吴芳吉在阅读《杜诗镜铨》中的杜诗时，或对诗中重要字词释义，而对诗歌的主旨的评注是重点，有时又偶尔涉及艺术特点的点评。从诗歌内容上，又特别对杜甫描写感慨时事的史诗多有点评，且这些诗歌又常常触动吴芳吉。三是吴芳吉对杜甫诗文的评注，较为重视对意义层次的总结，阅读非常仔细。

15.《杜诗镜铨》二十卷附《文集》二卷、《目录年谱本传》一卷

（清）杨伦选，清同治七年（1868）成都志古堂用望三益斋本再校重刊①，存十一册（诗集卷3-20，文集二卷，目录一卷），吴芳吉藏书，第一册封面有黑色毛笔题识："杜诗镜铨第一册，本传、年谱、目录，民国十八年国庆日成都志古堂书店新刊惠赠，白屋吴生"。其后自第二册开始，吴芳吉在每册封面依例题识本册卷数和诗歌所作时间，且每册封面有红色篆刻一枚"碧柳"。从这些题识可以看出，吴芳吉根据年谱对每册包含的卷数及写作时间段及地点，都做了认真的标识，方便阅读，亦可见其读书的仔细，也表现出其对杜诗的厚爱。

16.《剑南诗钞》六卷

（宋）陆游撰，杨大鹤选，民国三年（1914）扫叶山房石刻本，六册，吴

---

① 是书扉页3题识："戊辰孟夏成都志古堂用望三益斋本再校重刊。"

芳吉藏书，第一册封面吴芳吉红笔毛笔题识："剑南诗钞，七古。"

吴芳吉对是书有大量的圈点，如：

（1）《七律》上中，吴芳吉细读的诗歌有《新夏感事》《留题云门草堂》《渡浮桥至南台》（圈点"白发未除豪气在"）、《云门今日病酒偶得长句奉寄》（圈点"穷乃工诗却未然"）、《晨起偶题》（圈点"大事岂堪重破坏，穷人难与共功名"）、《望江道中》（圈点"起随乌鹊初翻后，宿及牛羊欲下时"）、《秋夜读书每以二鼓尽为节》《初夏道中》《游山西村》《上虞逆旅见旧题岁月感怀》《舜庙怀古》《僧房假榻》（圈点"更结来生熟睡缘"）、《送芮国器司业二首》（圈点"万事不如公论久"）、《吊李翰林墓》《雨中泊赵屯有感》《哀郢二首》（圈点"天地何心穷壮士，江湖从古著羁臣"）。

（2）《七古》卷中，在第二册扉页吴芳吉红色毛笔题识："有单曲线处系有关时势者，有双曲线处系论诗文者，有三角圈处系格言名人论，有长方形处系身世。"表明其对陆游七言古诗的圈点主要从四个方面展开。

"有单曲线处系有关时势者"有如下诗句：

《喜小儿辈到行在》：却思胡马饮江水，敢道春风无战尘。传闻贼弃两京走，列城争为朝廷守。

《山南行》：会看金鼓从天下，却用关中作本根。

《绵州录参军厅观姜楚公画鹰少陵为作诗者》：会当原野洒毛血，坐令万里清烟尘。老眼还忧不及见，诗成肝胆空轮囷。

《三月十七日夜醉中作》：逆胡未灭心未平，孤剑床头铿有声。

《蒸暑思梁州述怀》：何时王师自天下，雷雨颍洞收欃枪。

《长歌行》：国仇未报壮士老，匣中宝剑夜有声。何当凯还宴将士，三更雪压飞狐城。

《登灌口庙东大楼观岷江雪山》：丈夫生世要如此，赍志空死能无叹！……姓名未死终磊磊，要与此江东注海。

《题醉中所作草书卷后》：胸中磊落藏五兵，欲试无路空峥嵘。……丈夫身在要有立，逆胡运尽行当平。何时夜出五原塞，不闻人语闻鞭声。

《剑客行》：一身独报万国仇，归告昌陵泪如雨。

《城东醉归深夜复呼酒作此诗》：书生所怀未易料，会与君王扫燕赵。只愁渐老不禁寒，卧载辎车君勿笑。

《融州寄松纹剑》：老贼畏诛奉约束，假息渔阳连上谷。

《楼上醉书》：丈夫不虚生世间，本意灭胡收河山；

《秋兴》：荣河温洛底处所，可使长作旃裘乡。……一朝出塞君试看，旦发宝鸡暮长安。

《大雪歌》：人间壮士有如此，胡不来归汉天子。

《晚登子城》：棘门灞上勿儿戏，犬羊岂惮渝齐盟。

《大风登城》：我欲登城望大荒，勇欲为国平河湟。

《冬夜闻雁有感》：夜闻雁声起太息，来时应过桑乾碛。

"有双曲线处系论诗文者"有如下诗句：

《九月一日夜读诗稿有感走笔作歌》：诗家三昧忽见前，屈贾在眼元历历。天机云锦用在我，翦裁妙处非刀尺。世间才杰固不乏，秋毫未合天地隔。

"有三角圈处系格言名人论"有如下诗句：

《无咎兄郡垒燕集有诗末章见及敬次元韵》：乃知好士如好色，遇合不必皆倾城。

《寄黄龙升老》：世衰道丧士自欺。

《风雨中望峡口诸山奇甚戏作短歌》：正如奇材遇事见，平日乃与常人同。

《闻王嘉叟讣报有作》：生前客屦纷满户，身后人情薄于纸。

"有长方形处系身世"有如下诗句：

《十月九日与客饮忽记去年此时自锦屏归山南道中小猎今又将去此矣》：去年纵猎韩坛侧，玉鞭自探南山雪。

《怀成都十韵》：放翁五十犹豪纵，锦城一觉繁华梦。

此卷重点圈点的还有如下诗句：

《喜小儿辈到行在》：阿纲学书蚓满幅，阿绘学语莺啭木。

《上巳临川道中》：二月六夜春水生，陆子初有临川行。……三月三日天气新，临川道中愁杀人。纤纤女手桑叶绿，漠漠客舍桐花春。……红蕖绿芰梅山下，白塔朱楼禹庙边。

《夜闻松声有感》：夜深龙归擘祠门，入木数寸留爪痕。

《沧滩》：少年亦慕宦游乐，投老方知行路难。

《岳池农家》：泥融无块水初浑，雨细有痕秧正绿。……一双素手无人识，空村相唤看缫丝。

　　《神君歌》：泰山可为砺，东海可扬尘。惟有壮士志，死生要一伸。

　　《怡斋》：天风忽送塔铃语，唤觉清梦游潇湘。

　　《月夕》：天如玻璃钟，倒覆湿银海。

（3）《五律》卷中，在第二册扉页吴芳吉红色毛笔题识："一君国。一文评。△格言。□身世。"与七古卷扉页所写圈点义例相同，表明本册对陆游五律的圈点主要是从四个方面展开。

"一君国"者诗句如下：

　　《再过龙洞阁》：危身无补国，忠孝两堪羞。

　　《江楼》：腐儒忧国意，此际又搔头。

　　《枕上》：明年起飞将，更试北平秋。

　　《骨相》：形胜轮台地，飞腾瀚海师。

　　《昔日》：至今悲义士，书帛报番情。

　　《三月二十五夜达旦不能寐》：忧国心常折，观书眼欲枯。……壮心空万里，老病要人扶。

　　《纵笔》：积愤凭谁豁，孤忠只自嗟。

　　《书怀》：世间余一念，河雒尚胡尘。

　　《秋晚》：霑洒孤臣泪，驰驱壮士心。

　　《北望》：昔我初生岁，中原失太平。宁知墓木拱，不见塞尘清。京洛无来信，江淮尚宿兵。何时青海月，重照汉家营。

"一文评"者诗句如下：

　　《秋阴》：苦吟缘病辍，随意或诗成。

　　《登拟岘》：白头诗兴在，吟罢意差强。

　　《闷极有作》：老人无日课，有兴即题诗。

　　《书南堂壁》：闲惟接僧话，老始爱陶诗。

"△格言"者诗句如下：

　　《幽居》：孤学时方弃，穷途势莫回。

"□身世"者诗句如下：

　　《书叹》：眼前交旧尽，有泪对谁倾。

第三章 聚奎书院的藏书

《即事》：诗成赏音绝，自向小儿夸。

此卷重点圈点及批注诗句如下：

《送仲高兄宫学秩满赴行在》：道义无今古，功名有是非。

《秋风》：岁事忽云莫，吾行殊未央。

《泛溪船至巴东》：荒村寇相县，破屋屈平祠。

《邻水延福寺早行》：乱山徐吐日，积水远生烟。

《鹿头关过庞士元庙》：英雄今古恨，父老岁时思。

《郫县道中思故里》：江路滩声壮，云停雪意酣。

《暮秋》：孤愁巴月白，清梦楚山苍。……端居有微禄，不敢恨殊方。

《峡州甘泉寺》：山亭喜无恙，老子得重游。滩急常疑雨，林深欲借秋。

《初到荆州》：萧萧沙市雨，淡淡渚宫花。

《梦藤驿》：倦马投孤驿，一峰青压门。

《醉书》：浩歌惊世俗，狂语任天真。

《冬夜》：向人灯欲语，绕舍露如倾。

《暮归舟中》：断虹低饮涧，落日远衔山。

《野步至近村》：风吹雁北乡，云带月东行。

《小隐》：蹭蹬冯唐老，飘零范叔寒。

《燕堂东偏一室颇深暖尽日率因于吏牍比夜乃得读书其间戏作》：书尽还重读，诗成更自哦。

《春残》：庸医司性命，俗子议文章。

《寓叹》：学古心犹壮，忧时语自悲。

《秋日步至湖桑埭西》：细泉鸣暗窦，疏树映孤灯。

《新晴》：稼收平野阔，木落远山多。

《用短》：饭香贫始觉，睡味老偏知。

《初晴野步》：好鸟晴相语，芳兰暖欲芽。病余无脚力，随处憩人家。

《岁晚》：斧钺稽天讨，金缯约虏和。

《小出塞曲》：明日受降处，甲齐熊耳高。

《十月十九日大风作寒闭户竟日》：坐多知力耗，食少觉心虚。

《夜分不寐起坐园中至旦》：松菊今彭泽，山川古会稽。

《步至湖上寓小舟还舍》：赊酒家家许，看花处处留。

《夜意》：点滴檐间雨，青荧帐外灯。

《春晚杂兴》：阅世年虽往，为农兴未阑。

《野步》：村妇窥篱看，山翁拂席迎。市朝那有此，一笑慰余生。

17.《李义山诗集》三卷附《诗评》一卷、《诗谱》一卷

（唐）李商隐撰，朱鹤龄笺注，沈厚墤辑评，清同治九年（1870）印①，四册，清同治庚午广州刊三色评点本，线装一函四册，吴芳吉藏书，封面有黑色毛笔题识："《李义山诗集》，民国十八年十月廿三日芳吉客成都买。"有红色篆刻"碧柳"一枚。

（1）对第一册《旧唐书·文苑传》中李商隐本传做了详细的批注、圈点：

李商隐，字义山，怀州河内人。曾祖叔恒，年十九登进士第，位终安阳令。祖俌，位终邢州录事参军。父嗣。商隐幼能为文，令狐楚镇河阳，以所业文干之，年才及弱冠。②楚以其少俊，深礼之，令与诸子游。楚镇天平、汴州，从为巡官，岁给资装，令随计上都。开成③二年方登进士第，释褐秘书省校书郎，调补弘农尉。会昌④二年，又以书判拔萃。王茂元镇河阳，辟为掌书记，得侍御史。茂元爱其才，以子妻之⑤。茂元虽读书为儒，然本将家子，李德裕素遇之，时德裕秉政，用为河阳帅。德裕与李宗闵、杨嗣复、令狐楚大相仇怨。商隐既为茂元从事，宗闵党大薄之。⑥时令狐楚已卒，子绹为员外郎，以商隐背恩，尤恶其无行。俄而茂元卒，来游京师，久之不调。会给事中郑亚廉察桂州，请为观察判官、检校水部员外郎。大中⑦初，白敏中执政，令狐绹在内署，共排李德裕逐之。亚坐德裕党，亦贬循州刺史。商隐随亚在岭表累载。⑧三年入朝，京兆尹卢弘正奏署掾曹，令典笺奏。明年，令狐绹作相，商隐屡启陈情，绹不之省。弘正镇徐州，又从为掌书记。⑨府罢入朝，复以文章干绹，乃补

---

① 是书封3题识："同治庚午季冬刊于广州倅署。"
② 吴芳吉此句天头批注曰："1. 由令狐楚进身，楚授以章奏之法。"
③ 吴芳吉此词旁注："文宗。"
④ 吴芳吉此词旁注："武宗。"
⑤ 吴芳吉此句天头批注曰："2. 为王茂元女婿。"
⑥ 吴芳吉此句天头批注曰："3. 王与李德裕善，李与令狐楚仇怨。令狐因薄商隐。"
⑦ 吴芳吉此词旁注曰："宣宗。"
⑧ 吴芳吉此句天头批注曰："4. 郑亚表为水部员外，随亚坐德裕党，在岭表三年。"
⑨ 吴芳吉此句天头批注曰："5. 为卢弘正典章，奏及书记。"

太学博士。①会河南尹柳仲郢镇东蜀,辟为节度判官、检校工部郎中。②大中末,仲郢坐专杀左迁,商隐废罢,还郑州,未几病卒。③

(2)第二至四册,圈点《锦瑟》《南朝》《送崔珏往西川》《杜工部蜀中离席》《隋宫》《曲江》,其中对《无题》二首红色毛笔点逗天头何、纪之批注,并天头黑色毛笔批注:"三四两句,当下相思,五六两句,乃眼前光景。"

18.《亭林诗集》五卷附《目录》一卷

(清)顾炎武撰,清光绪二年(1876)湖南书局刊行,存一册(卷1-2,目录一卷),吴芳吉藏书,内有"碧柳""白屋藏书""吴芳吉印"三枚篆刻。

按:吴芳吉有多处朱笔点逗圈点,包括卷一《大行哀诗》《感事》《京口即事》《金陵杂诗》《义士行》《精卫》《八尺》,卷二《金坛县南五里顾龙山上有高皇帝御题词一阙》《再谒孝陵》《孝陵图》《真州》《范文正公祠》《元旦陵下作》。所圈点的内容主要是关于时事和爱国情怀。如圈点《感事》如下诗句:

缟素称先帝,《春秋》大复仇。……须知六军出,一扫定神州。

出关收汉卒,分陕寄周邦。日气生玄甲,云祥下赤幢。登坛推大将,国士定无双。

六军多垒日,万国鼓鞶中。

圈点《金坛县南五里顾龙山上有高皇帝御题词一阙》全诗:

突兀孤亭上碧空,高皇于此下江东。即今御笔留题处,想见神州一望中。黄屋非心天下计,青山如旧帝王宫。丹阳父老多遗恨,尚与儿童诵大风。

圈点《范文正公祠》全诗:

先朝亦复愁元昊,臣子何人似范公?已见干戈缠海内,尚留冠佩托江东。含霜晚穗遗田里,噪日寒禽古庙中。吾欲与公筹大事,到今忧乐恐无穷。

19.《昌黎先生诗集注》十一卷

(唐)韩愈撰,(清)朱彝尊、何焯评,顾嗣立删补,清光绪九年(1883)

---

① 吴芳吉此句天头批注曰:"6. 乃补太学博士。"
② 吴芳吉此句天头批注曰:"7. 随柳仲郢入蜀辟为工部郎中,在蜀四年。"
③ 吴芳吉此句天头批注曰:"8. 生年约在贞元十一二年,死约在大中咸通间,计六十余岁。△△德宗,△懿宗。"

广州翰墨园印①，四册，吴芳吉藏书，第一册封面有黑色毛笔题识："昌黎先生诗注（卷一），民国十七年十二月，芳吉再客成都买。"有红色篆刻"吴芳吉印""白屋碧柳"两枚。

按：在第一册，吴芳吉以红笔点逗《旧唐书》韩愈本传；仔细阅读《昌黎先生年谱》，其中重点批注"出处"一栏，广泛考证同时代其他作家的经历。

（大历三年）老杜死前二年；

（大历七年）白居易生；

（大历十二年）［韩愈］十岁；

（大历十三年）元稹生；

（贞元四年）贾岛生；

（贞元六年）李长吉生；

（贞元十年）［韩愈］二十七岁；

（贞元十五年）［韩愈］三十三岁；

（贞元十九年）杜牧生；

（贞元二十年）［韩愈］三十七岁；

（元和八年）李商隐生；

（元和九年）孟郊卒；

（元和十年）李长吉卒；

（元和十五年）柳子厚卒，［韩愈］五十二岁。

20.《秋蟪吟馆诗钞》六卷

（清）金和撰，1914年刻本，四册，存六卷，吴芳吉藏书，第一册封面有黑色毛笔题识："金和秋蟪吟馆诗钞（第一册）。民国十六年丁卯仲春与彦久同客雨僧京寓囚愦，芳吉吟诵。"

按：金和（1818—1885），晚清诗人，字弓叔，一字亚匏，江苏上元（今南京市）人。因亲身经历了鸦片战争和太平天国起义，其诗大多反映这些历史事变。其诗多长篇，具有散文化的特点。梁启超《清代学术概论·前清学风与欧洲文艺复兴的异点》以金和与黄遵宪、康有为并举，誉为"元气淋漓，卓然称大家"。著有《秋蟪吟馆诗钞》等。现有胡露校点的《秋蟪吟馆诗钞》八卷，分别为《然灰集》《椒雨集》（上下集）《残冷集》《壹弦集》《南棲集》《奇零

---

① 是书扉页2题识："光绪癸未春三月广州翰墨园开雕。"

集》《压帽集》，所收者为作者于1838年至1885年所作诗文。①

吴芳吉对《然灰集》《椒雨集》上册和下册部分诗歌黑笔点逗、批注。

《然灰集》天头黑色钢笔批注曰："道光戊戌十八年至咸丰二年壬子，凡十五年间，鸦片烟战起，英军于壬寅逼金陵，庚戌洪秀全起兵广东，辛亥洪称太平天国。"

《弃妇篇》天头批注曰："礼教末流，致压迫妇女如此，诚哉，其当打倒矣。收句意虽忠厚而语欠端庄。"

《题兄荷生杂诗》天头批注曰："无体制。"

《说鬼》天头批注曰："毫无大国民气度，亦鬼语也。"

《苜蓿头》天头批注曰："今之妇女过于放荡不羁，亦数千年压迫之反感，人自召之，宁足责乎。汉口近有妇人裸体游街，声言打到廉耻，嗟乎。女子何幸而生此世。"本诗歌末有旁注曰："丁卯五月回蜀过汉，并无裸体游行之事，附此更正。"

《南师九首》天头批注曰："格调虽俗，皆信史也。较花月应酬之作为高矣。"

《双拜冈纪战》天头批注曰："曾国荃辈如此，安得不令今人毁其祠宇。"

《兵问》天头批注曰："今南北军队，视此何如。"

21.《音注吴挚甫文》一卷

（清）吴汝纶撰，民国十四年（1925）上海文明书局印，一册，吴芳吉藏书。

22.《音注袁子才文》一卷

（清）袁枚撰，民国十七年（1928）上海文明书局印，一册，吴芳吉藏书。

23.《音注龚定盦文》一卷

（清）龚自珍撰，民国十四年（1925）上海文明书局印，一册，吴芳吉藏书。

24.《音注汪尧峰文》一卷

（清）汪琬撰，民国十六年（1927）上海文明书局印，一册，吴芳吉藏书。

---

① 周录祥：《正讹补缺弥足珍贵——论金和〈秋蟪吟馆诗钞〉稿本的价值》，《中国文学研究》2010年第3期。

25.《东原录》一卷

（宋）龚鼎臣撰，上海涵芬楼藏版，一册，吴芳吉藏书。

26.《白香山诗集》四十卷附《年谱》一卷

（唐）白居易撰，存一册，吴芳吉藏书。

27.《桂林梁先生藏书》六卷

梁济撰，吴芳吉藏书。

28.《常识文范》四卷

梁启超撰，中华书局1916年版，吴芳吉藏书。

29.《宋明两大忠集合编》

骆本钊编，河阳骆驼诵芬堂校本，存五册，包括《史忠正公集》八卷，《文忠烈公别集》十二卷，吴芳吉藏书，第一册封面有红色毛笔题识："文《指南录》一之四。"

按：（1）吴芳吉点逗批注第二册中两首诗歌。点逗文天祥《南康军（用东坡酹江月原韵）》，并在天头评曰："堆叠式、吞咽式、螺旋式。"点逗文天祥《驿中言别和友人作（用东坡酹江月原韵）》，并在天头评曰："引曼式表情法。"

（2）第三册，点逗文山先生纪年录，从"丙申理宗端平三年"至"乙亥幼主德祐元年"。其中重点圈点"故平生无官府之交，无乡邻之怨，闲居独坐，意常超然，虽凝尘满室，若无所睹，其天性澹如也"一段。

30.《中国文化要义》十二卷

梁漱溟撰，一册，吴汉骥藏书，封面有题识："骥兄收读，骥弟寄自勉仁文学院，卅八年二月十五日。"有"吴汉骥书"红色篆刻一枚。

按：扉页吴汉骥批注曰：

此著为梁漱溟先生最精湛伟大之作，较其《东西文化及其哲学》与《中国民族自觉运动之最后觉悟》已高一层，以理性说明儒家精义，以理性说明其为中国文化精髓，以儒家伦理说明中国社会及历史，诸说皆前人所未发，详读而深思之，信乎其为一代大儒也（附志病中读后）。

31.《南雷集》二十卷，《学箕初稿》二卷

（清）黄宗羲、黄百家撰，上海涵芬楼借无锡孙氏小绿天藏原刊本影印，《四部丛刊》初编本，张元济等辑，民国八年上海商务印书馆影印，八册，吴

芳吉藏书。

（1）吴芳吉点逗《南雷文案序》，其中特别圈点黄宗羲弟子郑梁对比有明一代之文与先生之文的论述：

> 金华之学，有其博赡而无其精深；宁海之气，有其浩荡而无其沉挚；姚江之识，有其高超而无其典实；吉水之养，有其蕴藉而无其风华；玉峰之神，有其简洁而无其雄厚；毗陵之才，有其快利而无其坚凝。

（2）吴芳吉圈点《高元发三稿类存序》全文，面对"积重难返"的晚明文学之弊端，"古人以辞之清浊为健弱，意之深浅为厚薄"二句，原书有着重号，吴芳吉用朱笔加着重号，表示对此文学观念的赞同，文辞须劲健，不能"剿袭陈言"，人云亦云；内容意蕴厚重，不能"游谈无根"，妄谈心学，而不上溯六经，应该"原本经术出为文章"。

（3）吴芳吉对黄宗羲《明文案序》（上下）全文点逗。其一，吴芳吉先对黄宗羲将明代文章分为三盛，赞同之，故在"而叹有明之文，莫盛于国初，再盛于嘉靖，三盛于崇祯"画着重线；其二，检讨明代为何没有出现因为诗文成就而名天下者，在于科举之害，故圈点"此无他，三百年人士之精神，专注于场屋之业，割其余以为古文，其不能尽如前代之盛者，无足怪也"；其三，再一次强调为文需重性情，故圈点"今古之情无尽，而一人之情有至有不至，凡情之至者，其文未有不至者也"；其四，对明代前后七子的领军人物"四子"的批评，倡导为文章"要以学力为浅深"，由是批评"唐宋之文，自晦而明；明代之文，自明而晦"。

（4）卷四《答朱康流论历代甲子书》一文原书有五处圈点，其中特别圈点"信汉志不如信史记，信史记又不如信经文也"。黄宗羲在文后列"第一甲子皇帝元年"至"第七十三甲子天启四年"，吴芳吉在此补书其后的甲子年5条，表明吴芳吉经史并重：

> 第七十四甲子　清康熙二十三年；
> 第七十五甲子　乾隆九年；
> 第七十六甲子　嘉庆九年；
> 第七十七甲子　同治三年；
> 第七十八甲子　民国十三年，吴芳吉二十八岁。

（5）吴芳吉读黄宗羲悼念儿子阿寿之文《亡儿阿寿圹志》，被其深情所感动，特别在"此所藉于儿者多也"一句加着重符号，抑或有同感。吴芳吉自清华退学后，生活拮据坎坷，于艰难困苦中，其些许快乐亦来自天伦之乐。在吴芳吉的笔记中，多次记载与儿子吴汉骧的快乐。又，对此文之所以熟读之，品味之，亦与吴芳吉与黄宗羲主张为文需表露真性情有关。

（6）吴芳吉读黄宗羲《诗历题辞》赞同其两个观点：一是作诗不必模拟古人，须自身有学识才力，故圈点"盖多读书，则诗不期工而自工，若学诗以求其工，则必不可得，读经史百家，则虽不见一诗而诗在其中"。二是为文表达真性情，故圈点"是故论诗者但当辨其真伪，不当拘以家数"。

32.《豫章黄先生文集》三十卷

（宋）黄庭坚撰，上海涵芬楼影印本，八册，吴芳吉藏书，书封面有"碧柳""吴芳吉书"两枚篆刻。

按：吴芳吉对第一册卷二中黄庭坚"古诗五十首"中的十首诗朱笔点逗，其中特别圈点《同钱志仲饭藉田钱孺文官舍》中"野日草光合，水风荷气浮"二句，或称美其对清幽风光描写的细腻；特别圈点《送范德孺知庆州》中"乃翁知国如知兵，塞垣草木识威名。敌人开户玩处女，掩耳不及惊雷霆"四句，或因其对将军勇武与忠贞的艳羡与赞美。

33.《梅村家藏集》五十八卷附《补遗》一卷、《年谱》四卷

（清）吴伟业撰，上海涵芬楼影印本，八册，吴芳吉藏书，封面有"碧柳""吴芳吉印"篆刻二枚。

34.《铁崖先生古乐府》十六卷

（元）杨维桢撰，吴复类编，上海涵芬楼影印本，两册，吴芳吉藏书，封面有红色篆刻"碧柳"一枚。

按：吴芳吉红笔点逗卷首宋濂的《元故奉训大夫江西等处儒学提举杨君墓志铭》全文，计有十一页，说明吴芳吉对杨维桢人品和诗品的赞美。

35.《象山集》三十六卷

（宋）陆九渊撰，民国上海涵芬楼影印本，存九册（卷1—2，卷7—36），吴芳吉藏书，封面有"碧柳"红色篆刻一枚。

按：吴芳吉全文点逗卷三十六《年谱》，并对如下文句做批注：

高宗绍兴九年己未，二月己亥辰时，先生始生。①

---

① 天头批注曰："西历一一三九年，岳飞死前二年，辛稼轩生后九年，陆放翁生后十五年，朱元晦生后十六年。"

绍兴二十一年辛未，先生十三岁，因宇宙字义，笃志圣学。①

绍兴二十三年癸酉，先生十五岁。②

36.《湘绮楼八代诗选》二十卷

（清）王闿运选编，清光绪辛巳（1881）四川尊经书局印，六册，二十卷，吴芳吉藏书，第一册封面有黑色毛笔题识："the Chinese ancient poems（vol.1）八代诗选（一）碧柳客嘉州手置，甲寅十月六日，piln 1914，计陆本。"

37.《湘绮楼八代诗选》二十卷

（清）王闿运选编，清光绪辛巳（1881）四川尊经书局印，六册，吴芳吉藏书，封面有黑色毛笔题识："民国十六年碧柳。"

按：吴芳吉对此套书有大量的圈点与批注。

（1）第一册主要收录汉代至隋代四言诗、汉代五言诗。吴芳吉重点点逗汉代五言诗。

细读卷三汉代蔡琰《悲愤诗》、繁钦《定情诗》，圈点并分段总结大意。

细读卷三《古诗为焦仲卿妻作》，标题天头批注："章法之妙，不见句法；句法之妙，不见字法（沈归愚）。""共一千七百八十五字（比离骚少七百字）。"并从意义上分段。

全文点逗潘岳《悼亡诗》三首，其中第二首原书印刷模糊，有缺漏，吴芳吉据他本补足。

（2）第二册卷四至卷六，收录魏晋五言诗。

吴芳吉细读《八代诗选》所选曹植的所有五言诗，并批注。如圈点曹植《灵芝篇》中"生我既已晚，弃我何其早"二句，并在本篇篇首天头批注："格调冗杂。"圈点曹植《杂诗》中"出亦无所之，入亦无所止。浮云翳日光，悲风动地起"四句，并在本诗天头批注曰："子建诗题材：1. 远嫌，2. 抒情，3. 伤亲，4. 自慰，5. 立德，6. 哀时，7. 游宴，8. 废弃。特征：1. 工起调，2. 好比喻。"

在张协《杂诗》十首中的五首诗歌《秋夜凉风起》《大火流坤维》《朝霞迎白日》《此乡非吾地》《结宇穷冈曲》，标题前标识"○"，表示阅读，其中重点

---

① 天头批注曰："吾十三岁不能有此清澈悟。"
② 天头批注曰："吾十五岁时，不能作此诗。"

全诗点逗《结宇穷冈曲》，且在"虽无箕毕期"句旁，引用《尚书》孔安国传，旁注曰："经箕多风，离毕则雨。"

全文点逗、部分圈点和批注左思《咏史诗》八首，批注主要是针对八首诗歌中所涉及的史事。如其一曰：

弱冠弄柔翰，卓荦观群书。著论准《过秦》，作赋拟《子虚》。边城苦鸣镝，羽檄飞京都。虽非甲胄士，畴昔览穰苴。长啸激清风，志若无东吴。铅刀贵一割，梦想骋良图。左眄澄江湘，右盼定羌胡。功成不受爵，长揖归田庐。

除圈点外，吴芳吉天头旁注："1. 始而立言，既欲立功，终以立德。"

对陶渊明诗有点逗、圈点、注释。如文首有吴芳吉编辑"渊明年谱"：

晋哀帝兴宁三年乙丑，生于德化县楚城乡；

孝武帝太元九年甲申，二十岁，丧妻，继娶翟氏，是年秦兵入寇；

安帝义熙元年乙巳，四十二岁，九月令彭泽县，十二月赋归去来兮辞；

恭帝元熙二年庚申，五十六岁，刘裕篡立，晋亡。

宋文帝元嘉四年丁卯，六十三岁，卒。

（3）第三册选录晋至齐五言诗。吴芳吉重点阅读陶渊明和谢灵运的诗。

点逗陶渊明《归园田居五首》《乞食》《诸人共游周家墓柏下》《连雨独饮》《移居二首》《饮酒二十首》《拟古九首》《咏贫士七首》。

批注《饮酒二十首》，重点对诗歌中所涉及的史事批注：

道丧向千载，人人惜其情。① 有酒不肯饮，但顾世间名。所以贵我身，岂不在一生。一生复能几，倏如流电惊。鼎鼎百年内，持此欲何成。②

长公曾一仕，壮节忽失时。杜门不复出，终身与世辞。仲理归大泽，高风始在兹。一往便当已，何为复狐疑？去去当奚道，世俗久相欺。摆落悠悠谈，请从余所之。③

---

① 吴芳吉此句旁注曰："不用于道也。"
② 吴芳吉天头批注曰："荣启期行乎郊野，鹿裘带索，鼓瑟而歌，孔子问之，年九十矣。"
③ 吴芳吉天头批注曰："张挚，字长公，释之子，官至大夫，不能容于当世，终身不仕。""杨伦，字仲理，为郡文学掾，志乖于时，不复应州郡命，讲授大泽中，弟子千人。"

第三章　聚奎书院的藏书

少年罕人事，游好在六经。行行向不惑，淹留遂无成。竟抱固穷节，饥寒饱所更。弊庐交悲风，荒草没前庭。披褐守长夜，晨鸡不肯鸣。孟公不在兹，终以翳吾情。①

畴昔苦长饥，投耒去学仕。将养不得节，冻馁固缠己。是时向立年，志意多所耻。遂尽介然分，终死归田里。冉冉星气流，亭亭复一纪。世路廓悠悠，杨朱所以止。虽无挥金事，浊酒聊可恃。②

细读《拟古九首》，主要批注诗文中所涉及的历史人物，如：

辞家凤严驾，当往志无终。问君今何行？非商复非戎。闻有田子泰，节义为士雄。斯人久已死，乡里习其风。生有高世名，既没传无穷。不学狂驰子，直在百年中。③

点逗、批注、意义分层《登池上楼》：④

潜虬媚幽姿，飞鸿响远音。薄霄愧云浮，栖川怍渊沈。⑤进德智所拙⑥，退耕力不任。徇禄反穷海，卧疴对空林。衾枕昧节候，褰开暂窥临。』⑦倾耳聆波澜⑧，举目眺岖嵚。初景革绪风，新阳改故阴。池塘生春草，园柳变鸣禽。祁祁伤豳歌，萋萋感楚吟。』索居易永久⑨，离群难处心。持操岂独古，无闷征在今。』

（4）第四、五册包括五言和新体诗，吴芳吉重点阅读新体诗，包括王融《临高台》、谢朓《同谢谘议咏铜爵台》、梁简文帝萧纲《折杨柳》、梁元帝萧绎《折杨柳》、庾信《咏画屏风诗》、江总《关山月》等，主要是分析格律诗的平仄和押韵。如王融《临高台》旁标平仄：

游人欲骋望———｜｜，积步上高台｜｜｜——。
井莲当夏吐———｜｜，窗桂逐秋开—｜｜——。

---

① 吴芳吉天头批注曰："前汉陈遵，字孟公，嗜酒大饮，宾客满座。"
② 吴芳吉天头批注曰："董仲舒传，鲁君问柳下惠以伐鲁，惠曰：伐国不可问仁人。"
③ 吴芳吉天头批注曰："田畴，字子春，北平人，董卓迁献帝于长安，幽州牧刘虞。"
④ 吴芳吉标题旁注："永嘉。"
⑤ 吴芳吉诗句旁注："比喻。"
⑥ 吴芳吉诗句旁注："叙事。"
⑦ 吴芳吉诗句旁标识："』"表示意义分层，后同。
⑧ 吴芳吉诗句旁注："写景。"
⑨ 吴芳吉诗句旁注："志感。"

花飞低不入ーーー｜｜，鸟散远时来｜｜｜ーー。

还看云栋影ーーー｜｜，含月共徘徊｜｜｜ーー。

江总《关山月》旁标平仄，天头批注："前四句顺。"

兔月半轮明｜｜＋ーー，狐关一路平ーー＋｜ー。

无期从此别ーー＋｜｜，复欲几年行｜｜＋ーー。

曀光书汉奏ーーー｜｜，分影照胡兵｜｜｜ーー。

流落今如此ー｜｜｜｜，长戍受降城ー｜＋ーー。

又，吴芳吉在《上邪》天头将其翻译为英文。

38.《八代诗选》二十卷

（清）王闿运选编，清光绪二十年（1894）章氏经济堂刊刻本，八册，吴芳吉藏书，封面有题识："民国十年三月七号芳吉置于长沙之泰安路。"有红色篆刻"吴芳吉印"一枚。

39.《湘绮先生唐诗选》十三卷

（清）王闿运选编，清光绪二年（1876）刊于成都尊经书局①，存六册九卷，吴芳吉藏书，第一册封面有黑色毛笔题识："湘绮先生唐诗选，卷一五古，民国十六年九月芳吉游成都买。"

按：吴芳吉对此套书有大量圈点与批注。

（1）第一册卷一收录五言古体。

批注杜甫《自京赴奉先县咏怀五百字》，标题旁注："天宝十四载十二月作，年四十四岁。"标题天头批注解释曰："奉先，今蒲城，去长安一百四十里。"用"」"符号将全诗分为三个意义层次，并对文中生僻字释义，如"御榻在嵽嵲"一句旁注："嵽嵲，音迭孽，山高貌。""枝撑声窸窣"一句旁注："窸窣，音悉榨，声不安也。"

批注韩愈《南山诗》：标题旁注："7000字（北征），1020字（南山）。"在正文中对全诗意义分层，总结大意，又在天头地脚对生僻字注音释义。

（2）第二册卷二收录七言歌行。

红笔点逗、圈点王勃《采莲曲》《临高台》、卢照邻《行路难》《长安古意》、骆宾王《帝京篇》、李峤《汾阴行》。点逗、圈点李颀《古从军行》（白日

---

① 是书扉页2题识："光绪丙子仲冬刊于成都尊经书院。"

登山望烽火)、《行路难》(汉家名臣杨德祖)、《缓歌行》(小来托身攀贵游)、《琴歌》(主人有酒欢今夕)。

批注崔颢《孟门行》曰"古拙可爱",批注《卢姬篇》曰"流丽动人"。

重点点逗批注杜甫诗歌。

在杜甫《兵车行》天头批注曰:"天宝十载,鲜于仲通讨南诏时作。""开元十五年十二月,以陇右河西关中士兵十一万六千人集会州防吐蕃。"

杜甫《饮中八仙歌》天头批注:"八仙醉中主眼:知章(骑)、汝阳(步)、宗之(视)、左相(饮)、苏晋(跑)、李白(睡)、张旭(写)、焦遂(谈)。""汝阳左相,皆不呼名,示尊也。""二船、二眠、二天、三前。"并在相应的诗歌正文旁注诗文所描写的八仙之名。

圈点批注杜甫《渼陂行》①:

> 岑参兄弟皆好奇,携我远来游渼陂。天地黯惨忽异色,波涛万顷堆琉璃。琉璃汗漫泛舟入,事殊兴极忧思集。鼍作鲸吞不复知,恶风白浪何嗟及。』② 主人锦帆相为开,舟子喜甚无氛埃。凫鹥散乱棹讴发,丝管啁啾空翠来。沉竿续蔓深莫测,菱叶荷花净如拭。宛在中流渤澥清,下归无极终南黑。』③ 半陂已南纯浸山,动影袅窕冲融间。船舷暝戛云际寺,水面月出蓝田关。此时骊龙亦吐珠,冯夷击鼓群龙趋。湘妃汉女出歌舞,金支翠旗光有无。』④ 咫尺但愁雷雨至,苍茫不晓神灵意。少壮几时奈老何,向来哀乐何其多。』⑤

(3) 第四册卷四收录五律。

点逗王勃《别薛华》《杜少府之任蜀州》;点逗、圈点杜审言《赋得妾薄命》《和晋陵陆丞早春游望》。圈点王绩《野望》中"树树皆秋色,山山唯落晖""相顾无相识,长歌怀采薇"四句诗,并天头批注曰:"五律之圭臬。"

40.《读雪山房唐诗》三十四卷

(清)管世铭选编,清光绪十二年(1886)湖北官书处刻本,存十二册(卷3—7,卷14—34),吴芳吉藏书,第十二册封面芳吉黑色毛笔题识:"卷三

---

① 吴芳吉此诗篇首补注曰:"陂在鄠县西五里,周一十四里。"
② 吴芳吉天头批注曰:"一段风作。"
③ 吴芳吉天头批注曰:"二段浪平。"
④ 吴芳吉天头批注曰:"三段月出。"
⑤ 吴芳吉天头批注曰:"四段情生。"

十一之三十四，七绝，第十二册终，芳吉书于长沙明德。"有"吴芳吉印"篆刻一枚。

按：第八册包括卷十八至十九，收录七律诗歌。体例是先"七律凡例"，次"诗人小传"，次"七言律目录"，次所选诗歌。吴芳吉圈点"凡例"中"七律诗出于乐府，故以沈云卿《龙池》《古意》冠篇首。初唐之作，皆当以是求之"一段；圈点沈佺期《龙池篇》中"邸第楼台多气色，君王凫雁有光辉。为报寰中百川水，来朝此地莫东归"；圈点《古意》中"卢家少妇郁金堂，海燕双栖玳瑁梁。九月寒砧催木叶，十年征戍忆辽阳。白狼河北音书断，丹凤城南秋夜长"；圈点崔颢《黄鹤楼》全诗，圈点崔颢《雁门胡人歌》中"闻道辽西无斗战，时时醉向酒家眠"，圈点王维《和太常韦主簿五郎温汤寓目之作》中"汉主离宫接露台，秦川一半夕阳开"，并在标题前标识"◎"。

41.《唐诗纪事》八十一卷附《纪事识语》二卷

（宋）计有功选编，中华民国二年（1913）开雕，四川存古书局藏版，首页有"宋代汲古阁本合校"，二十册，吴芳吉藏书，封面有"白屋藏书"红色篆刻一枚。

按：第五册卷十八"杜甫"条有圈点、点逗、批注。

吴芳吉阅读杜甫生平记载，对干支纪年之误，有纠误之旁注。今人王仲镛《唐诗纪事校笺》曰："此文节引吕大防《杜少陵年谱》（见《四部丛刊》影宋刊本《分类集注杜工部集》卷首），《吕谱》于每岁干支向后误推一年，与诸家《年谱》不合，文中'癸丑'当作'壬子'，'丙辰'当作'乙卯'，以下类推。"① 由是可知吴芳吉读书广博、仔细，对杜甫的研读更是仔细。

> 乐天曰②：杜诗最多，至于贯穿古今，觑缕格律，尽工尽善，又过于李。然撮其《新安》《石壕》《潼关吏》《芦子关》《留花门》③之章，朱门酒肉臭、路有冻死骨之句，亦不过三四十。杜尚如此，况不逮者乎！
>
> 睿宗先天元年癸丑④，是岁甫生。明皇开元三年丙辰⑤，于郾城观公孙大娘舞剑器。（是年才四岁，必有误。）天宝元年癸未⑥，有《南曹小司

---

① 王仲镛：《唐诗纪事校笺》，巴蜀书社，1989年版，第471页。
② 吴芳吉旁注曰："兴元九年中语。"
③ 吴芳吉旁注曰："塞芦子，留花门。"
④ 吴芳吉旁注曰："应作壬子。"
⑤ 吴芳吉旁注曰："应作乙卯。"
⑥ 吴芳吉旁注曰："应作壬午。"

寇为山》之作，时年三十一。天宝十一年癸巳①，上韦相诗，有龙飞四十春，帝即位四十年。时有《兵车行》《丽人行》。十三年乙未②，上《三大礼赋》③，甫年四十三。（召试文章，授河西尉，不行，改右卫率府胄曹。）十四年丙申④，是年十一月，初自京赴奉先，有《咏怀》诗，是月禄山乱（以家避乱鄜州，独陷贼中）。天宝十五载丁酉⑤六月，帝西狩，有《哀王孙诗》⑥。七月，肃宗即位，改元至德，是年避寇冯翊，有《白水高斋三州观涨》诗。至德二年，自贼中窜归凤翔，拜左拾遗。八月，墨制放往鄜州迎家，有《北征》诗。明年乾元元年，收京，扈从还长安。上疏论救房琯，帝怒，黜甫华州司功，有《新安吏》《石壕吏》《新婚别》《垂老别》《留花门》《洗兵马》诗。明年，关辅饥乱，弃官之秦州，乃适同谷，乃入蜀，有遣兴三百首。上元元年辛丑⑦，在蜀。二年，严武镇蜀，甫自阆往依焉。明年宝应元年癸巳⑧，有元年建巳月诗。代宗广德元年甲辰⑨，有《祭房相国文》。武再镇蜀，表甫参谋检校工部员外，作《伤春》五首。永泰元年丙午⑩，武卒，崔旰杀郭英父，杨子琳、栢正节举兵攻旰，蜀乱，甫游东川。除京兆功曹，不赴。大历元年丁未⑪，移居夔州。三年，出峡之荆渚，至湘潭，寓居耒阳。五年辛亥⑫，有《追高适人日作》，夏，甫还襄汉，卒于岳阳。

42.《而庵说唐诗》二十二卷

（清）徐增选编，清刻本，存四册（卷1—6，卷13—18），吴芳吉藏书，第一册封面题识："芳吉客成都买，十八年十二月廿二日冬至。"有"幼民""臣板之章"红色篆刻两枚。

按：吴芳吉朱笔点逗诗歌包括第一册卷一中"五言古之上"中的序言、魏

---

① 吴芳吉旁注曰："应作壬辰。"
② 吴芳吉旁注曰："应作甲午。"
③ 吴芳吉天头批注曰："进三大礼赋，当在天宝十载，四十三年，十三载进西岳赋。"
④ 吴芳吉旁注曰："应作乙未。"
⑤ 吴芳吉旁注曰："应作丙申。"
⑥ 吴芳吉旁注曰："至德二载作。"
⑦ 吴芳吉旁注曰："应作庚子。"
⑧ 吴芳吉旁注曰："应作壬寅。"
⑨ 吴芳吉旁注曰："应作癸卯。"
⑩ 吴芳吉旁注曰："应作乙巳。"
⑪ 吴芳吉旁注曰："应作丙午。"
⑫ 吴芳吉旁注曰："应作庚戌。"

徵《述怀》、杜甫《羌村三首》《石壕吏》《望岳》《赠卫八处士》《佳人》《梦李白》(其一和其二);第四册卷十六"七言律"沈佺期《龙池篇》、崔颢《黄鹤楼》等。

43.《乐府诗集》一百卷附《目录》二卷

(宋)郭茂倩编,光绪元年(1875)夏月湖北崇文书局开雕,存十册(目录1卷,卷31-68,卷77-100),吴芳吉藏书,第一册封面有黑色毛笔题识:"常德龚云皋君赠。"并有"吴芳吉藏书"红色篆刻一枚。

按:圈点第八册卷三十七《西门行六解·古辞》;圈点《东门行四解·古辞》,并天头批注曰:"一解,厌世。二解,安贫。三、四解,乐道。"圈点卷三十八《饮马长城窟行·古辞》。

44.《经史百家杂钞》二十六卷

(清)曾国藩编纂,民国二十二年(1933)商务印书馆印行。存九册(卷1-4,卷7-8,卷11-15,卷18-26),吴汉骧藏书,封面有黑色毛笔题识:"民国廿二年汉骧客次长沙置,时九月十七号,白屋家庭图书馆。"有"吴汉骧印"红色篆刻一枚。

按:《经史百家杂钞》,曾国藩编纂的一部古文精华集,共二十六卷。《经史百家杂钞》一书,是从清末到民国,在社会上流传很广、影响较大、继姚鼐《古文辞类纂》之后的又一部有名的古文选读本。

吴汉骧读书秉承父亲的习惯,先在目录上勾画重点篇目,在具体的篇章中,既有对文中字词的解释、纠误、正音,又有意义的分层。如圈点、批注韩非子《说难》篇:

> 凡说之难[1],非吾知之有以说之[2]难也,又非吾辩之难[3]能明吾意之难也;又非吾敢横失[4]能[5]尽之难也。凡[6]说之难,在知所说之心,可以吾说当之。所说出于为名高者也,而『说之以厚利[7],则见下节而遇卑贱[8],

---

[1] 吴汉骧于此行天头注曰:"分三层,提。"
[2] 吴汉骧于"之"旁校增加"之"字
[3] 吴汉骧于"难"旁校,认为当删除"难"字。
[4] 吴汉骧于此行下脚注:"失,同佚。"
[5] 吴汉骧于此行天头注曰:"能"字前当加"而"字。
[6] 吴汉骧于"凡"旁校注曰:"二接。"
[7] 吴汉骧于此行"说"旁标识"『",同行天头注:"分四层。"
[8] 吴汉骧于"见"旁注"被也",于"遇"旁注:"待也。"

必弃远矣。所说出于厚利者也，而说之以名高，则见无心而远事情，必不收矣。所说实①为厚利而显为名高者也，而说之以名高，则阳②收其身而实疏之；若说之以厚利，则阴用其言显弃其身矣。此之不可不知也。"③

45.《古文辞类纂》六十卷

（清）姚鼐纂集，丁未年（1907）商务印书馆铅印，六册，吴芳吉藏书，第一册封面有黑色毛笔题识："白屋藏书，乙卯碧柳四客吴门置。"第二至六册封面题识："白屋家庭藏书，中文文学部。"

46.《六朝文絜笺注》十二卷

黎经诰笺注，甲子（1924）孟春成都志古堂校刊，两册，吴芳吉藏书，是书封面有吴芳吉黑色毛笔题识："六朝文絜笺注，吴芳吉民国□□□。"

按：吴芳吉对卷一"赋"中梁元帝《采莲赋》《荡妇秋思赋》、江淹《恨赋》《别赋》红笔点逗，圈点《采莲赋》中"櫂将移而藻挂，船欲动而萍开。尔其纤腰束素，迁延顾步。夏始春余，叶嫩花初。恐沾裳而浅笑，畏倾船而敛裾"一段，此段天头许椿批曰"体物浏亮，斯为不负"；圈点《荡妇秋思赋》"愁萦翠眉敛，啼多红粉漫"二句，此段天头许椿批曰"史称帝不好色，观此婉丽多情，余未之信"；圈点《别赋》中"春草碧色，春水绿波，送君南浦，伤如之何"四句，此段天头许椿批曰："极自然，极幽秀，有渊涵不尽之致，想是笔花入梦时也。"由是可知吴芳吉对文笔清秀和节奏浏亮段落的重点赏析。

---

① 吴汉骧于"实"旁校对当为"阴"。
② 吴汉骧于"阳"旁校注："同佯。"
③ 吴汉骧于此句旁标"」"，同行天头注曰："第一。"

后 记

大约是1997年，吾师四川师范大学李大明教授，力荐我阅读巴蜀书社出版的《吴芳吉集》，认为吴芳吉对新文化运动的批评值得做深入的学术探讨，于是我就开始拜读这位学识深厚、创作成就丰硕的巴蜀诗人的作品，并陆续发表了一些文章。2012年我随吴芳吉研究会考察吴芳吉的母校——重庆市聚奎中学。这所有着140多年悠久历史的学校，不但风景优美，教学成果丰硕，而且图书馆藏书极为丰富。不但藏有大型的丛书《古今图书集成》《四部备要》《四库全书珍本》《万有文库》等，还藏有大量吴芳吉家人捐赠的书籍。这些书籍中有吴芳吉的读书札记，其文献价值极高。在查阅文献的基础上，我于2013年成功申报重庆市社科联社会科学规划项目"文化视野下的重庆聚奎书院研究"。在接下来长达一年多的时间里，我带领中文系的学生陆续对吴芳吉的藏书进行全面整理，撰写了《吴芳吉藏书叙录》，又重点对吴芳吉读书札记进行辑录。这个工作耗时费力，但是我们乐在其中，因为由此可以窥见近代文人对经典的阅读、自身的文学创作，以及其学校教育教学活动等相关情况。

古代书院有祭祀、教育与藏书三项功能，于是全书内容框架围绕这三方面展开。具体文章的撰写，对某个问题不做简单的概述，而是做深入的专题研究，故本书章节之间逻辑联系不甚紧密；由于关于聚奎书院的相关资料留存甚少，故本书在勾勒聚奎书院教育发展历史的基础上，以身兼聚奎中学学生、老师、校长等多重身份的吴芳吉为研究中心，通过对其阅读、写作和教学活动等的研究来反映聚奎书院的繁荣发展。本书行文较多的是文献考释，义理阐释和思辨较少，我虔诚地期待有关学者的批评、指正。

在课题研究期间，吴芳吉研究会刘国铭、王忠德、王忠荣三位老师，聚奎中学何世忠校长、陈平原主任、图书馆刁敏和吴玉琴两位老师，给予我无私的帮助和鼎力支持；本书在撰写过程中，先后得到四个项目基金的资助，让我有

后 记

较为充裕的时间和精力对每个问题做专题研究;在本书的出版过程中,得到了四川大学出版社编辑高庆梅师妹对书稿的精心编校,使我受益良多。在此,对他们表示深深的感谢!

仅以此书致敬刻苦笃行的巴蜀诗人吴芳吉!

仅以此书献给人文蔚起的百年名校江津聚奎中学!

杨 钊

2020 年 10 月